紹興大典

史部

民國 蕭山縣志稿

3

中華書局

教授
陳肇祥
孔繼昌
何沅
陳世昌
樓友賢
莫濟清
曹申命　山東蓬萊籍
曹事賢　山東蓬萊籍
以上歲貢

學堂考試出身表 表之二

年號科分	畢業生給予舉人出身者	畢業生給予貢生出身者
宣統元年己酉	俞熒 學部司務 京師大學師範科畢業	莫潤薰 優貢 浙江第一中學校畢業
二年庚戌	俞乾三 部司務用 林坐春 中書用 蔡湘 中書用 王超 民政部小京官山西知縣 均浙江兩級師範優級選科畢業 王斌 王烈 中書	陳紹龍 訓導用 陳光熺 訓導用一作熹 韓寶濂 訓導用 楊在堃 訓導用 陳鏘 訓導用 蔡應祥 訓導用

均京師大學法科畢業

朱郁文　熱河法政大學畢業

許昌壽　訓導用　均浙江兩級師範初級簡易科畢業

朱盤書　拔貢　浙江蠶業學堂畢業

華國文　副貢七品京官　直隸法律學堂畢業

章守默　拔貢　浙江第一中學校畢業

孔憲平　副貢

黃祖洛　優貢

來瀞　優貢　浙江第一中學校畢業

三年辛亥	沈企虔　王賡亮　鍾福琳　胡道南　均浙江兩級師範優級選科畢業　樓岑　日本留學生法科舉人	莫載　副貢　陳乃文　副貢　直隸法政學堂法律專科畢業　沈頌千　副貢

曆代武科目表　表之三

朝代科分	武進士	武舉人	附記
嘉靖四年乙酉		金實	按餘姚縣志明代武舉必會試中式始許出身故舊志不載武舉姓名又魯變光儒學志明制武舉會試三科後授職其未經授職而不中進士者仍爲武生是武舉並非出身名目故紹興府志從淸順治
四十三年甲子		戴景升	
萬歷四十年壬子		蔡繼高	

年		
四十三年乙卯		徐勇曾 參將
四十四年丙辰	蔡繼高 甯波守備	曹體仁
天啓元年辛酉		周之鼎 任邦憲
七年丁卯		魯繼芳 徐敷奏 都督僉事
崇禎三年庚午		曹振龍 山東蓬萊籍
四年辛未	沈至緒 道州守備殉流寇難贈昭武將軍乾隆志云作鄖陽遊擊誤按浙江通志紹興府志皆作	

四年丁亥起有明之武舉不著於冊茲就乾隆志載者仍之並增補二人以備參考

乾隆志作萬曆丁卯按萬曆無丁卯丁卯係隆慶元年干支必有一字誤者

鄖陽都司或先官鄖陽後官道州敕

七年甲戌　沈鎮東 都督同知山東籍

十年丁丑　沈如愁 白鴿寨守備殉流寇難山東籍

十三年庚辰　沈奇勳 惠州遊擊與虔漳寇戰死之贈驃騎將軍舊作韶州守備殉流寇難山東籍

魯繼芳 上元衛指揮

沈襄

十五年壬午　丁久徵 武解元

沈三奇 四川守備

曹允麟 山東蓬萊籍

十六年癸未　陳有遴 潯州參將

乾隆志載明武舉十三人武進士九人其鄉科可考者五人按其餘

丁久徵　揚州守備

按浙江通志紹興府志祇載蔡繼高沈至緒二人餘七人均缺而不載

清	武進士	武舉
順治五年戊子		童維祚　密雲衛籍
六年己丑	童維祚　臨清都司	

沈至緒　鄉科無考山東籍

陳有遴　鄉科無考舊作陳遴

俞光岳　年佚

俞起鏕　字虎臣黃河把總據報告二人叔姪順天籍

四沈既舉進士則武舉可知魯燮光補三沈山東籍武舉今祇採其籍而不書其名遵舊也

十一年甲午

何文炳
何文烈　湖廣都司
張文達
蔡龍驤
李森　宜興守備宣大籍
田彪　陝西守備奉天籍

十二年乙未

何文炳　潞澤守備

趙之鼎　字玉鉉武解元奉天籍一作順天
李彬　北籍紹興府志浙江通志作山陰

十四年丁酉

十五年戊戌

李彬　金塔堡都司

年			
十七年庚子		徐經 蔡浩 趙天錫 李鋮	按浙江通志注順治鄉榜題名全錄散佚依紹興府志登載今查通志府志祇載李彬一人且山陰人魯燮光儒學志作北籍從之餘均缺而不載
十八年辛丑	張文達 蔡龍驤 建陽衛守備雲南武定都司		
康熙二年癸卯		王廷綵 按紹興府志自注蕭山人而武進士作諸暨人誤 蔡安仁 紹興府志浙江通志紹興籍 蔡恂仁 浙江通志蕭山人而乾隆志注通志紹興籍	按浙江通志注自是科起仍依榜次

三年甲辰

王廷綵守備浙江通志蕭山人

童鼎

蔡日恆

盛顯

任兆昌浙江通志紹興籍

五年丙午

蔡佳都司康熙十三年隨徵耿逆被害

張雄基浙江通志仁和籍

林廷顯本姓瞿浙江通志太平籍

蔡彪榜姓章浙江通志武康籍

王先采浙江通志紹興籍

八年己酉

瞿球浙江通志湖州籍

年	進士	舉人
十一年壬子		王國相 趙文璧 之鼎子字潤園仁和籍 童時英 蔡顯威
十二年癸丑	趙文璧 武探花三等侍衛福建漳州總兵贈驃騎將軍紹興府志浙江通志作壬戌	
十四年乙卯		章元功 沈琮 紹興籍 丁文龍 張璟 浙江通志杭州人

十五年丙辰

丁文龍山東靖海衞守備

十七年戊午

十八年己未

王國相廣州協都司紹興府志缺

凌達浙江通志鄞縣人本姓王

丁廷策浙江通志仁和籍

何垐

瞿天策浙江通志紹興籍

王國珍

王國球

童時則

王遇浙江通志會稽籍

二十年辛酉

來維墉 武解元紹興府志作鏞採芹錄作辛酉書解元姑兩存之

趙文永

蔡壽

單文煥 浙江通志太平籍

蔡文俊 仁和籍浙江通志缺

瞿佑文 仁和籍浙江通志缺

王儒恆 浙江通志仁和籍

二十三年甲子

張追

二十四年乙丑　蔡壽

來維城 浙江通志紹興籍

二十六年丁卯

二十七年戊辰
二十九年庚午

戴嘉謨

戴嘉謨浙江通志紹興籍謨作模
張集追之兄兄弟同榜
李文遜
王選
蔡漢吉榜姓汪紹興府志作汪漢吉
沃讓
錢士轂山陰籍
倪錦紹興府志紹興八
瞿高

		謝弘道 孔爾熠
三十年辛未	張迨 守備紹興府志缺 錢士穀 山西汾州守備武德將軍浙江通志作甲戌山陰籍	
三十二年癸酉		沃親臣 孫斌 浙江通志紹興人
三十三年甲戌	倪錦 武會元改姓郞浙江通志紹興府志缺 王選 沃親臣 袁州守備 孫斌 紹興府志作趙斌	

三十五年丙子

三十八年己卯

趙文勳

來惟塏 浙江通志紹興籍

趙文清 字東亭陝西甯夏衞左屯千總

王渭瑛 紹興府志作英

蔡時中 榜姓周廣東遊擊浙江通志作周時中紹興府志作周中誤

俞有勳

戴一清 浙江通志紹興籍

倪騏 武解元建昌千總

童家模 一作謨

王廷錫

三十九年庚辰

何聖兆　山西忻州城守營守備宣武將軍按紹興府志鄉會均缺於乾隆二十五年庚辰則載何兆聖蕭山人守備

蔡成儒　武康千總
項程　浙江通志紹興籍台州千總
蔡埴　紹興府志作植
何聖兆　本姓來錢塘籍
來之焜
來文麒　紹興府志一作文麟
詹俊
嚴宗伊　浙江通志紹興籍江西千總

四十一年壬午

四十二年癸未
張集守備

四十四年乙酉

四十五年丙戌
來之焜荊州守備

章涵浙江通志紹興籍紹興府志缺

王震

盛昌祺浙江通志紹興籍黃巖守備紹興府志作昌期

丁夢龍

陳魁本姓鮑一作鮑陳奎字秦霞按紹興府志五十二年又載陳魁以浙江通志無删之一報告鮑陳魁五十二年中五十一名進士或以進士而誤入武舉耶

四十七年戊子

俞有勳 守備

周朝佐 浙江通志紹興籍本姓柴

戴奕熊 四川籍陝西遊擊

王佐才 浙江通志紹興籍衢州千總廣東惠州守備

沈友莘 浙江通志錢塘籍本姓來

徐一翔 本姓俞南昌衛守備郎俞天錫

五十年辛卯

張琅 浙江通志紹興籍

來之燦

周博淵 博紹興府志作溥

五十二年癸巳

鮑陳魁 中五十一名進士按郎乙酉武舉人

瞿元輔 浙江通志雲和籍

五十三年甲午

陳魁

曹東皐 紹興府志作師皐

丁文揆

蔡備 按紹興府志改名旭齡守備一作太倉千總

沈詩 本姓孔

韓鉞 本姓倪

來兆煒 浙江通志紹興籍江蘇淮衞領運千總兆作永誤

張九齡 乾隆志作蔡旭齡太倉衞榜名張九齡按浙江通志紹興府志均作張九齡紹府人以蔡備徵之乾隆志誤

按本年六旬萬壽文科二月鄉試八月會試

五十六年丁酉		王潮武解元本姓曹 單文煥與辛酉單文煥太平籍同名
五十七年戊戌	來之燦	孔毓美本姓李 王永甯本姓孫 任汝華本姓李 蔡俊浙江通志紹興籍 瞿御標按紹興府志作周御青無瞿御標以浙江通志不載周御青删之
五十九年庚子		倪德佑千總

雍正元年癸卯

丁文揆

趙廷錫

來振聲　浙江通志紹興籍

蔡驤　本姓盛

倪文錦　紹興府志作文聲

韓耀庚　浙江通志紹興籍

淩浩　浙江通志紹興籍紹興府志作會稽

楊惟泰

許見龍　山東濮州所領運千總敕授昭信校尉一作甲辰紹興府志作守備

壽無疆　武解元本姓瞿

二年甲辰

四年丙午

七年己酉

趙銘

蔡奇齡

倪斌　甯國幫千總紹興府志守備

韓班　作班誤從浙江通志紹興府志更正

來英治　浙江通志紹興籍

瞿泰　浙江通志紹興籍

趙鉅

瞿斌　浙江通志紹興籍原仝衞千總紹興府志守備

蔡斌

丁惟良　浙江通志紹興籍作惟良

十年壬子

十三年乙卯

曹銓

蔡昌齡　浙江通志紹興籍

來際盛　浙江通志紹興籍一作乾隆五十七年壬子寧波衛後幫領運千總

張文卓　鳳陽衛千總一作守備

王廷綱

周岳陽　河南守備一作都司

吳潮

瞿萬春　浙江通志紹興籍

曹廷芳　浙江通志仁和籍按浙江通志自此

		止
乾隆元年丙辰	丁人龍 都司乾隆志缺從紹興府志補	陳舜道 紹興府志缺 孔衍彪 紹興府志缺 曹湘 江西撫州衛千總紹興府志守備 朱鴻 臨淸衛千總紹興府志守備 盛於斯 紹興府志缺
二年丁巳	曹廷芳 宜興守備紹興府志遊擊	
三年戊午		章國安 紹興府志缺 王廷絢 紹興府志缺 王維寧 紹興府志缺

六年辛酉

來侯紹興府志缺

韓選紹興府志缺

孔興讓紹興府志缺

瞿萬年紹興府志缺

謝成本姓吳紹興府志缺

葉賁紹興府志缺

瞿瑗湖北漕運千總授威武將軍紹興府志缺

曹英杭州籍本姓徐紹興府志缺

九年甲子

十年乙巳

葉賁按乾隆志武進士止下從紹興府志

十二年丁卯

曹景琦武解元一作錡

十五年庚午		馬從龍 周繼宗 瞿亮均 紹興府志姓翟 按乾隆志武舉止下從紹興府志
十七年壬申		來廷掄 字湘巖一作武掄誤
十八年癸酉		徐玉麟
二十四年己卯		鮑應龍
二十五年庚申	何兆聖 守備見紹興府志存疑	周國平 一作己卯
二十七年壬午		鮑應龍 按紹興府志兩見據報告亦兩見存以待考

三十年乙酉　來宗璇 字玉衡

三十三年戊子　蔡鵬飛

三十五年庚寅　來雲騏

何鳳飛 更名異蘭

來宗德 字梅川千總據來氏宗譜補

三十九年甲午　來雲鵬 字竹軒

四十年乙未　何異蘭 原名鳳飛二甲一名傳臚內班侍衛山東兗州總鎮臺莊參將按清制不設傳臚以對策勝拔二甲一名殊賞也

四十二年丁酉　樓鎮南 武獵郎

按自乾隆戊戌科起武進士無考

四十五年庚子		蔣長淸
		朱大剛
四十八年癸卯		倪紹治
五十一年丙午		瞿耀宗
五十三年戊申		倪棠
五十四年己酉		何炤 巽蘭子
五十七年壬子		陳鳳來 一作陳廷儀守備 按或卽鳳來從紹興府志不錄

按紹興府志亦自此止魯燮光儒學志云從乾隆甲寅起咸豐己未止因兵燹武科冊佚無查茲就各區報告甄錄

嘉慶十二年丁卯		來肇騆守雪巖
十三年戊辰		許鑑川
二十一年丙子		來肇馴字新橋馴一作騮
		李大魁字兩山武德騎尉馬瑤菱湖長興千總
二十四年己卯		韓雲龍原名學廉石門籍千總
道光十一年辛卯		施廷佐
		錢國楨
十二年壬辰		韓景三字樂庭
		葛鳳飛

十七年丁酉		俞定海
		錢國祥
十九年己亥		汪寅字勝瑭
		俞尊光
		錢國標
二十年庚子		汪鎮雄字勝琅
二十四年甲辰		來雲衢字鵬飛一作雲渠
二十六年丙午		韓景瀛字仙洲守備
咸豐九年己未補戊午		俞步青
同治四年乙丑補己未辛酉		韓秉彝

		王福寶 字融甫
		何振彪
		黃雲彪 左營千總
六年丁卯 補壬戌		顧元惇 字重光
		黃守忠 千總
		王鎮彪
九年庚午 補甲子		周紹侗
十二年癸酉		李炳耀 字南亭三江汛千總
		俞金鼇 字鎮峯定海廳千總
光緒二年丙子		倪鎔

五年己卯	八年壬午	十五年己丑	
汪國樑	汪巚文字補廷	樓殿英衢州都司署參將護提督印務	俞英龍以上據魯燮光儒學志

仕籍表 表之四

朝代	姓名官職	姓名官職	姓名官職	姓名官職	姓名官職	附記
明	周服	陳旺				按選舉一門既以乾隆舊志所錄編列爲表首薦辟次進士次舉人次貢生不在此數者卽例入仕籍凡舊志薦舉一項其由楷書等各品類未便

戴謙宿遷知縣
張叔剛知縣
韓參
陳韶山陰訓導

包大本陵縣知縣
黃琮一作舉童子賢才科
沈惟慶吉安府同知
張本清雲夢知縣

陳近智
陳本
趙原德九江府同

俞期邱縣知縣
何遜德化典史
周郁本邑訓導

鄭思敬遷江知縣
張原一龍江河泊

纂入今以仕籍別爲部分即以冠仕籍之首　乾隆志稱舊志康熙聶志也今表中稱舊志則乾隆志是

以上舊志洪武初薦辟名目官階均佚

按舊志注云大本弟大全大用大同大中並登薦辟任知州教授等官

以上據舊志云俱洪武十三年舉

以上據舊志云洪武十四年舉

十六年舉

史翼　主事山西布政由營州戎籍以靖難功官

張序　太醫院御醫
成化二十二年

曹嘉賓　順天府知事
三十七年由楷書舉

曹大至　鴻臚寺序

十八年應聘
知

童瑞　辰州經歷
嘉靖七年由楷書舉

韓繼榮　運使知事
三十八年由楷書舉

孫學思　字春溪中書舍人大理寺評事禮部郎中
十八年由楷書舉

方直　鴻臚寺序班
三十九年由楷書舉

以上二人由儒士舉

童鑑　中書舍人阿達哈哈番通議大夫
十九年由楷書舉

童仕　武英殿序班
隆慶元年由世業舉

舉稅戶人才
所使

童儒　鴻臚寺主簿
二十九年由善書舉

童偕
隆慶元年由世業舉

按以上洪武朝史翼則入永樂朝

班
萬歷七年由楷書舉
以上乾隆志止

丁文寧 洪武十三年舉稅戶科人才湖廣河泊所大使

來自周 年佚光祿寺署丞楚府左長史湖廣布政使左參政

王楠 嘉靖朝京城東壁守禦使

來恭 明初貢生陝西三原籍都察院僉都御史戶部侍郎

來錫蕃 年佚廈門同知護廈門道泉州知府兼興泉永道

胡德一 湖州府教諭

俞達 字彥達洪武時以耆士入覲授湖廣長沙府同知

來春 贛州衛都指揮使陝西三原籍見江西通志秩官志

來九德 萬歷七年餘杭訓導見杭州府志

俞義 字浩然明初充義勇以功授千戶戰歿鄱陽湖追贈驍騎將軍

王意 成化朝大興籍山陰縣縣丞署餘姚縣事

胡其猷 字陽堂萬曆朝鴻臚寺序班

張圻 年佚舉人才知縣

王軾 弘治朝太醫院醫學典科西苑馬寺丞

胡魁春 字元和萬曆朝雲南陸涼州州判

洪綱　萬歷朝山東高唐州知州

胡如春　字近王臨安縣訓導

胡萬春　安徽休甯主簿

曹時鳴　登州鎮水師府都尉山東蓬萊籍

王琚　大漢將軍錦衣衛指揮僉事

沈澧　崇禎時鴻臚寺主簿

黃明卿　涿州守備九江都司定海總兵加都督同知賜蟒袍玉帶明末殉難九江定海兩祀名宦見浙江省志

俞能　湖廣長溪知縣授同知

俞士章　四川成都知縣

俞元臣　江蘇清河知縣

周師忠　啓禎間河東道福建按察使陝西布政使四川巡撫三等阿達哈哈番通議

周世鼎　師忠子陝西潼關總兵襲拖沙喇哈番金吾將軍康熙十三年隨征至湖廣

胡其廉　字冲素明季四川富順縣縣丞署知縣張獻忠寇富順死之見人物志

洪鐘　刑部尚書年佚

來在聖　戶部陝西清吏司主事

大夫

來儒 江西贛州府知事

來弘遂 廣東都斷事

來俊 雲南元江府知事

來端言 直隸霸州判官

來端穆 陝西衞經歷

陣亡

來學斌 廣東騰越州州判高瑤縣丞南海知縣

來光裕 黃泥倉大使

俞梅岡 福建汀州府知事

來自京 四川嘉定州判官

來士官 南京府衞經歷

黃應奎 山西平定州知州

來嘉祥 北京武功中衞鎮撫使

來道升 北直定州同知

來恩 和陽衞經歷

來茂蘭 廣東碣石衞經歷

黃運泰 錢塘籍兵部職方司郎中

來嘉訓 江西都司斷事

來端蒙 雲南嵩明州同知崇祀忠義

來弘通 廣東碣石衞經歷

來存仁 山東大嵩衞經歷

來長吉 太醫院醫士

來冠倫 陝西紅城驛大使

來暄 廣東欽州判官

來之謨 雲南衞經歷

來端仁 廣東新興縣丞

來端龍　南直崇明　縣丞
來自平　南直績溪　主簿
來方燦　江西建昌　主簿
來弘緒　湖廣陽羅　巡檢
來祥源　山西沁州　吏目
來鳳儀　江西瑞昌　典史

來學易　南直靖江　縣丞
來自賢　江西分宜　主簿
來其昌　江西湖口　主簿
來學夔　安徽池州　巡檢
來尙志　山東鉅野　典史
來芳　四川新繁典史

來逢夏　山西大同　縣丞
來自明　江蘇常熟　主簿
曹顯宗　主簿
來祥鶴　湖廣藍山　巡檢
來誥　廣東徐聞典史
俞綸　河間府訓導一作河南

來道登　江西弋陽　安福縣丞
來之琪　江西湖口　主簿
來道昂　河南彰德　府照磨
來揀　廣西左州吏目
來弘順　直隸威縣　典史
蔡子美　南京應天　教授

俞心源　湖廣襄陽　縣丞
來霑化　江西分宜　主簿
來佳斌　嘉興府照　磨
來文德　南直兵馬　吏目
來復陽　安徽石埭　典史
來端操　山東布政　司經歷

清

朱懋文　兩淮運副

丁成名　鳳翔府知府

周師中　陝西布政使

曹五典　桃源縣知縣

沈振豪　戶部員外郎

來度　琅井提舉

董文鼎　安徽府教授

乾隆志云以上舊志

何廷珪　大理寺評事陝西涼莊道

胡恂　南康府通判潮州知府廣東惠潮道

王駿　長沙府通判建甯府知府

張朝琮　文安縣三河縣知縣薊州知州永平府知府祀鄉賢

戴天祐　太原府武昌府同知平涼府知府

來銑　瓊州府同知

蔡益仁　吳縣知縣寶慶府同知

張文瑞　朝琮子青州府同知

陳廷枚　貴州籍臨水縣知縣惠州府同知

朱錫紱　懋文子黃平州知州

何大寵　本姓張昆

趙學泗　武探花總

孔懷德　沂州州同

陸國柱　韶州府通

來何暮　海陽縣知

陽州知州	來式銓 何暮子建甯府通判	趙欽 彰德府松江府通判	陳文 徐溝縣知縣	鍾呂 平遠縣知縣	陸國樞 國柱弟碭山縣知縣
兵文璧孫邠州知州	胡瀚 祿安子雲南府通判永寧府知府	朱錫嘉 懋文子北城兵馬司副指揮	吳鼎 益都縣知縣	鍾葦 呂弟黃岡縣知縣	毛鈞 長清縣饒陽縣知縣
晉甯州知州	戴同文 大理府通判	朱錫吉 懋文姪固始縣知縣	趙綸 益都縣知縣	何塏 保康縣知縣	何士鉉 福清縣知縣
判萬州知州	何元埰 廬州府通判	蔡遵生 臨潁縣知縣	郭尙墉 建陽縣知縣	何西堰 廣靈縣鉛山縣知縣	趙軒臨 綸子吳江縣知縣
縣	張廷然 天全州州同敘州府通判	蔡旬 漢陽縣知縣	蔡遴元 旬子海陽縣知縣	陸之彩 國柱弟長山縣即墨縣知縣	吳揆 鼎子平南縣知縣

沈廷枚本姓王甯夏籍拔貢日照縣知縣

陳圻戶部山西司郎中

曹霽吏部經歷

陳光葆主事

施鳳翙民政部郎中

王安詩主事

王宜銓都察院都事

趙鼎咸陸軍部主事

胡肇蘭分部郎中清史入孝友

周兆元原名連東城兵馬司副指揮

施日霖刑部額外主事

王慷主事

林若水刑部員外郎

趙鎔刑部清吏司主事

陳以復主事

陳光潁郎中

何錫疇員外郎

葉覲光刑部主事

陳以同主事光祿寺典簿

陳光照郎中

何錫田刑部員外郎

以上乾隆志止以下據各報告續編略以京外官爲次隨到隨編無從分別年之先後虛銜亦附末以請封所自也

	朱焌 光祿寺署正	陳春 太常寺典簿	蔡子聞 教習	沈秉銓 鴻臚寺序班	朱啓仁 湖北施南府安徽布政使
傳	陳疇 詹事府主簿	王種生 太常寺典簿	王端蒙 中書科中書	陸汝弼 中書科中書	陳三辰 廣西布政使
	朱槐 詹事府主簿	徐坦 詹事府主簿	來德潛 刑部司獄	茅斯拔 中書科中書	胡家楨 燏蓁弟江南鹽巡道署江蘇按察使布政使護理江南總督及江甯將軍
	田人杰 原名人照光祿寺署正	徐墉 光祿寺典簿	沈籛 國子監典籍		來錫蕃 福建邵武府興泉永道
	湯學淳 大理寺評事	陳濟源 光祿寺典簿	樓良材 鴻臚寺序班		章檄 湖廣寶慶知府署驛鹽糧儲道

陳光淞 江蘇糧儲道

倪光熊 廣西柳州知府

王駿 福建福州海防同知

來銑 廣東瓊州府同知

湯紀尚 直隸道員大名府知府

潘澐 福建同知

朱涂 江蘇道員

陳星珠 四川射洪山西潞城知縣汾州張蘭鎮同知

陳琛 貴州貴陽府理苗同知

張文瑞 山東青州府同知

蔡國元 江蘇同知

陳文 山西解州知州

丁國恩 江蘇松江知府

陳星景 山東泰安等縣知縣登州府同知

徐國樞 河南淅川同知

王篙 山西解州同知

王儼 江蘇同知

孔廣培 山西平定州知州

陳以晉 知府

陳星聯 廣東興甯等縣知縣清軍海防同知

張佛助 福建汀州同知

胡椿年 江蘇南河同知

孔昭芬 江蘇同知

陳培 直知州

韓鑑 湖北襄陽知府

王宗泰 湖南安化知縣鳳凰廳同知

王鍈 河南鄧州同知

陳以南 江蘇同知

朱焯 江蘇同知

姚敬煌 直隸易州知州

沈汝封 原名夔安 徽泗州知州	孔昭瑛 雲南阿迷 州知州	何淦 山東泰安 通判	來彭禧 安徽太平 通判	俞壽銘 江蘇通判	朱錫彤 山東膠萊 通判
湯在衡 江蘇太倉 州知州	孔慶立 安徽亳州 壽州知州	蔡士學 河南睢州 通判	陳夢松 湖南岳州 通判	汪慶楨 江西通判	高彥沖 江蘇太倉 州州同
來震 雲南昆明 籍貴州貴 陽府定番州 知州	胡恩溥 直隸保定 府祁州知州	孔廣瀓 福建延平 通判	葉廷樞 江蘇常州 通判	胡兆庚 字友辛江 西通判	蔡繼榮 山西代州 州同
曹大綬 直隸薊州 知州	朱啓元 廣西柳州 通判	孔廣淵 福建延平 通判	陸恩紱 湖北沙市 通判	陳熊 字硯漱江 蘇通判	葉丙熒 江蘇布政 使理問
蔡遠 山東濱州 知州	趙欽 江蘇松江 通判	孔廣杰 江蘇兩淮 通判	瞿昱 河南北岸 運河通判	陳以敬 兩淮泰州 通判	朱維椿 江蘇布政 使理問殉難 蘇州

胡輝祖　江蘇布政使理問
俞文恍　招民知縣按招民未詳何省
朱垣　山東長清知縣
樓良知　江西崇仁知縣
何慶鏞　四川筠連知縣
韓五雲　山東禹城

俞壽恆　山東布政司經歷
郭尚塤　福建崇安等縣知縣
朱堂　陝西大荔知縣乾隆乙巳與千叟宴賜鳩杖
樓雲鼇　山東冠縣知縣
丁季良　河南淅川知縣
丁蘭徵　湖南東安

胡豫　燏棻父按察司經歷
郭尚墉　福建建陽知縣
趙錫麒　河南祥符知縣
樓觀海　廣東崇化知縣
韓驥　廣東信宜知縣
朱子庚　江蘇金匱

俞璉　由衞經歷以廉能擢知縣陝西三原籍
朱登俊　湖北長陽知縣
趙學洞　福建霞浦屏南崇安知縣
樓紹曾　福建仙遊知縣
丁錫和　江西星子知縣
朱鳳梯　江蘇上海

俞文翰　山東利津知縣
朱文炳　陝西盩厔知縣
趙瑄　福建南平知縣
韓佩金　江蘇奉賢知縣
韓駒　廣東海陽知縣
朱克揚　直隸朝陽

知縣	樓兆麒 甘肅隴西知縣	黃慶熙 江寧高淳知縣	任嵩年 一名治江西南康知縣按或署南康府	夏儒 江蘇江都知縣	來鎮之 江西興化知縣泰興同
知縣	韓鳳梧 廣西永淳知縣橫州知州	倪應泰 山東海豐知縣	蔡希文 江西永豐知縣	瞿封 江蘇阜寧知縣	朱爾昌 江西崇仁知縣
知縣	林鳳梧 廣西永淳知縣	倪韶書 廣西馬平知縣	汪坤厚 江蘇吳縣江陰等縣知縣	瞿大潞 江西德興知縣	陳星華 河南中牟知縣
知縣	何榕 廣東合浦知縣	倪衡 廣東三水知縣	蔡九苞 江蘇山陽知縣	施照 福建長泰知縣	陳星軫 河南永甯知縣
奉天蓋平等縣知縣	黃國柱 山東平陰知縣	湯學江 江蘇金匱知縣	倪森 廣東增城知縣	朱琪 廣東程鄉知縣	陳星德 廣西天河知縣

知

陳萃賢　江西奉新　知縣
沈茂　陝西寶豐　甘肅通渭　知縣
朱椿　江蘇金匱　知縣
沈訓信　江蘇蕭縣　知縣
韓守泰　安徽建平　知縣

陳逢霖　江蘇金壇　知縣
單寶書　陝西咸陽　山西高平知縣
沈名標　廣西永福　知縣
沈兆桂　福建武平　知縣
朱彥　廣東遂溪　知縣

孔廣徵　福建尤溪　知縣
沈家騂　安徽休甯　知縣
沈青標　山東臨邑　知縣
陳瑛　四川成都　知縣合州　知州
郭振聲　雲南富民　知縣

王宗梁　陝西神木　知縣
任以依　湖北宜城　知縣
沈彝　江西德化　安徽績溪　知縣
沈晉　福建福鼎　知縣永春　直知州
來昭　雲南宣良　知縣四川　梁山籍

王公璧　陝西神木　知縣
周世璋　江西廣昌　知縣
沈祖培　廣西羅城　知縣
徐光顴　字翰香四　川興文仁壽　閬中知縣
來國用　陝西興平　知縣四川梁　山籍

徐藜青 福建知縣石碼驗掣關鹽大使	吳鼎 山東益都知縣	孔繼炳 貴州籍雲南文山知縣	朱爲霖 廣西永福知縣	陳瀾 江蘇知縣	倪燮榮 山西知縣
曹學詩 江西分宜知縣	俞雲霖 直隸南宮山東濟陽知縣	曹森 廣東揭陽知縣	朱庭桂 河南原武廣東河源知縣儋州知州	沈宗傅 雲南知府	沈茂陰 福建知縣
曹五典 湖南桃源知縣	來唯寬 直隸廣宗邯鄲知縣	陳登善 江蘇吳江知縣	陳以恆 主事改江西知縣	韓佩璣 湖南知縣	王焯 江西知縣
吳在寬 湖北長陽知縣	來寶書 江西南豐知縣	朱甸霖 廣東新安四會知縣	陳錫藻 江蘇知縣	沈企翃 江西知縣	陳廷楨 江蘇知縣
吳掞 廣西平南知縣	來埥 福建同安知縣	朱貫霖 福建崇安知縣	陳步瀛 安徽知縣	蔡枚 江西知縣	施衍慶 江蘇知縣

周慶瑩 江蘇知縣
胡祿安 其廉孫字源長州判負祖父骸骨歸葬見人物志
徐光煦 江蘇州判
來宗傳 福州府經歷
胡逢辰 江蘇鹽大使
胡慶餘 江蘇鹽大

趙學潞 山西興縣知縣
蔡萬程 荊門州州判
周國義 州判
胡煥宗 府經歷
高廷掄 許村鹽大使
胡祖蔭 福建鹽大

胡希林 江蘇儀徵邳州山陽知縣
任邦懷 甘肅河州州判
俞瑞吾 處州府經歷
周秉炘 福建鹽大使
金衡 福建赤杞鹽大使
倪慶邦 鹽大使

汪如山 奉天懷德知縣
蔡道全 湖廣歸州州判
俞在前 福州府經歷
趙本 兩浙石堰鹽大使
朱錫卣 福建鹽大使
高德禮 鹽大使

謝璨 同知直隸州河南候補知縣
胡有鳳 字子翔州判
施學瑞 江蘇府經歷
葉覲宸 兩淮鹽大使
孫泰 字葆菴廣東招收場大使仁和籍
顧春熙 廣西永福

使	使			昭平縣丞
汪培 直隸固安豐潤縣丞	李顯臣 四川開縣縣丞	來期鏻 山東齊河縣丞	傅善慶 山東鄒縣縣丞	曹浚 四川永川縣丞
吳履信 福建福清縣丞	郭燦文 福建泰寧縣丞	樓國治 江西建昌縣丞	樓韞堂 四川三台縣丞	黃恆 江西萬安縣丞
周寶泰 河南汜水縣丞	周宸 廣西修仁縣丞	沈大寅 山東登州律津縣丞按山東無律津有利津縣屬武定府	沈茂霖 福建縣丞	胡振甲 江蘇長洲縣丞
何春衢 廣西宜山縣丞	沈受震 縣丞	郭遇隆 山東萊州府經歷	來耀祖 山西澤州府經歷	來棻 福建福州府經歷
葉覲榮 鹽知事	胡正源 兩淮鹽知事	趙承業 江蘇蘇州府知事	來蔭溥 廣東潮州府知事	韓桐 江蘇揚州府知事

來琪 江西贛州照磨
來萬燧 山西兗州邊儲倉大使
吳大煥 湖南郴州吏目
來嘉茂 山東安東衛巡檢
曹允吉 廣東高明太平司巡檢
胡鳴臯 字鶴九湖

曹五經 安徽甯國府照磨
來有聲 四川簡州吏目
胡承孝 字緒蕃安徽泗州吏目
來玉麟 湖北漢陽新灘司巡檢
吳邦慶 福建潭汀司巡檢
黃謙 福建漳浦巡檢

胡鴻藻 江蘇主簿
來銘 廣西河池州吏目
來昊 江南海州惠澤司巡檢
來淸江 廣東乳源縣武陽司東莞縣缺口司巡檢
吳若霖 福建莆田涵江司巡檢
黃雲鶴 廣東合浦

吳其浩 山東登州司獄
來秉鈞 四川惠利州吏目
來象賢 江蘇吳江巡檢
樓淮 湖南辰州五寨司巡檢
鍾和 廣東嘉應州太平鄉巡檢
周文琮 江蘇桃源

來象俊 平陽府司獄
吳芳 湖廣趙州吏目
來鳳翊 湖南蓼溪隘巡檢
樓存仁 江西萬安灘頭司巡檢
胡濬源 字賚泉江蘇呂城司巡檢殉難
周驥 江南槐樓廣通巡檢

北隆頭司巡檢
韓綬亭 廣東悅城 羅波巡檢
胡福謙 江蘇金壇 巡檢
來詔 江蘇新陽典史
來文濬 山西定襄 典史
來傑 山西石樓典史
來鴻賓 湖北穀城 典史

周楠 江蘇長洲 吳堵司巡檢
汪秉森 江蘇同里 司巡檢
來東表 福建惠安 典史
來文瑞 湖南慈利 典史
來文灼 江西興國 典史
來雪洲 江西泰和 典史

巡檢
王咸英 江西吉水 富田司巡檢
沈賦城 江蘇武進 典史
來賡言 順天同安 典史
來鳳翔 湖北大冶 典史
來鳳儀 山西孝義 永和典史
曹繼文 安徽銅陵 典史

三義鎮巡檢
王緯 廣東新興 立將司巡檢
來席珍 直隸新樂 典史
來萬言 河南霍山 典史
來廷楫 江蘇贛榆 典史
來欽 安徽當塗典史
曹爲龍 湖南湘潭 典史

王炳 廣東潮州 南澳司巡檢
來民服 廣東石城 典史
來浩 直隸清豐典史
來邦榮 江西都昌 典史
來良弼 福建長汀 典史
曹聖瞻 直隸宛平 平谷典史

吳廷珍　直隸贊皇　典史
樓世岳　江西廣豐　典史
汪思濟　字巨川　奉天通化典史代理縣事
黃炳耀　河南延津　典史
姚文濬　福建霍童　巡檢
蔡燊　鹽運同
陳淮　同知

吳封三　四川綦江　典史
樓文宗　湖北穀城　典史
林繼燮　江西萬載　典史代理縣事
胡以丙　江蘇興化　典史
田廷黻　補用縣丞
吳沅　同知
陳有倘　同知

吳嵩　湖廣桂陽典史
樓棻　廣東徐聞典史
湯福復　湖南衡陽　長沙等縣典史
來淑和　四川梓潼　縣驛丞
胡炳垣　江蘇道員
王春渠　同知
徐家增　同知

傅賡予　江西靖安　典史
樓樹穀　山東黃縣　典史
何安瀾　福建□□　典史代理縣事
周新　湖南桃源驛丞
陳大俊　四川道員
陳以觀　同知
王曼壽　同知

樓兆惠　江西廣豐　典史
任以信　福建清流　典史四攝縣篆
黃元春　河南寶豐　典史
朱楨　驛丞
胡駕林　直隸道員
陳以漸　同知
楊應淇　同知

陳綬藻 同知	趙鎧 知州	許承宗 考授州同	丁文蔚 州同改知縣	倪銓 州同	陳爾猷 州同	徐國樺 州同	謝寶生 州同
周嘉穎 同知四品封典	陳善 考授州同	趙銑 考授州同	韓鼎金 州同	胡灝源 州同	趙汝器 州同	陳日泰 州同	沈壽春 州同
胡煦 同知	王人驥 考授州同	趙鈺 考授州同	何錫園 州同	高鈞 州同	戴漁舫 州同	周蘭佩 州同	錢召南 州同
錢尚廉 同知	王方 考授州同	周維垣 考授州同	朱濬 州同	高錦堂 州同	高琦 州同	陳丹垣 州同	汪繼壕 布政司經歷
胡慶甲 同知	王世杰 考授州同	朱文烱 州同	施養中 州同	王學曾 州同	田立青 州同	朱桐 州同	周蘭生 布政司經歷

沈茂松 布政司經歷
陳以恭 布政司理問
徐篔 布政司理問
朱焜 布政司理問
莫傳慧 布政司理問
王焯 知縣
胡懿德 從九品

莫澍 布政司經歷
陳以藩 布政司理問
朱維柄 布政司理問
趙瑞 布政司理問
莫洵 布政司理問
陳孝嗣 知縣
胡尙彬 從九品

王燽 布政司經歷
陳杰 布政司理問
朱煦 布政司理問
王均祺 布政司理問
陳光杰 知縣
胡世昌 知縣
胡慶元 從九品

周浚 布政司理問
徐國彬 布政司理問
朱烇 布政司理問
莫士萃 布政司理問
倪家祜 知縣
胡炳垚 知縣
周金臺 從九品

周鴻 布政司理問
任瀾 布政司理問
朱烺 布政司理問
莫傳堯 布政司理問
任鑒瑩 知縣
胡壽齡 字在東從九品
沈士藻 景甯教諭

潘調梅 鄞縣教諭
陳蒞常 字雅亭金華教諭
倪祖星 教諭
曹維礽 鎮海縉雲訓導
陳祚昌 黃巖烏程海鹽訓導
倪殿邦 歸安訓導
瞿應庚 孝豐開化

林梯青 蘭谿衢州府學教諭
蔡天德 遂昌教諭
來逢吉 雲南臨安府甯州學正
吳觀 象山訓導
沈宏勳 新城訓導
任亮寅 遂昌訓導
沈丙輝 金華府學

湯克成 貴州府學教諭
蔡霞 仙居教諭
來祝嵩 廣東韶州訓導
沈探琦 餘杭訓導
陸鴻烈 臨海訓導
蔡萬選 諸暨訓導
樓以梯 金華府訓

章殿邦 仁和籍淳安訓導歸安教諭
蔡炳煃 金華府學教諭
王璣 仁和訓導
沈兆蓉 臨海訓導
趙廷藩 新城訓導
方錫鉷 龍泉訓導
陳光五 金華府訓

韓湡泉 桐廬教諭
倪南岡 淳安教諭
曹封 縉雲訓導
孔壼型 麗水訓導
單椿年 分水訓導
瞿嘉福 宛平籍保定雄縣訓導
陳光虞 處州府訓

訓導

傅念祖　麗水訓導

趙文琳　平陽訓導

王震元　字賓圃杭州籍嘉興訓導

徐恆謙

徐錫鈞

陸秉孚

訓導

盛韶　海鹽訓導

陳元驥　平湖訓導

湯以孚　仁和武義慶元等縣訓導

汪廷甲

胡晉康　字爾梅杭州籍

施掄元

導

鍾駿文　仁和訓導

何觀瀾　東陽訓導

孫煥章　字杏南仁和籍慈谿訓導

胡沅　字水香殉難杭州籍

陳家保　以上均候選訓導

傅邦寧

導

韓之麟　錢塘訓導

黃初階　揚州府學訓導

陳坦

胡覲光　字蔗生

陸秉淵　字玉軒

沈秉欓

以上六八廩貢凡

導

周邦達　蘭谿訓導

黃九川　江寧六合訓導

黃承烈

高第

陸秉泰

陳鑑亭　五品銜

陳漢藩　五品銜

虞錦春　五品銜

李紹基　五品銜

田廷璪　縣丞銜

廩貢皆以訓導用附之其增附貢概付闕如

仕籍補遺表　表之五

朝代	別姓名官職		
明以前仕籍補遺	按舊志自明始茲就各區報告編附以備參考		
唐	樓郜　字士器唐昭宗天祐甲子武科第一鎮遏長山襲鎮遏使職　按唐時有西陵鎮遏使一官見覺苑寺東幢此云鎮遏長山或所駐之地歟		
五代	張亮　張夏父吳越王時爲刑部尚書		
宋	丁賓　嘉祐二年舉孝廉任廣州鹽鐵使	丁翊　崇寧間舉明經授翰林院承旨	

孫元卿 乾道九年舉武科淮南招討副使杭州武林衛節制

來處恭 嘉定朝福建路安撫使進階武功大夫

丁縉 寶祐二年鄉貢由太學升上舍

丁紳 咸淳間中浙江省元一作宋舉省元兩次

王彥禎 德祐元年舉明經閩海道按察使經歷

鍾襟 樞密副使年佚

鍾朝範 刑部員外郎年佚

鍾朝簫 兵部員外郎年佚

鍾廷珪 通議大夫年佚

鍾廷璋 諫議大夫年佚

元

郭伯遠 世祖十七年舉遺逸不起 按十七年爲宋亡之第二年尙是宋之遺民也

沈紋厔 至正時昌平等處管湖提領所提領 按昌平今屬順天府

魏毅 廣東鹽課司提舉爲魏驥之祖世居臨安

魏伯雅 錄事判官入明累官寶鈔提舉司都監無嗣以驥爲後見毛奇齡撰魏驥傳

明

章贊 明時封萬里侯 章氏譜俞廷輔有傳 按萬里侯名稱無可查考姑附載之

武仕籍表 表之六

朝代	姓名官職	姓名官職	姓名官職	姓名官職	姓名官職
清	任王佐 清初立功	曹南溟 游擊	王圖遐 由都司加游擊	汪文龍 雲騎尉浙左營都司	虞景煜 福建都司
	蔡國詔 守備加副總兵	沈鎮乾 道州守備	曹治 薊州守備	曹宗周 一作用薊州守備	王國球 廣西西林千總加西隆州衛守備
	李寶森 湖州長興夾浦汛守備	施若霖 衛千總	蔡三畏 廣西柳州把總	來偉良 陸軍步兵上校浙江二十二團團長	來嘉祥 北京武功中衛鎮撫
	沈順吾 游擊	來燕禧 貴州游擊	曹南金 福建都司	樓望賢 守備加驍騎尉	王化龍 一名之臣守備
	汪欽鏞 浙左營守備	汪夢祥 杭協水師營守備	來軾 江西九江湖口守備	謝應蘭 守備	來越賓 廣東欽州沿海巡司

姓名	官銜
曹三元	千總
孫傳恆	浙右營把總
楊在廷	陸軍步兵少尉
來金章	陸軍步兵中尉

封贈表　表之七

朝代別	姓名官銜別	附記
明	姚道　以孫友直貴贈雲南布政司左參政	
	姚叔遠　以子友直貴贈雲南布政司左參政	
	朱宗辰　以子仲安貴贈行在山東道監察御史	
	吳元振　以子崖貴贈吏部郎中	
	何景源　以子善貴贈交趾道監察御史	
	徐鼎寧　以子洪貴贈刑部河南司主事	
	史本　以孫翼貴贈河南布政司參政	
	史樞　以子翼貴贈河南布政司參政	
	張彥暉　以子質貴贈興化府同知	
	楊務本　以子瓘仕贈彭城衛經歷	
	魏毅　以孫驥貴贈正議大夫南京吏部左侍郎	
	魏伯雅　以嗣子驥貴贈正議大夫南京吏部左侍郎	
	屠敏學　以子黼貴贈魯府長史	
	曹佛　以子得貴贈南京廣東道監察御史	
	沈大江　以子俊仕贈府軍前衛經歷	

何璧 以子舜賓貴贈南京湖廣道監察御史
來景稠 以子恩仕贈和陽衞經歷
孫臣 以子光貴贈安州知州
翁堯 以子五倫貴贈福建道監察御史
曹鉅 以子嘉賓仕封鴻臚寺序班

富景先 以子玹貴贈刑部雲南司主事
黃璋 以子郁仕贈西城兵馬司副指揮
張湉 以孫嵿貴贈右都御史
張翼 以子燭貴封刑部主事
韓志民 以子繼榮仕贈鴻臚寺序班

來雍 以子天球貴贈工部都水司主事
盛楠 以子瀧貴贈太僕寺丞
張孔殷 以子嵿貴贈右都御史孔殷先請封上饒知縣
孫煥 以子學思仕封大理寺評事
樓宗誥 以子良材仕封鴻臚寺序班

施伯睦 以子隆仕贈辰州衞經歷
俞深 以子相仕封裕陵衞經歷
瞿杭 以子廷顯仕贈南京留守衞經歷
童瑤 以子鑑貴贈中書舍人
來端容 以子士官仕封南京後衞經歷

胡永芳 以子昉貴贈江浦知縣
田鑑 以子惟祜貴贈南京刑部郎中
童顯章 以子瑞貴贈中書舍人
童金 以子儒仕封鴻臚寺序班
來騮 以子弘遂仕封驍騎衞經歷

項錄 以繼子祥仕贈京衛經歷

張廷柱 以子試貴贈奉政大夫

王一和 以孫三才貴贈山東布政使

來聞凱 以孫宗道貴贈文淵閣大學士 來聞凱先以子經濟貴贈太

項欽 以子祥仕封京衛經歷按乾隆志謂封典不及本生特汰項欽安知非貤封也仍存之

來卿 以孫三聘貴贈參政

王嘉聞 以子三才貴贈山東布政使

來經邦 以子宗道貴贈文淵閣大學士

何瞻 以子世學仕贈都察院經歷

來捷 以子三聘貴贈參政

倪大經 以孫朝賓貴贈苑馬寺卿

王三畏 以子命禹貴封工部主事

蔡時滂 以子萬里貴封撫州府推官

沈澧 以子炳恩仕封鴻臚寺主簿

倪鳴皋 以子朝賓貴贈苑馬寺卿

戴朝陽 以子尙志貴贈瑞州府知府

俞環 以子棨仕贈京庫大使

陳津 以子伯龍貴封寧國縣知縣

來應元 以曾孫宗道貴贈文淵閣大學士

來萬程 以孫斯行貴贈廣西按察使

僕寺丞 來嘉謨 以子斯行貴贈廣西按察使	傅沛 以孫以昭貴贈都指揮僉事	黃初元 以子可師貴贈刑部主事	徐子允 以孫敷奏仕贈昭勇將軍
來弘吉 以孫自周貴贈大中大夫湖廣布政使左參政宏吉據來氏宗譜補	傅百年 以子以昭貴贈都指揮僉事	蔡應恭 以子繼曾仕贈羽林衛經歷	徐士寧 以子敷奏仕贈昭勇將軍
來端操 以子自周貴贈大中大夫湖廣布政使左參政先贈楚府長史	來立模 以子方煒貴贈吏部員外	丁琥 以子元吉仕贈太僕寺主簿	李軻 以曾孫元功備倭功贈都督僉事
於遙 以子斯盛仕贈鴻臚寺序班	王思孝 本姓黃以子鼎鉉貴贈潮州府推官	田大計 以子有本貴贈中書舍人	李大春 以孫元功備倭功贈都督僉事
何世科 以子汝敷仕贈光祿寺署丞	來繼韶 以子集之貴贈安慶府推官	任宗正 以子三楫仕封京衛經歷	李顯名 以子元功備倭功贈都督僉事

清

黃應奎 以子三倚貴贈山西平定州知州

史繼法 以子廷桂貴贈肥城縣知縣

何之標 以子文烈仕封明威將軍

趙澐 以曾孫文璧功贈榮祿大夫

何天衢 以孫廷圭貴贈中大夫

王綱 以子琚貴贈大漢將軍錦衣衛指揮僉事

沈志堯 以子振豪貴贈大理寺左寺丞

王九思 以子先吉貴贈中書舍人

趙應滂 以孫文璧功贈榮祿大夫

何文綱 以子廷圭貴贈中大夫

周萬鍾 以孫之鱗貴贈左僉都御事

任振龍 以子辰旦貴贈上海縣知縣

趙之鼎 以子文璧功贈榮祿大夫

丁鳴俊 以子文龍仕贈明威將

周維屛 以子之麟貴贈左僉都御事

毛秉鏡 以子奇齡貴贈翰林院檢討

張日英 以孫朝琮貴贈永平府知府

蔡士駿 以子遵生貴贈臨潁縣

張天柱 以子際龍貴贈刑部郎中

邵一恆 以子士貴贈山陽縣知縣

張一德 以子朝琮貴贈永平府知府

何文勳 以子垣貴贈蓬萊縣知

陝西涼莊道乾隆志作按察司僉事

鍾樂韶　以子呂子葦貴贈平遠縣黃岡縣知縣

何文煜　以嗣子之塏貴贈保康縣知縣

王培　以子鏌貴贈南陽鄧州州同

來鍔初　以子謙鳴

陝西涼莊道乾隆志作按察司僉事

徐兆熊　以子經功贈武德將軍

何文煃　以子之塏貴贈保康縣知縣

朱必名　以子登俊貴贈長陽知縣以曾孫珪貴贈體仁閣大學士

軍

何仍炎　以子元垿貴贈廬州通判

陳新　以子至言貴贈翰林院編修

戴琮曾　以子一津急公贈儒林郎

知縣

蔡天球　以孫旭齡仕贈武德將軍

張涵　以子迨功贈武德將軍

來霑化　以曾孫謙鳴貴贈中大夫福建布政使參政

縣

蔡適　以子旭齡仕贈武德將軍

王德璋　以嗣子鏌貴贈南陽鄧州州同

來英元　以孫謙鳴貴贈中大夫福建布政使參政

貴贈中大夫福建布政使參政乾隆志來鍔初贈中憲大夫上二代從來氏宗譜補

按明制布政使左右參政爲亞中大夫中大夫大中大夫從三品清仍明制至乾隆十八年始改參政爲巡道乾隆志中憲大夫謙鳴在雲南徵江府任時請封至福建延建邵道布政使參政則誥命皆爲中大夫

蔡良祐 以子安仁功贈武德將軍臨清衛千總

陸士徽 以子國樞貴贈碭山知縣

戴一潤 以孫奕熊功贈懷遠將軍

來圭 以子文鉉貴贈儒林郎

郭仁燾 以子尙墉仕贈修職郎

沈耀武 以子堂貴贈文林郎

戴嘉謨 以子奕熊功贈懷遠將軍

何文鼎 以子西堰貴贈文林郎

童際昌 以子嘉模功贈明威將軍

毛文輝 以子鈞貴封長淸知縣

來學詩 以子之焜貴贈武德將軍

張明遠 以孫廷然貴贈敘州府通判

沈以庠 以子士本貴贈中議大夫

陸承宏 以孫國樞貴贈碭山知縣

張兆芝 以子廷然貴贈敘州府通判

來而烈 以孫文鉉貴贈儒林郎

朱登俊 以孫珪貴贈光祿大夫

朱文炳 以子珪貴贈光祿大夫

湯克敬 以曾孫金釗貴贈光祿大夫

湯成德 以孫金釗貴贈光祿大夫

湯元裕 以子金釗貴贈光祿大夫

以上乾隆志

湯容德　以姪孫金釗貴贈光祿大夫
湯應麒　以胞弟金釗貴贈光祿大夫
湯應獅　以胞弟金釗貴贈光祿大夫
湯應鰪　以胞弟金釗貴贈光祿大夫
來濟予　以外孫湯金釗貴貽贈光祿大夫

朱國球　以曾孫鳳標貴贈光祿大夫
朱鈉　以孫鳳標貴贈光祿大夫
朱治　以子鳳標貴贈光祿大夫
朱如龍　以元孫鳳標貴贈光祿大夫
朱鉉　以姪孫鳳標貴贈光祿大夫

朱潢　以姪鳳標貴贈光祿大夫
朱鳳樓　以弟鳳標貴贈光祿大夫
胡儀問　以曾孫熺棻貴贈光祿大夫
胡壽甡　以孫熺棻貴贈光祿大夫
胡豫　以子熺棻貴贈光祿大夫

沈魁章　以曾孫受謙貴贈光祿大夫
沈景鴻　以孫受謙貴贈光祿大夫
沈秉銓　以子受謙貴贈光祿大夫

湯繼亭　以姪孫金釗貴贈榮祿大夫
湯辛陽　以姪金釗貴贈榮祿大夫
朱文炯　以姪珪貴贈榮祿大夫
湯鼎熺　以子在容貴贈榮祿大夫
湯舜年　以秉祧曾孫在容貴贈榮祿大夫

湯錫禋　以兼祧孫在容貴贈榮祿大夫

湯企陶　以兼祧子在容貴贈榮祿大夫

張鼎五

何錫宗　以曾孫煊貴加贈

孔傳統

陸春榮　以子鍾琦

林式恭　以子國柱貴贈資政大夫

何璟　以孫煊貴加贈資政大夫

孔繼南

湯樹滋　以嗣孫在

王進　以曾孫紹蘭貴贈資政大夫

何楷　以子煊貴加贈資政大夫

孔斯來

湯烈揚　以嗣子在

王國和永　本生以孫紹蘭貴贈資政大夫

鍾漣　以孫寶華貴贈資政大夫

孔繼軾　孫以子廣泉貴贈資政大夫繼及本生未詳

湯鼎烜　以出嗣子

王模　以子紹蘭貴贈資政大夫

鍾丙熙　以子寶華貴贈資政大夫

陸保三　以孫鍾琦貴贈資政大夫

胡灝源　以子慶甲

貴贈資政大夫

朱潤　以姪鳳標貴贈通奉大夫

陳世宣　以曾孫圻貴贈通奉大夫

陳以藩　以子啓焜貴贈通奉大夫

胡壽岫　以姪孫燏棻貴贈通奉大夫

銜仕加贈資政大夫

朱涵　以子琮貴贈通奉大夫

陳鍾　以孫圻貴贈通奉大夫

陳以恆

胡利川　以姪燏棻貴贈通奉大夫

銜仕加贈資政大夫

林楙　黼本生　以曾孫式恭貴贈通奉大夫

陳有倘　以子圻貴贈通奉大夫

湯元慶　以曾孫鼎烜貴贈通奉大夫

沈天與　以曾孫晉貴贈通奉大夫

在銜仕加封資政大夫

林焜　燾本生　以孫式恭貴贈通奉大夫

陳圻　以孫光穎貴贈通奉大夫

湯純　以孫鼎烜貴贈通奉大夫

沈治南　以孫晉貴贈通奉大夫

貴贈資政大夫

林霈　以子式恭貴贈通奉大夫

陳以昌　以子光穎貴贈通奉大夫

湯樹棠　以子鼎烜貴贈通奉大夫

沈杜　以子晉貴贈通奉大夫

何宏道 以曾孫慶咸貴贈通奉大夫

何友源 以孫慶咸貴贈通奉大夫

何艮思 以子慶咸貴贈通奉大夫

何慶棻 以弟慶咸貴贈通奉大夫

施大彬 以曾孫鳳翔貴贈通奉大夫

施紹基 以孫鳳翔貴贈通奉大夫

施文臺 以子鳳翔貴贈通奉大夫

高錦堂 以曾孫延祜貴贈通議大夫

高西賡 以孫延祜貴贈通議大夫

高蘭 以子延祜貴贈通議大夫

高祖第 以姪延祜貴贈通議大夫

高延禕

高德祖

韓欽 以弟鑑貴封通議大夫

何柱 以嗣孫慶墉貴贈通議大夫

何其灼 以嗣子慶墉貴贈通議大夫

鍾鹿鳴 以曾孫寶華貴贈通議大夫

朱克揚 以子祖同貴贈通議大夫

沈以庠　以子士本貴贈中議大夫

王宗炎　以子端履、端蒙，孫宜銓、擢生貴，晉贈中議大夫

王端履　以子擢生貴，晉贈中議大夫

孔毓尊　以曾孫廣泉貴，贈中議大夫

沈顯明　以來孫受謙貴，贈中議大夫

沈建中　以元孫受謙貴，贈中議大夫

湯堯年　以孫懋功貴，贈中議大夫

湯克成　以子懋功貴，贈中議大夫

何增傑　以孫文瀾貴，贈中議大夫

何福銘　以子文瀾貴，贈中議大夫

何祿銘　以姪文瀾貴，贈中議大夫

徐錫祉　以子藜青貴，贈中議大夫

施廷宰　以曾孫照貴，贈中議大夫

施渭川　以孫照貴，贈中議大夫

施炳　以子照貴，贈中議大夫

沈興　以孫濟邦貴，贈中議大夫

沈錫庚　以子濟邦貴，贈中議大夫

張文端

謝傳貴

謝芝英

謝濱

王育鳳

高德禮　以姪延祐貴贈中憲大夫

蔣師一　以孫洽金貴贈中憲大夫

王瑞朝　以子履咸貴贈中憲大夫

蔡潮金　以嗣孫燊貴贈中憲大夫

朱堂　以弟珪貴贈中憲大夫

沈家驥　以孫汝椿貴贈中憲大夫

蔣涵　以子洽金貴贈中憲大夫

朱城　以子克揚貴贈中憲大夫

蔡洽金　以祧孫燊貴贈中憲大夫

朱貴

沈念祖　以子汝椿貴贈中憲大夫

王駿

徐錫璜　以姪藜青貴貤贈中憲大夫

蔡學繩　以子燊貴贈中憲大夫

徐藉　以姪國南貴贈中憲大夫

王端蒙　以子宜詮貴贈中憲大夫

朱元學　以子誠貴贈中憲大夫

王嵂　以孫燮陽貴贈中憲大夫

陳培

高第

朱鳳梯

王國賓　以孫履咸貴贈中憲大夫

王會圖　以子燮陽貴贈中憲大夫

陳坦

王暐昌

李鳴春　以孫錫彬貴贈中憲大夫

李元芬　以姪錫彬貴封中憲大夫

徐志旦　以孫國楠貴贈朝議大夫

徐莪　以子國楠貴贈朝議大夫

陳世宸

陳銑

陳以同　以子光傑貴贈朝議大夫

陳以晉　以子光涵貴贈朝議大夫

陳瀾　以子士奎貴贈朝議大夫

鍾寶英　以弟寶華貴贈朝議大夫

陳爾猷

陳錫藻

朱錫彤　以弟錫經貴贈朝議大夫

徐國模　以子光簡貴贈朝議大夫

傅其淮　以曾孫賚予貴贈朝議大夫

傅以言　以孫賚予貴贈朝議大夫

傅鼎乾　以子賚予貴封朝議大夫

徐國樞　以孫沅貴贈朝議大夫

徐光第　以子沅貴贈朝議大夫

盛際會　以孫唐貴贈朝議大夫

盛源　以子唐貴贈朝議大夫

田璞山　以孫人照貴贈朝議大

田霖 以子人照貴贈朝議大夫	朱子庚	何元慶 以孫鯤貴贈朝議大夫	沈榮賢 以子桂隆貴贈朝議大夫	周偉 以孫玉衡貴贈朝議大夫
高文稺 以外孫施本貴貤贈朝議大夫	胡尙彬 以子慶餘貴贈朝議大夫	何蕙 以子鯤貴贈朝議大夫	來景柏 以孫熊貴贈朝議大夫	周纘緒 以子玉衡貴贈朝議大夫
朱承源 以子啓鈞仕贈朝議大夫	陳兢曾 以孫癸謙貴贈朝議大夫	沈景雲 以孫藻芬貴贈朝議大夫	來成 以子熊貴贈朝議大夫	謝朱全 以孫寶生貴贈朝議大夫
朱涯	陳配乾 以子癸謙貴贈朝議大夫	沈守謙 以子藻芬貴贈朝議大夫	何士泗 以孫鼎勳炳章貴贈朝議大夫	謝樹久 以子寶生貴贈朝議大夫
夫 朱鳳梧	陳祚昌 以弟癸謙貴封朝議大夫	沈學堯 以孫桂隆貴贈朝議大夫	何榜 以子鼎勳炳章貴贈朝議大夫	陳冠容 以孫翼亮貴贈朝議大夫

陳錫燦　以子翼亮貴贈朝議大夫

趙慶昌　以子廷藩貴封朝議大夫

丁以忠

夫

林鳳岐　以姪烜貴封朝議大夫

蔣坤　以姪洽金貴贈朝議大夫

陳香海

夫

林若水　以子烜貴贈朝議大夫

趙慶福　以子鼎咸貴封朝議大夫

湯綸　以姪學江貴贈朝議大夫

夫

來蔭溥　以子寶書貴贈朝議大夫

沈榮光　以子雲駿貴贈朝議大夫

湯傑　以子學江貴贈朝議大夫

夫

何鼎勳　以子慶埏鳳翔貴贈朝議大夫

張官五

湯學曾　以弟學江貴封朝議大夫

來方煒　以子垣貴贈奉政大夫

林若泉　以弟式恭貴贈奉政大夫

來壇　以子銑貴贈奉政大夫

何梁　以姪煊貴贈奉政大夫

來廷桂　以孫襄貴贈奉政大夫

何薰　以弟煊貴贈奉政大夫

來懋勳　以子襄貴贈奉政大夫

朱遇良　以孫琮貴贈奉政大夫

林鴻　以姪式恭貴贈奉政大夫

朱啓鈞　以子大炎貴贈奉政大夫

沈以祗　以曾孫文炳貴贈奉政大夫
陳志榮　以子琛貴贈奉政大夫
施德鑑
張采五
丁季良
莫士華

沈元鑏　以子文炳貴贈奉政大夫
沈辟　以子慶立貴贈奉政大夫
施德琴
胡綬思　以孫煦貴贈奉政大夫
丁文蔚

沈元鐏　以孫廷貴贈奉政大夫
沈秉賢　以姪受謙貴贈奉政大夫
徐國椿　以曾孫錫祉貴贈奉政大夫
胡耀南　以子煦貴贈奉政大夫
丁蘭徵

沈蘇濤　以子廷貴贈奉政大夫
余天章　以外孫沈受謙貴贈奉政大夫
徐簋　以孫錫祉貴贈奉政大夫
俞鳳岐　以孫省三貴贈奉政大夫
陸成本

陳驤　以孫琛貴贈奉政大夫
施棠
徐建猷　以子錫祉貴贈奉政大夫
俞秉幹　以子省三貴贈奉政大夫
蔡以堂

朱垣 以弟篤貴贈奉直大夫

朱錫

莫珏

周邦彥 以孫連貴贈奉直大夫

胡汝修 以曾孫豫貴贈奉直大夫

汪楷 以子輝祖貴贈奉直大夫

韓坤 以孫鳳修貴贈奉直大夫

王學曾 以孫端蒙貴贈奉直大夫

周廷楷 以子連貴贈奉直大夫

鍾茂先 以壻孔繼中貴貤贈奉直大夫

朱瀾

韓夢蜚 以子鳳修貴贈奉直大夫

何增篤 以子佩銓貴贈奉直大夫

徐國樺 以孫墉貴贈奉直大夫

沈士簡 以孫文炳貴贈奉直大夫

朱棫

韓驥 以弟鳳修貴贈奉直大夫

何其美 以嗣子培德貴贈奉直大夫

徐莞 以子墉貴贈奉直大夫

沈清泰 以孫餘慶貴贈奉直大夫

朱鑑

莫大望

何其菼 以子培德貴贈奉直大夫

周師濂 以孫光祖貴贈奉直大夫

沈周詩 以子餘慶貴贈奉直大夫

許溶 以孫肇烈貴贈奉直大夫
許棠 以子肇烈貴贈奉直大夫
沈雲騏 以弟雲駿貴贈奉直大夫
陳寶
沈定國

來龍生 以子度貴贈奉直大夫
朱宗貴 以子夏貴贈奉直大夫
徐志皋 以孫國彬貴贈奉直大夫
何政鈞 以子春澍貴贈奉直大夫
朱澐

丁之晥
胡好問
胡壽康
趙邦鎮
虞錦春 以子祖恩貴贈奉直大夫

李紹基 以子昌壽貴贈奉直大夫

來何暮 以子式銓貴贈承德郎
蔡惟新 以子以瑞貴贈承德郎
高紳 以曾孫枚貴贈承德郎
高鈞 以姪枚貴贈承德郎
來琇 以孫觀濤貴贈承德郎

來茂 以子觀濤貴贈承德郎

吳啓隆 以嗣孫鳳階貴贈承德郎

吳啓英 本生以孫鳳階貴贈承德郎

吳侲 以子鳳階貴贈承德郎

沈錫綸

蔡轀

王圖鞏

王必達

陳煌

朱國珍

朱錩

王圻 以孫學曾貴贈儒林郎

王鉅 以子學曾貴贈儒林郎

何沅 以孫其焱貴贈儒林郎

何植 以子其焱貴贈儒林郎

何元桂 以孫培貴贈儒林郎

何燦 以子培貴贈儒林郎

徐志尚 以孫國樺貴贈儒林郎

徐文軒 以子國樺貴贈儒林郎

沈朝樑 以孫壽春貴贈儒林郎

沈深遠 以子壽春貴贈儒林郎

來之燿 以孫期鏻貴贈儒林郎

來士型 以子期鏻貴贈儒林郎

孔傳穎 以孫廣棨貴贈儒林郎

孔繼釗 以子廣棨貴贈儒林郎

王豐南 以孫燽貴贈儒林郎

王紹槐 以子燽貴贈儒林郎

鍾禹金 以姪寶華貴贈儒林郎

沈德瀚 以子名標貴贈儒林郎

任近年	湯述智以子錫醴貴贈儒林郎	趙斌	王廷樞以孫人麒貴贈文林郎	汪之瀚以孫輝祖貴贈文林郎	郭爲棟以曾孫遇隆貴贈文林郎
傅賡予以子禩澤貴贈儒林郎	林萬春以孫卓生貴贈儒林郎		王宗義以子人麒貴贈文林郎	俞錫愔以子文熙貴贈文林郎	郭仁嘉以孫遇隆貴贈文林郎
王繼曾以孫端履貴贈儒林郎	林青佩以子卓生貴贈儒林郎		蔡灝以孫枚貴贈文林郎	韓駒以弟鳳修貴贈文林郎	郭尙塤以子遇隆貴贈文林郎
張學斯	林繼孝以子丞貴贈儒林郎		蔡福鎭以子枚貴贈文林郎	郭燦文以子振聲貴贈文林郎	來上選以孫益清貴贈文林郎
丁鑑	林繼宗以子鈞貴贈儒林郎		蔡枚以子南壽貴贈文林郎	郭煒以姪振聲貴贈文林郎	來永斯以子益清貴贈文林郎

來沂 以孫珩貴贈文郎林
何宗本 以子其照貴贈文林郎
周之飂 以孫作梅貴贈文林郎
顧兆塏 以子鴻逵貴贈文林郎
趙臻泰
施俊
任陳鎔

來作楷 以子珩貴贈文林郎
黃明發 以孫雲貴贈文林郎
周學侃 以子作梅貴贈文林郎
沈德洪 以子青標貴贈文林郎
王景祚
沈璜
王希旦

孔興發 以孫傳曾貴贈文林郎
黃之皋 以子雲貴贈文林郎
來文獻 以子遇龍貴贈文林郎
沈士鳳 以子元鉉貴贈文林郎
高鳴鳳
夏昶
蔡鍾鼇

孔繁華 以子傳曾貴贈文林郎
黃崑 以孫中理貴贈文林郎
何樹 以子丙咸貴贈文林郎
陳楣 以弟光煦貴贈文林郎
施一恆
夏先甲

何士升 以孫其照貴贈文林郎
黃道之 以子中理貴贈文林郎
何丙咸 以子增鎬貴贈文林郎
來爾繩 以子珏貴贈文林郎
趙實
沈世仁

來宗琰 以孫學醇貴贈徵仕郎	來檖桂 以子學醇貴贈徵仕郎	來復陽 以子嘉訓貴贈徵仕郎	沈以祿 以子士藻貴贈徵仕郎	胡先春 以子祿安貴贈徵仕郎
陳志濤	徐棵佐 以孫光烈貴贈徵仕郎	徐謹之 以子光烈貴贈徵仕郎	陳疇	
張學新	丁翼經	丁翼史	胡秉釗	王靈昭
來曰聖 以子維寬貴贈修職郎	來紱 以子學謙貴贈修職郎	來謙益 以子淑予貴贈修職郎	來鋐 以子清曙貴贈修職郎	來烈 以子嗣尹貴贈修職郎
沈以學 以子元烓貴贈修職郎	沈駒 以弟騂貴贈修職郎			
丁景英 兩膺粟帛				
胡茂曾 以子壽齡	王煥 以子咸英仕贈登仕	王之尹 以子緯仕	王球 以子炳仕贈登仕郎	來掄璋 以子銘仕

仕贈登仕郎

沈士元 以子尚仕封登仕郎

郎

沈志祖 以子汝枚仕贈登仕郎

贈登仕郎

沈士鵬 以子棨仕封登仕郎

沈元煜 以子尌仕贈登仕郎

贈登仕郎

沈大茂 以子世英仕封登仕郎

沈世虬 以子鑑仕贈登仕郎

來鼇 以子俊之仕贈登仕佐郎

來集菴 以子鳳翊仕贈登仕佐郎

來繼倫 以子起峯仕贈登仕佐郎

來搢樟 以子廷楫仕贈登仕佐郎

來嗣曾 以子鳳鳴仕贈登仕佐郎

來汝源 以子福章仕贈登仕佐郎

周元瑚 以子驥仕贈登仕佐郎

鍾三遷 以子和仕贈登仕佐郎

沈繩祖 以子思梅仕贈登仕佐郎

朱宏琦 以子宗貴仕贈登仕佐郎

武封贈表 表之八

姓名官銜	姓名官銜	姓名官銜	姓名官銜	姓名官銜	附記
來煥文 以子聖兆	錢惟貴 以子士穀	虞以廷 以孫景煜	虞秀堂 以子景煜	高延祺 以弟延祜	附考武職一品二品稱將軍建威從一武顯

仕贈宣武都尉

高延礽　以兄延祜仕貤贈武德騎尉

何士宏　以孫異蘭仕贈宣武都尉漢三等侍衞

贈仕武德騎尉

許大章　以孫鑑川仕贈把總

何維琅　以子異蘭仕贈宣武都尉漢三等侍衞

仕贈昭武都尉

許詰　以子鑑川仕贈把總

李道義

仕贈昭武都尉

李肇賢

李瑞榮　武略佐騎尉

仕貤贈武德騎尉

李振宗　武德騎尉

正二武功從二三品四品稱都尉武義正三武翼從三昭武正四宣武從四五品六品七品稱騎尉武德正五武略正六武信正七八品九品稱校尉奮武正八修武正九若從五從六從七從八從九則加佐以別之其定稱也報告誤以都尉騎尉爲將軍或爲大夫特正之　又按清初武官階正六品爲昭信校尉乾隆二十年改定爲武信郎五十一年又改定爲武略騎尉云

廕襲表 表之九

朝代別	姓名	職銜	附記
宋	張夏	父亮為吳越王時刑部尚書夏以任子起家宋景祐間為工部郎捍江有功卒封護隄侯	按乾隆志載前明五人清二人茲增補宋一人明二人清則從報告補入惟騎都尉雲騎尉恩騎尉另為編錄其未詳者缺之
明	魏年	以祖驥廕蒼梧縣丞	
	來蒐	以父燕禧功世襲杭州前衛鎮撫	
	王命伊	以父三才廕至廣南知府	
	張弁	以父嶺廕鄞縣知縣陞通判	
	來咨諏	以父宗道廕尚寶司丞	
	王守恩	以父琚廕授錦衣衛千戶	
	王正愍		
清	朱懋武	以兄懋文廕通判	
	朱錫經	以父珪廕四品京堂太僕寺卿一作習之	
	趙銓	以父文璧功廕同州府通判 按一作雍乾時廕生趙銓湖北驛傳鹽法道署布政使補河南按察使	

湯寬　以父金釗廕正二品以主事用陝西鳳翔府知府

朱其煌　以父鳳標廕從一品刑部員外郎江蘇同知

朱其煊　以父鳳標廕正二品官山東布政使

胡同林　以父燏棻廕正二品考取四等侍衞江蘇禁衞軍副官

謝益章　騎都尉毓秀世恩廕

丁庠　騎都尉陸軍學堂學習

楊得盛　騎都尉定海總鎮中軍游擊授武功將軍

以下均廕襲雲騎尉

王侗　父宜銓廕

王承羲　父冕藻廕

汪思淦　父世鍾廕

高彥沖　父延祉廕

來丙陽　父嗣熺廕

來純熙　祖嗣燏廕

來燕謀　父金鼎廕

來福皆　兄福禧廕

來惠明　父祖周廕

來衍慶　祖嗣尹廕

來福萃　父錫疇廕

來永清　父炳照廕

何文瀾　父福銘廕

蔣尊雅　父坤廕

王洽行　父禮庭廕

胡福謙　叔濬源廕

沈寶琦　祖秉銓廕

沈鳳池　父受震廕

謝培創　樹椿廕

丁雲龍　本省撫標効用

曹秀夫 父廷建廕
蔡燊 祧祖潮金廕
施耀曾 曾祖作霖廕
倪寶源
韓燾
陳培昌
韓壽祺 父序鏞廕
黃香塍 父慶珍廕恩騎尉
陳瑤源 恩騎尉

倪嵩年 父塏廕
陳壽椿 祖其昌廕
陳震 警佐
樓乾泰
韓照南
陳鍾俊

蔡晉藩 祖召南 父壬生嘉廕
陳篚 曾祖其昌廕
湯懋榮 父克炳廕
陳步聯
林壽銘
王錦標 父春渠廕

蔡鴻藻 兄桂芬廕
李成瑛 父春華廕
倪福坤
蔣守先
傅蓮芳
王慶澄 祖春榮廕

胡廷榮 繼父沅廕
周慶琪 守備
倪紹綸
韓鴻模
傅敦詩
勞乃心 父謙廕

畢業學生表　表之十

姓名	校名年分	附記
沈頌三	學士甲寅年北京中央政法大學法科畢業	
丁超	得業士日本法政大學法律科專門部畢業年未詳	
董振民	上海同濟德文醫科大學肄業	
董澄	上海同濟德文醫科大學肄業	
樓鳳郊	嘉禾法院錄事	
瞿煒		
謝晉		
陳常		
魯同壽	舊山陰籍光緒三十四年浙江第一中學校畢業	
徐臣翼		

黃恩瀚

樓秉鐸　上虞警佐

樓秉權　本縣東鄉警佐

方鳳圖

邵燿辛　紹縣安昌警佐

以上六人宣統元年浙江高等巡警學校速成科畢業

王慶庠　宣統二年浙江第一中學校畢業

俞位三　仝上

韓作璽　宣統三年宗文中學校畢業

林紹裘　仝上

湯秉銓　仝上

許與澄　仝上

俞曹榮　宣統三年安定中學校畢業

郁治靑	宣統三年浙江第五中學校畢業
屠濂	宣統三年浙江官立監獄專門學校畢業
盛寶璇	仝上
湯在璵	仝上
沈孟養	宣統三年浙江高等學校文科畢業
韓楨	宣統三年浙江第一中學校畢業
王佐	仝上

科目取士非古之鄉舉里選也然唐宋迄於有淸多循行之其間代各異制惟明淸兩代以制藝銓衡天下人才爲最久中間或開特科但非常例當時識者已病其空疏無具然歷代以來名賢大儒忠臣孝子出其中者實不乏人蓋科舉不足以盡人才非竟無人才也武科之制淸代以馬步弓矢技擊之術登進桓桓多士亦當時所目爲利器然已不若文科之典重矣晚淸之季新學日出泥古實不足以應變遂舉千數百年之

科舉而廢之殆世運爲之有不得不然者耶今列蕭之科目選舉文武人才如右表附以薦辟仕籍封贈廕襲諸名氏及學校之畢業者以著一代制度遞嬗之迹焉

蕭山縣志稿卷十四

人物一目次

三國

朱朗

晉

夏方 夏統

宋

孫處 郭世道 郭原平

齊

戴僧靜

唐

許伯會 賀知章 李渭 戴恭 俞僅

宋

張夏 於琳 張孝伯 張卽之 張叔椿

明

魏驥 殷旦 何舜賓 何競 童憲章 張嵿 來斯行 葛盛德

李承芳 吳應科 王宗茂 楊夢陶 沈至緒 沈如懋 沈奇勳 陳翔龍

胡其廉 任亶斐 翁德洪 楊守程 楊雲門 倪文徵 來凝之子誼

翁遜 八十九張鋸匠 虞德元 樓成道 朱伯玉

清

洪有度 蔡佳 楊彪 趙德仁 王躍

蕭山縣志稿卷十四

乾隆志有傳而全改原文者曰更纂補入及續其後者曰新纂

人物一

乾隆志原注正史有傳或附見別傳及忠孝大節史未及載者俱編入第一

三國

朱朗字恭明會稽永興人父爲烏傷長陳頵所殺恭明志在報讐未閒頵滅亡刺殺其子遂奔魏見三國志注

乾隆志按語考晉書陳頵傳仕東晉官至梁州刺史未爲烏傷長且生不同時或魏晉時有兩陳頵偶同姓名耳

晉

夏方字文正會稽永興人也家遭疫癘父母伯叔羣從死者十三人方年十四夜則號哭晝則負土十有七載葬送得畢因廬於墓側種植松柏烏鳥猛獸馴擾其旁吳時拜仁義都尉累遷五官中郎將朝會未嘗乘車行必讓路吳平除高山令百姓有罪應加捶撻者方向之涕泣而不加罪大小莫敢犯焉在官三年州舉秀才還家卒年

八十七見晉書本傳

夏統字仲御會稽永興人也幼孤貧養親以孝聞睦於兄弟每採梠求食星行夜歸或至海邊拘螊蛾以資養雅善談論宗族勸之仕謂之曰卿清亮質直可作郡綱紀與府朝接自當顯至如何甘辛苦於山林畢性命於海濱也統勃然作色曰諸君待我乃至此乎統自此遂不與宗族相見會母病統侍醫藥宗親因得見之後其母病篤乃詣洛市藥會三月上巳洛中王公已下並至浮橋士女駢闐章服燭路統時在船中曝所市藥諸貴人乘車來者如雲統並不之顧太尉賈充怪而問之統初不應重問乃徐答曰會稽夏仲御也充使問其土地風俗統曰其人循循猶有大禹之遺風太伯之義讓嚴遵之抗志黃公之高節乃更就船與語其應如響欲使之仕則俛而不答充欲耀以文武鹵簿覬其來觀因而謝之遂命建朱旗舉幡校分羽騎爲隊軍伍肅然須臾鼓吹亂作胡笳長鳴車乘紛錯縱橫馳道又使妓女之徒服袿襡炫金翠繞其船三匝統危坐如故若無所聞充等各散曰此吳兒是木人石心也統歸會

稽竟不知所終見晉書本傳

宋

孫處字季高會稽永興人籍注季高故字行於世高祖東征孫恩季高義樂從隨高祖平定京邑以爲振武將軍封新夷縣五等侯廣固之役先登有功盧循之難於石頭扞柵戍越城查浦破賊於新亭高祖謂季高曰此賊行破應先傾其巢窟令奔走之日無所歸投非卿莫能濟事遣季高率衆三千汎海襲番禺初賊不以海道爲防季高至東衝去城十餘里城內猶未知循守戰士猶有數人城池甚固季高先焚舟艦悉力登岸會天大霧四面陵城即日克拔循父擬（南史作嘏）長史孫建之司馬虞尫夫等輕舟奔始興即分遣振武將軍沈田子等討平始興南康臨賀始安嶺表諸郡循於左里奔走而衆力猶盛自嶺道襲廣州季高拒戰二十餘日循乃破走所殺萬餘人追奔至鬱林會病不得窮討循遂得走向交州義熙七年四月季高卒於晉康時年五十三追贈龍驤將軍南海太守封侯官縣侯食邑千戶九年高祖念季高之功重

贈交州刺史將軍如故子宗世卒子欽公嗣欽公卒子彥祖嗣齊受禪國除見宋書本傳

郭世道南史作世通會稽永興人也生而失母父更娶世道事父及後母孝道淳備年十四又喪父居喪過禮殆不勝喪家貧無產業傭力以養繼母母亡負土成墳親戚或共賻助微有所受葬畢傭賃倍還先直服除後哀戚思慕終身如喪者以爲追遠之思無時去心故未嘗釋衣帢仁厚之風行於鄉黨鄰村小大莫有呼其名者嘗與人共於山陰市貨物誤得一千錢當時不覺分背方悟請其伴求以此錢追還本主伴大笑不答世道以己錢充數送還之錢主驚歎以半直與世道世道委之而去元嘉四年遣大使巡行天下散騎常侍袁愉表其淳行太祖嘉之敕郡榜表閭門蠲其稅調改所居獨楓里爲孝行焉太守孟顗察孝廉不就子原平見宋書本傳

郭原平字長泰南史作長恭又稟至行養親必己力性嫻木功傭賃以給供養性謙虛每爲人作匠取散夫價主人設食原平自以家貧父母不辦有肴味唯飧鹽飯而已若家

或無食則虛中竟日義不獨飽要須日暮作畢受直歸家於里中買糴然後舉爨父抱篤疾彌年原平衣不解帶口不嘗鹽菜者跨積寒暑又未嘗睡臥父亡哭踊慟絶數日方蘇以爲奉終之義情禮所畢營壙凶功不欲假人本雖智巧而不解作墓乃訪邑中有營墓者助人運力經時展勤久乃閑練又自賣十夫以供衆費窀穸之事儉而當禮性無術學因心自然葬畢詣所買主執役無懈所餘私夫傭賃養母有餘聚以自贖本性智巧既學構冢尤善其事每至吉歲求者盈門原平所赴必自貧始既取賤價又以夫力助之父喪既終自起兩間小屋以爲祠堂每至節歲烝嘗於此數日中哀思絶飲粥父服除後不復食魚肉於母前示有所噉在私室未曾妄嘗自此迄終三十餘載高陽許瑤之居在永興罷建安郡丞還家以緜一觔遺原平原平不受送而復返者前後數十瑤之乃自往曰今歲過寒而建安緜好以此奉尊上下耳原平乃拜而受之及母終毀瘠彌甚僅乃免喪墓前有數十畝田不屬原平每至農月耕者恆裸袒原平不欲使人慢其墳墓乃販質家貲貴買此田三農之月輒束

帶垂泣躬自耕墾每出市賣物人問幾錢裁言其半如此積時邑人皆共識悉輒加本價與之彼此相讓欲買者稍稍減價要使微賤然後取直居宅下濕遶宅爲溝以通淤水宅上種少竹春月夜有盜其筍者原平偶起見之盜者奔走墜溝自以不能廣施至使此人顛沛乃於所植竹處溝上立小橋令足通行又采筍置籬外鄰曲慚媿無復取者又以種瓜爲業世祖大明七年大旱瓜瀆不復通船縣官劉僧秀愍其窮老下瀆水與之原平曰普天大旱百姓俱困豈可減溉田之水以通運瓜之船乃步從他道往錢唐貨賣每行來見人牽埭未過輒迅檝助之已自引船不假旁力若自船已渡後人未及常停住須待以此爲常嘗於縣南郭鳳埭助人引船遇人相鬭者爲吏所錄聞者逃散唯原平獨住吏執以送縣縣令新到未相諳悉將加嚴罸原平解衣就罪義無一言左右小大咸稽顙請救然後得免由來不謁官長自此以後乃修民敬太守王僧朗察孝廉不就太守蔡興宗臨郡深加貴異以私米饋原平及山陰朱百年妻原平固讓頻煩誓死不受人或問曰府君嘉君淳行愍君貧老故如

此贍豈宜必辭原平日府君若以吾義行邪則無一介之善不可濫荷此賜若以其貧老邪耋齒甚多屢空比室非吾一人而已終不肯納百年妻亦辭不受泰豫元年興宗徵還京師表其殊行宜舉拔顯選以勸風俗舉爲太學博士會興宗薨事不行明年元徽元年卒於家原平少長交物無忤辭於人與其居處者數十年未嘗見喜慍之色三子一弟並有門行長子伯林舉孝廉次子靈馥儒林祭酒皆不就見晉書

本傳

齊

戴僧靜會稽永興人也祖飾宋景平中與富陽孫法先謀亂伏法家口徙青州僧靜少有膽力便弓馬事刺史沈文秀俱没虜後將家屬叛還淮陰太祖撫畜之常在左右虜圍甬城遣僧靜戰還數捷補帳内軍主隨還京師勳階至積射將軍羽林監沈攸之事起太祖入朝堂僧靜爲軍主從袁粲據石頭太祖遣僧靜將腹心先至石頭時蘇烈據倉城僧靜射書與烈夜縋入城粲登城西南門列燭火處分臺軍至射之火

乃滅回登東門其黨輔國將軍孫曇瓘驍勇善戰每盪一合輒大殺傷官軍死者百餘人軍主王天生殊死拒戰故得相持自亥至丑有流星赤色照地墜城中僧靜率力攻倉門身先士卒衆潰僧靜手斬粲于是外軍燒門入僧靜以功除前軍將軍寧朔將軍昇明二年除游擊將軍沈攸之平論封諸將以僧靜爲興平縣侯邑千戶太祖卽位增邑千二百戶除南濟陰太守本官如故除輔國將軍改封建昌建元二年遷驍騎將軍加員外常侍轉太子左衛率世祖踐阼出爲持節督徐州諸軍事冠軍將軍北徐州刺史買牛給貧民令耕種甚得荒情遷給事中太子右率尋加通直常侍永明五年隸護軍陳顯達討荒賊桓天生于比陽僧靜與平西司馬韓孟度華山太守康元隆前進未至比陽四十里頓深橋天生引虜步騎十萬奄至僧靜合戰大破之殺獲萬計天生退還比陽僧靜進圍之天生軍出城外僧靜又擊破之天生閉門不復出僧靜力疲乃退除徵虜將軍南中郎司馬淮南太守八年巴東王子響殺僚佐世祖召僧靜使領軍向江陵僧靜面啓上曰巴東王年少長史捉之太急忿不

思難故耳天子兒過誤殺人有何大罪今忽遣軍西上人情惶懼無所不至僧靜不敢奉敕上不答而心善之徙爲廬陵王中軍司馬高平太守將軍如故九年卒謚壯侯見南齊書本傳

唐

許伯會越州蕭山人或曰元度十二世孫舉孝廉上元中爲衡陽博士母喪負土成墳不御絮帛嘗滋味野火將逮塋樹悲號于天俄而雨火滅歲旱泉涌廬前靈芝生見新唐書本傳

賀知章字季眞越州永興人性曠夷善談說證聖初擢進士超拔羣類科累遷太常博士開元十三年遷禮部侍郎兼集賢院學士一日併謝宰相源乾曜語張說曰賀公兩命之榮足爲光寵然學士侍郎孰爲美說曰侍郎衣冠之選然要爲具員吏學士懷先王之道經緯之文然後處之此其爲間也玄宗自爲贊賜之遷太子右庶子充侍讀申王薨詔選挽郎而知章取舍不平廕子喧訴不能止知章梯牆出首以決事

人皆靳之坐徙工部肅宗爲太子知章遷賓客授秘書監知章晚節尤誕放遨嬉里巷自號四明狂客及秘書外監每醉輒屬辭筆不停書善草隸好事者具筆研從之意有所惬不復拒然紙纔十數字世傳以爲寶天寶初請爲道士還鄉里詔許之以宅爲千秋觀而居又求周官湖數頃爲放生池有詔賜鏡湖剡川一曲既行帝賜詩皇太子百官餞送擢其子僧子爲會稽郡司馬賜緋魚使侍養幼子亦聽爲道士卒年八十六肅宗乾元初以雅舊贈禮部尚書見新唐書本傳

李渭文宗太和七年三月浙江東道奏渭幼失父母與兄二人同居兄病渭割股療之因差後兩兄俱死奉寡嫂孤姪二十餘年衣食無偏莊田租稅渭自主辦貲財管鑰寡嫂掌之其家頻人芝草詔旌表門閭見册府元龜

戴恭字元敬少居母喪十年廬墓生芝草嘉禾見嘉泰會稽志

俞僅遭親喪哀毁骨立爲鄉里所稱觀察使孟簡書於圖經以勵風俗見嘉泰會稽志

乾隆志按語唐書孝友傳序云唐受命二百八十八年以孝悌名通朝廷者多閭

巷刺草之民皆得書於史官蕭山李渭許伯會戴恭俞僅皆事親居喪著孝友者

考列傳李戴俞三人雖無專傳然已列名傳序因編入人物第一

宋

張夏行六五見紹興府志蕭山人見張氏宗譜稱十一郎官在吳越王時其父亮爲刑部尚書而

公以任子起家見毛奇齡合置祀田引泗州大水州幾溺公時以司封員外郎守是州築堤以

禦之見歐陽公先春亭記景祐中浙江石塘積久不治人患墊溺以工部郎中出使因置捍江

兵士五指揮專採石修塘隨損隨治衆賴以安邦人爲之立祠朝廷嘉其功封寧江

侯見宋史河渠志考周煇清波雜志云仁宗皇祐中出使兩浙皇祐時公已歿蓋景祐之訛也初公出使爲兩浙轉運使杭州江

岸率用薪土潮水沖激不過三載輒壞公乃作石堤十二里以防江潮之患既成人

感德不朽仁宗慶歷中立廟於隄上嘉祐十年贈太常少卿見葉紹翁四朝聞見錄考宋史嘉祐改元止八

年十字誤理宗淳佑十一年三月二十七日封顯應侯敕有學精行成發廩以活飢餓出

力以濟婚喪族黨歸德閭里稱仁等語度宗咸淳四年十月十八日敕封護隄侯見張

宗氏譜

清雍正三年六月敕封靜安公

於琳萬曆府志作於綝爲越州防城保甲建炎初陳通叛琳從浙東安撫使討賊戰敗被執賊刺其面强降之琳罵不屈賊攢射罵不絕口死越帥翟汝文束藁招魂哭而祭之

張孝伯浙江通志隆興元年木待問榜進士蕭山人寧宗本紀嘉泰三年十月以張孝伯同知樞密院事四年四月張孝伯參知政事韓侂胄傳京鏜死侂胄亦頗厭前事張孝伯以爲不弛黨禁後恐不免報復之禍侂胄以爲然追復趙汝愚朱熹職名留正周必大亦復秩還政僞黨之禁寖解見宋史

張卽之字温夫參知政事孝伯之子以父恩授承務郎銓中兩浙轉運司進士舉官至司農寺丞知嘉興未赴引年告老特授直秘閣致仕寶祐四年制置使余晦以讒劾閬州守王惟忠坐棄市卽之雖閒居移書賈似道恤其遺孤卽之以能書聞天下金人尤貴其翰墨見宋史

張叔椿孝宗本紀淳熙十三年刊誤作隆興誤十一月戊午遣張叔椿等賀金主生辰光宗本

紀紹熙四年刊誤作三年誤九月庚午重明節百官上壽侍從兩省請帝朝重華宮不聽中
申帝將朝重華宮皇后止帝十月甲寅壽皇曰朕自秋涼以來思與皇帝相見卿等
奏疏已令進御前矣明日會慶節帝以疾不果朝丞相葛邲率百官朝於重華宮侍
從上章待罪嘉王府翊善上疏請誅內侍楊舜卿臺諫張叔椿章頴上疏乞罷黜皆
不報紹熙五年六月孝宗崩光宗以疾不能出留正等屢請立嘉王爲皇太子帝許
之嘉王即寧宗正擬旨以進是夕御批付丞相云歷事歲久念欲退閑正懼以疾辭去寧
宗即位趙汝愚請召還留正侍御史張叔椿劾留正擅去相位詔叔椿爲吏部侍郎
留正罷以觀文殿大學士判建康府冬十月右諫議大夫刊誤云吏部侍郎兼官也張叔椿再劾
留正詔落正觀文殿大學士見宋史
乾隆志按語舊志叔椿字景韶由進士拜殿中侍御史紹熙中請朝重華宮劾留
正擅去相位出守建甯三衢皆有廉能聲子復初考宋史叔椿無專傳事見孝光
寧本紀及趙留二傳中舊志載其子復初尙長甯縣主封永國公於史無考不敢

濫登至其孫稱孫史傳不載官階封爵故列之人物二

明

魏驥字仲房永樂乙酉舉人丙戌會試副榜授松江訓導召修永樂大典遷太常博士宣德初遷吏部考功員外郎歷南京太常寺少卿正統三年召試行在吏部左侍郎踰年爲眞畿甸蝗奉詔巡視問民疾苦尋調禮部改南京吏部十三年滿九載入見就進尙書英宗北狩驥率諸司條上時務多施行景泰元年年七十七致仕驥居官務大體在太常山川壇獲雙白兔圻內生瑞麥皆卻不進在吏部有進士未終制求考功驥持不可法司因旱卹刑有王綱者惡逆當辟或憫欲緩之驥曰此婦人之仁也獄決而雨正統中王振怙寵陵公卿獨嚴重驥呼先生景泰初以請老至京師大學士陳循驥門生也請間曰公雖位冢宰然未嘗立朝願少待事在循輩而已驥正色拒之竟致仕去驥端厚祇愼顧勁直好別白君子小人家居憂國憂民老而彌篤蕭山故多水患驥倡修螺山石巖畢公諸塘堰捍江潮興湖利鄉人賴之居恆布衣

糲食不殖生產事兄敎諭騏雖耄益恭時戴笠行田間成化七年卒賜祭葬如禮謚文靖其子完以驥遺言詣闕辭葬乞以其金賑飢民帝憮然以爲純臣許之蕭山民詣闕請祀於德惠祠以配楊時制曰可見明史列傳藁

乾隆志按語驥希哲子希哲兄伯雅無嗣遂爲伯雅後祖毅父伯雅並贈如驥官子完孫年以祖廕蒼梧縣丞

今按驥祖毅元時廣東鹽課使提舉父希哲洪武中薦知上高縣世父伯雅官寶鈔提舉司都監驥爲之後晚年自號南齋又取天壽平格之意號平齋卒年九十有八著有南齋摘稿十卷

殷旦永樂進士授監察御史果敢無所避錦衣衛指揮使紀綱怙寵驕恣旦劾之綱棄市轉交趾道按察司副使黎利叛據南交悉逐朝廷命吏留旦欲官之旦不屈自經死交人義之具棺衾送斈於境

何舜賓字穆之號醒菴自高祖以上五世皆仕宋有名三世祖爲端平進士四世祖宗

可道可兄弟舉咸淳鄉薦登進士舜賓成化己丑進士擢南京湖廣道監察御史嘗理畿甸渠道與權有力忤謫戍廣西慶遠衛遵赦還里邑有湘湖歲久寖湮前經魏文靖擴復而豪家不法仍肆牟食舜賓慨然曰吾不能治渠當治湖遂發湖私占者揭縣縣具奏當塗鄒魯以御史謫蕭山（弘治九年從寧光衛經歷遷此明史作以御史謫官稍遷蕭山知縣）湖民憾舜賓者爭賂魯（蔡仲光集作迎賂魯蓋魯未入境已受金也）謀變其事舜賓語侵魯（明史云魯貪暴狡悍舜賓求魯陰事訐之即蔡集所謂豪民迎賂事）魯遂銜舜賓剌骨誣前奏爲盜署事印以奏非署事官奏且身絓戍逃無遇赦牒冒濫冠帶應押原衛廉理揭下所司治所司不可（史作魯隱其文牒詭言舜賓遇赦無驗宜行原衛查核上官不可駁之）魯念舜賓終害己且宿驕悍惡舜賓敢枝柱魯自號蕭然逐客改牧民堂爲寄豸堂舜賓譏之成仇（見紀錄彙編）又探舜賓陰具實封將入奏會舜賓門下士憂居訓導童憲章知魯陰事魯陷以他罪（誣以掘冢佔倉等）論絞獄上憲司疑之更下府覆驗魯嗾解人押憲章過舜賓隨遣里胥隸蒯數十百人執兵尾其後至門大呼曰舜賓篡取重囚毀門而入劫所具實封及成化二十三年原給赦牒及緣例冠帶憑照遂縛

辱憲章并收舜賓掠其貲擁而去庭鞫舜賓憲章各箠以四十下憲章獄立爲文解舜賓慶遠不上請徑械繫舜賓遣胥捕任觀等（史作解役任寬蓋字音之誤耳）十一人執器押就道續遣田敏胡紀等十三人諭意又嗾瀕湖豪民使執械衛諸胥傳以子競亡未獲而其女夫爲福建僉事富玹慮有篡取之者也敏紀等承意追至三衢屏去服食驅侵之過玉山舟再押之步至餘干宿昌國寺反禿袖蒙面氣絶（史作以濕衣閉其口壓殺之）乃故爲白官相覘揭置而歸（一作厝上荒坪魯押其子棘載歸）此弘治十一年戊午七月日也散見明史及各傳

何競字邦植父舜賓爲知縣鄒魯所殺復捕舜賓妻子競與母逃常熟匿父友王鼎家已而魯遷山西僉事將行競乃潛歸與族父何寧謀召親友數十人飲之酒爲舜賓稱寃中坐競出叩首哭以請皆踴躍願效命乃各持器伏盛家港陳習園内伺魯過競袖鐵鎚奮擊騶從駭散仆其輿裸之杖齊下矐兩目鬚髮盡拔競拔佩刀砍其左股必欲殺之爲衆所止乃與魯連鎖赴按察司而預令族父澤走闕下訴寃僉事蕭

猘故黨魯嚴刑訊競競大言曰必欲殺我我非畏死者顧人孰無父母且我已訟於朝非公輩所能擅殺嚙臂肉擲案上含血噀猘面一堂皆驚會競疏已上遣刑部郎中李時給事中李舉會巡按御史鄧章雜治諸人持兩端擬魯故屏人衣食至死競部民毆本屬知縣篤疾律俱絞餘所逮數百人擬罪有差競母朱氏復撾登聞鼓訴寃魯亦使人馳訴乃命大理寺正曹廉會巡按御史陳銓覆治廉曰爾等何毆縣官競曰競知父讐不知縣官但恨未殺之耳廉以致死無據遣縣令揭棺驗之驗者報傷而解役任觀慷慨首實且出舜賓臨終所付血書於是衆皆辭伏改擬魯斬競徒三年法司議競遣戍且曰魯已成篤疾競爲父報讐律意有在均俟上裁帝從其議戍競福寧衛時弘治十四年二月也後武宗登極肆赦魯免死競赦歸又九年卒競自父歿至死凡十六年服衰終其身散見明史及各傳

童憲章字景仁號炊沙以歲貢上民情五十六事於朝憲宗頗採行焉爲御史何舜賓門人時舜賓發豪民私佔湘湖揭縣具奏豪民賂令鄒魯鄒魯者蓋明史所稱貪暴

狡悍者也誣舜賓盜署事官印思有以中之知憲章爲舜賓門人而疑其合以謀也遂陷憲章以重罪論絞獄上憲司疑下府覆治取道縣中魯知憲章必入與舜賓謀乃嗾解人陰縱憲章使入舜賓家而遣里胥隸蒯數十百人執兵尾其後至門大呼曰舜賓簒取重囚毀門而入指農具爲拒器入室遂縛憲章幷收舜賓擁而去庭鞫痛箠之下憲章獄立爲文解舜賓赴慶遠謀死於餘干昌國寺初舜賓謫戍時憲章上疏願身代其大意云君親師在三之節忠孝弟子之職且師舜賓年老母八旬懇乞代戍雖死無憾憲章廣信府訓導署篆鉛山貴溪皆有異政陞廣德州學正著有炊沙稿受教錄卒年七十有九以次子瑞仕贈中書舍人見蔡仲光何孝子傳及縣學志

張嵿字時俊成化丁未進士弘治初授上饒知縣遷南京兵部車駕司主事歷刑部郎中正德三年外轉出守興化明年罷歸嵿遷車駕時忤南京內守備太監及爲刑部郎隆平侯張佑卒無嗣弟祿與族人爭襲賄劉瑾瑾囑不聽暨嵿守興化瑾遣使巡

省郡，假以盤府貯財物，徧索貨賂，預嵓手記，饋以金顔（香名，一作金香），嵓不報。會興化戴大賓以第三人及第，弱冠，瑾欲奪其妻，妻，瑾侄女，嵓復執不可，瑾大怒，遂摭隆平奪爵事，罷嵓職。瑾伏誅，起知南雄，擢江西右參政，領饒州兵，剿擒萬年賊王重七及上猶賊龔福全等，進右布政使，遷左。寧王宸濠欲拓地廣其居，嵓執不可，大恚，遣人餽之，嵓發視，則棗梨薑芥，蓋隱語也。尋入覲，吏部考第一，宸濠大懼，賂錢寧等謀置散地，遂遷光祿卿。明年，以右副都御史巡撫保定等處。佞倖江彬、錢寧等請上西狩，所至郡縣，扈從者索金璧裘馬婦女等，名曰供應，嵓所統轄獨無，張忠責之，矯旨令歸。明年，宸濠反，伏誅。又二年，世宗即位，江彬、錢寧皆伏誅，乃起嵓都察院右都御史，總督兩廣軍務，兼理巡撫，一切便宜行事。廣東新寧、恩平賊蔡猛三、嚴阮等及廣西上思州賊黃鏐殘破州縣，嵓討擒鏐黨黃廷寶，乃合兵三萬餘人擊新寧諸賊，破巢二百，禽斬一萬四千餘人，俘賊屬五千九百餘人，猛三、嚴阮等皆授首，捷聞，奬賚。程鄉賊梁八尺等與福建上杭流賊相應，遣都指揮李皐等會福建官兵夾擊，俘斬五百餘人歸善李文積聚奸宄拒捕討之久弗克嵿遺參政徐度等勦之俘斬千餘人佛郎機國人別都盧剽刼滿剌加諸國復率其屬疎世利等擁五舟破巴西國遂入寇新會嵿遺將出海禽別都盧疎世利等獲其二舟賊乃遁嘉靖三年九月召掌南京都察院事十月進南京工部尚書六年累疏乞歸致仕明年詔進一品階榮祿大夫越二年卒年七十四散見明史列傳稿

乾隆志按語毛奇齡列傳稿尚有正史未及採者嘉靖元年平廣西融縣賊周克亮二年平福建賊江小范四江廣賊黃萬山賴廉歷任多政蹟上饒立社倉裁浮驛清漁畝造舟梁濬潴捍陂以防暵霪興化疏行估禁漂市南雄罷賽祀節夫里復庚嶺張文獻祠改郡縣兩學以盤鹽榷椒代民虛賦南京開金城溝其從保定巡撫歸清復鄉民吳瓚等占佃湖田如干畝西江塘北海塘茅山閘圯修之官江右時忤宸濠正德丙子秋例監鄉試已入棘濠遣官校二十人破司後廨出夫人戴并童婢等別廳事盤檢帑藏得衣冠文書數竹箱無鎰鑰錢數緡日用薪米而

已嵓臨歿遺言曰吾得以楓邱易名字足矣其子遵公命勿復請謚子弁以父廕入監官至通判嵓於弘治中丁艱歸日省墓攀楓悲號徘徊不忍行因別字楓邱以志不忘云

來斯行字道之號馬湖萬歷丁未進士遭父憂歸庚戌謁選授刑部主事著獄志四十卷時代王鼐鈞薨二子爭立斯行疏言鼎渭嫡嗣且有成命宜立鼎沙挾母寵爭襲宜懲朝廷從其議壬子典試廣西事竣聞母王喪歸服闋補工部主事督大工迕中貴人坐察典左遷永平推官以遼事方殷駐天津督南北二餉斯行請復元人膠河故道輓江淮之粟直達天津因繪圖系說以進課費不過十萬當事韙之而弗能用秩滿擢兵部主事出監遼海軍治兵天津天啓二年山東白蓮教倡亂巡撫趙彥檄斯行提兵往援道經景州妖黨于弘志等聚衆數千人聲言攻州城州人大恐遮留官軍斯行陽郤之密令次子燕禧率軍潛發一鼓殲賊白家屯乃援山左時賊首張東白據鄒縣徐鴻儒據滕縣相與犄角抗官兵鴻儒尤黠桀斯行請先復滕縣以孤

賊勢因與總兵官合師而進連戰克捷鴻儒棄城奔戈里兩伏山據險立營中尙十萬燕禧先焚其輜重於他所復躡之戈里再戰皆捷擒僞掃地王任之體鄒城聞之欲乞降鴻儒復自戈里入鄒城斬欲降者爲死守計大兵築長圍以困之穴城城破鴻儒潰圍逃燕禧追獲之獻俘京師山東平斯行遜功不居循例晉秩參議仍備兵津門未幾貴陽有安酋之亂水西諸苗爭附之長田阿秧者苗之魁桀居偏頭辰沅之間扼官兵餉道當事以斯行知兵授平越道仍稍錄平妖功擢貴州按察使屬以兵事斯行曰是未可以兵威勝也適黄平州吏楊啓政訴寃行間詰之舊嘗習秧者斯行喜曰吾得間矣密授以計令詐投秧不五日函秧首而還諸苗懾服斯行以所許啓政格於當事自病食言引疾去崇禎元年起補鬱林道尋擢福建右布政與當事忤居半載乞骸歸崇禎六年癸酉四月卒年六十七十五年壬午由邑令申請大吏允於本縣建立特祠適明亡不果著有論語頌四書小參四書問答拈經史典奧韻會五經音詁經史淵珠槎菴集燕語麈談白華樓詩稿古頌居士傳子彭禧燕禧

呂禧皆有傳更纂

葛盛德任富順縣丞萬歷末奢酋叛有斬獲功天啓二年遇賊長興西關與弟姪六人俱歿於陣卹贈叙州府

李承芳廣州守備天啓七年征長樂賊歿於陣

吳應科任河南武安典史舊志作主簿闖賊至應科率民兵戰賊走追之賊見兵少反鬬衆寡不敵死於陣武安民哀之立祠肖像以祀見河南省志

王宗茂邑諸生也慷慨負大節時山寇刼殺男婦哭聲震野遂燒毀衣巾奮身血戰邑賴以全後渡富春江被寇亂箭射死

楊夢陶明末山寇竊發與王宗茂奮力勦滅遇賊於富春江陷陣力戰而殞

沈至緒崇禎四年武科進士十六年任道州守備流賊寇道州至緒出戰已敗賊於麻灘驛斬其渠賊懼將徙去會大雨左體被創韡靮壅流血足僵墜鐙爲援賊所殺掠其屍去女雲英年二十自帥十騎束髮被革直趨賊砦乘賊未集伍連殺賊三十餘

級負父屍而還時湖撫王聚奎睹其事奏請降敕贈至緒昭武將軍祠之麻灘驛旁
一子入監以雲英爲游擊將軍領父衆見俞汝言三術補雲英自有傳

沈如懋崇禎十年武進士授廣東白鴿寨守備殉流寇難

沈奇勳崇禎庚辰武科進士任廣東惠州守備遷游擊虔潭寇圍惠城奇勳率步卒三百人突入賊營斬獲甚衆賊走追之賊復合重兵以圍七日援絕粮盡單騎奮擊創甚墮死撫按上其狀贈驃騎將軍子麟孫廕百戶妻倪氏年二十六扶柩歸守節事姑父鎭華乳源知縣絕食而死母朱氏同妾董氏咸以完節著聞

陳翔龍蕭山人崇禎十五年大兵圍河間遠近震恐臨清總兵官劉源清（澤清弟）偕權關主事陳興言同知路如瀛判官徐應芳吏目陳翔龍在籍兵部侍郎張宗衡員外郎邢泰吉臨汾知縣尹任及張振秀等合力備禦未幾城被圍力拒數日援不至城破並死之見明史張振秀傳

胡其廉字沖素崇禎間由福建長樂主簿陞四川富順縣丞以道遠僅挈子先春以行

時羣盜四起適獻賊兵入登陴慟哭賊脅之降其廉曰我官雖卑豈肯爲豺狼低首耶駡不絶口殉節死子先春亦遇害時崇禎甲申八月十六日也事載富順縣志先春生二子長肇新次祿安祿安自有傳互見列女胡節母沃氏傳

任亶斐雨蛟子甫十餘歲有土寇圍其家索雨蛟亶斐詭詞免其父遂遇害後數十令王吉人旌曰孝子

翁德洪字纖若歲貢生崇禎壬午棄書從軍闖賊陷京師德洪已早歸乙酉丙戌防江之役亦與其事既而赴金華戎幕從朱大典抗北兵戰死更纂

今按乾隆志德洪殉闖難死於京師今從蔡謙齋詩注訂正

楊守程字雪門明末諸生江防潰與妻湯氏及一子投去虎村池水死互見列女新纂

楊雲門明末諸生守程族人來集之妻弟也江防潰自經死更纂

倪文徵字舜年素業醫當明末時江防將潰避入鄉已而自賣所提藥囊易二缸以餘資置酒食召里中少年飲既酣曰吾明人死當爲明鬼矣請以二缸覆我諸少年皆

笑其妄文徵跪地搏顙再三姑應之翌日舁缸坎祖墓旁諸少年至適躍入日時至矣請覆少頃日開之諸少年復大笑出之曰否吾坐未正也既正坐乃覆衆環走呼之初輒應久之漸微又久之而絶皆太息泣下封土去或謂文徵山陰人更纂

今按倪文徵之爲蕭山人郭倫賦醫士生埋句可證

來凝之蔡仲光外舅也丙戌江上師潰被繫旋沒於兵中其子誼不知父死變服行兵間覓之不得驅櫝而歸被見受杖而死新纂

翁遜字大生株墅人向與陳潛夫熊汝霖共事迨聞磧溪渡方國安軍先潰江上軍無固志遜扼腕自請再視江濟疾走沿江數百里見皆空壘遂謂潛夫曰國尙可爲乎北都覆南都陷不意及浙東也我將何之惟以錢江潮盪我胸中憤鬱也請先辭去遂一躍入江而死事見徐芳烈浙東紀略新纂

八十九者沈姓亡其名明末畫江之役防軍既潰猶苦守楡青嶺殺一裨將北軍攻之急獨持筤筅奮鬬既而渴甚趨澗飲追者自後搠之墮水死又有張鋸匠者名亦佚

常掄大斧爲八十九之左右翼亦力鬬而死北兵初駐義橋聞張鋸匠八十九死乃長驅而入 新纂

虞德元聞堰人丙戌之役土寇索餉甚急德元助多金猶未足乃舉刃劈其眉流血不止而死 新纂

樓成道長山鄉樓家搭人丙戌淸兵入境遇成道之兄執而欲殺之成道泣請免兄謂兄素持齋且年老不如捨兄而殺我兵竟如其請活其兄殺成道以去 新纂

朱伯玉夙有氣節偕一時豪傑若山陰劉翼明餘姚邵應斗同與江上之役附見紹興府志忠節劉穆傳 新纂

淸

洪有度字子汪山西籍蕭山人順治十年授新城縣尉辛丑三月白頭賊自淥川抵縣有度聞警出追之至母子嶺賊竄匿山谷至夜復合圍有度奮力禦敵死之其妻林氏撫棺痛哭絕食死

蔡佳字爾嘉號麗菴中康熙丙午武鄉試投供兵部授千總甲寅耿藩變隨征當是時仙霞以東俱屬逆隸而旁近諸州亦多草竊佳與州同胡之灝招撫處州賊寇招僞將僞官多人賊兵一千五百四十有餘以功授金華援勦營守備康熙十四年僞總兵葉有功潛匿東陽散劄招兵佳偵知之率家丁夜入擒有功等九人以功授都司僉事清兵平閩逆黨曾養性祖宏勳等尙據温州議招撫佳偕同知汪士嵋由管頭渡江入賊營宣諭曾欣然有降意先是佳擒葉有功時有賊逸去匿曾所遂勸曾抗守并令脅辱曾執佳佳罵不休賊裂其口輔刳其腹火其屍而汪士嵋並被害後清兵進勦咸伏其辜而慫恿脅辱之人又逸去子之英以父忠未得旌亦抑鬱而死

楊彪官名王姓康熙甲寅隨征福建勦海陣亡追贈遊擊

趙孝子德仁父子揚康熙癸酉攜貲商於邕（今遷江縣）己卯以二鏹家問屬杭人孫養素倩鄉人而歸之孫謹藏數年癸未發端州聞子揚走安南道死至杭渡江訪其家詢知子揚有二女其兒於父去後生年僅十一問食指凡幾婦云姑老而瞽叔已亡出書

授之語以入南交事未遽以凶問告乙未元日孫在邕有客言德仁來尋父骸者孫亟往其寓詰來狀曰祖母已歿兩姊適人吾託母於姊來步行六月有奇言已淚下形容枯悴兩足莫可伸屈詰朝移其寓他所而衣食之能起立逢人擊顙問父瘞處得叢葬天涯亭之説辭孫欲往孫曰姑待之德仁堅欲往抵天涯亭不可得返邕有莫姓者至曰曩與汝父及洪聯帆往汝父至陸屋之平壁村而歿洪乞閩人林姓地埋之今洪已歿問林卽知瘞所時有杭人曹天保將自邕走欽訪其兄櫬孫邀之伴往曹先得兄棺德仁繼獲父柩木敗肉盡皆收其骨德仁哀甚還陸屋之天妃廟中一慟而絕時乙未陽月朔也里人鄭文遠具棺殮之與父骨同葬廟側凡在斯土者稱趙孝子咸哭奠之以上乾隆志

王躍字伯儀世居西興曾祖景星明萬歷甲戌進士外祖黄可賢於崇禎間以明經任廣西慶遠府宜山縣縣丞以年老攜躍之父母與俱淸順治初年天下異軍紛起廣西以國異路遙音訊不嗣客來有傳黄氏闔門死者躍大慟誓負親骨以歸迨廣西

大定則擎笠負囊纏芒屨哭家廟别宗戚而行於康熙癸卯五月戊寅買舟遡錢唐而上途中轉輾易舟於七月七日抵廣西省城躍至是金盡億甚告貸於越人之幕游此者羈旬有一日力疾行至慶遠歎曰此非二十年魂夢不忘之慶遠哉今至此幸矣又三日爲八月壬寅至德勝鎭此當日宜山治正躍外大父服官處也寓大觀寺麻衣袒括髮三步拜禱乞神陰相雞初鳴整斂具昧爽趨東關僉傳旅櫬停此然古冢新阡百千莫辨忽有人自山阿來叩之爲楊子起卽葬躍父母及外祖父母四骸之人也爰啓冢先得外大父繼得其父母又於子起家左右得其外大母四骸畢聚躍爲位哭之已復延子起上座流涕拜謝遂裂内衣裹四骸歸或穿舊徑或涉新途往則陸易而水艱歸則陸艱而水易爰於甲辰五月己丑抵家隨歸外大父母骸於黄之嗣孫禮葬父母於祖塋之次自癸卯出迄甲辰歸凡十有三月計三百七十七日往還一萬五千里間關險阨困苦萬端徐芳聲蔡大敬爭紀其事歎爲純孝焉

新纂

蕭山縣志稿卷十五

人物二目次

唐

夏香

宋

王絲　沈衡　孫寶著　顧彥成　張稱孫　徐端臣　張飛卿　吳孜

孫元卿　孫一夔　樓文雋　何宗矩　丁紳

元

丁戴　戴成之　金松一　任榮　王諫　丁善　賈性之

明

沃墅　王士貞　顧觀　朱仲安　張經　姚友直　單瑺　魏希哲

單道　何善　來勵　倪敏　魏完　來衡　富玹　來瓚

朱　訓　張　祓　張　珏　來　亨　張維翰　任原禮　來天球　陳　殷
何世復　任　美　翁　文　來彭禧　來燕禧　徐　卓　沈　璇　盛　瀧
黃　懌　徐　官　楊　密　來汝賢　來日升　孫學古　翁五倫　黃九臯
張　山　張　燭　韓惟論　瞿廷顯　洪　蘊　來端蒙　來端操　來膺薦
瞿廷彩　韓　洲　張　燈　錢　穀　周有爲　來弘振　嚴天麟　何　瞻
何世學　張　試　徐希龍　來經濟　任宗湯　來嘉謨　何世科　何汝敷
戴尙志　丁應正　王明宰　來三聘　來五經　倪朝賓　王三才　來經邦
陳伯龍　王命禹　王命伊　來立相　來立模　來繼韶　來嘉績　韓振强
王思孝　徐希穀　徐世英　來士寀　施所學　王紹充　蔡應山　蔡道全
張訓程　張訓懌　史繼善　來方煒　徐明徵　蔡三樂　成奎章　蔡天球
蔡一信　何汝尹　曹振龍　蔡一鵷　張烇祥　韓日將　來　驥　來集之
王鴻烈　丁元慶　陸守惠　任元仕　任師禮　徐今禧　丁師虞　丁師孔

任元齡　張聖祥　張德元　張翼飛　張　震　吳士騤　卜仁盛　汪　珽

王　地　王之祚　俞在前　俞之琦　韓日嶸　徐正英　周紹元　王之鼒

陳應龍　卜斯盛　朱玉貞　蔡大績　陳之驤　施是龍　蔡繼曾　蔡有煇

來曾奕　樓惟觀　陳用賓　來長吉　來知德　潘　鍍　吳翼聖　何文煒

來士建　蔣國恩　單　彪　來維觀　洪聲聞　來秉衡　黃運泰　樓京瀾

樓洪達　樓雲鰲　吳士騤

蕭山縣志稿卷十五

人物二 凡前代邦賢正史未載散見各志及家乘者都爲一卷

唐

夏香字曼卿年十五縣長葛會客晏飲時邑旱甚問香以旱故香曰昔湯有七年之旱以六事自責而雨澤應澍周成王悔過而偃禾復起今歲之旱縣界獨甚未聞明達崇殷周之德晏飲爲懽百姓苦瘁神祇有靈必不祐也長曰善卽罷會捐俸以贍民飢後香歷任邑長聲譽四聞

宋

王絲字敦素大中祥符八年進士選大理寺丞奏獄必持寬典改太常博士通判衢州絲建學舍百楹時金華郡守缺外臺假絲領之衢之父老遮於境有詣外臺乞還者舉拜殿中侍御史慶歷中湖南蠻人亂朝廷以絲爲安撫至則知前之主者立重賞以誅蠻人一級萬錢士卒貪之往往害樵人以爲功遂下令曰得賊首者必指其鬬

地以爲質其可擒者當生致之自是無枉戮者居軍中凡十月招安三千人遷待御史充廣南東路轉運按察使時交趾有變而廣州當衝無城守備絲議陶塼爲城造大艦十數日習水戰以待其來彼不復動歲餘以瘴疾求領小郡遷知通州通人歲苦海潮絲作長隄以捍之復民田業量其肥瘠奏免五年至十年之租召權三司鹽鐵判官卒見范仲淹王絲墓表

沈衡字公持宋景祐元年進士自校書郎遷職方郎中爲人嚴整精於吏事民憚其察不敢有犯見萬歷志

乾隆志按語考宋史職官志哲宗元祐初始設校書郎神宗元豐中六曹司屬始有專官是仁宗時兩官皆未設也萬歷府志精於吏事等語無據存以備考

孫寶著字天休少孤事母孝母疾思梅及鳩秋月不可得仰天號訴忽得青梅於樹鳩自飛墮取以奉母疾遂愈

顧彥成父沂登嘉祐六年進士仕終光祿大夫彥成以陰補歷兩浙運使通志職官作轉運副使

以書堂爲學基又捐田若干爲學田中書舍人薛昂志其墓

張稱孫字秋巖復初子叔椿孫由扈卿守新安歸里寶祐丙辰重修儒學大成殿築崇岡於學宫後又助田若干以供廩給

徐端臣字正卿歲飢輒出粟平價以濟貧乏創社倉飾學祠療病以藥贈死以棺浙東提舉朱熹行部至縣特造其閭

張飛卿紹定二年進士授婺州推官在任執法未幾有論其非者降峴山主簿有治績

吳孜勇於爲義少有聲律之學既而宗道約心於理甘貧養親節義稍著適當仁宗御宇與致仕殿中丞胡瑗舒州通判王安石同爲閩中陳襄所知致書兩浙安撫陳公以聞於朝見宋陳襄薦士書 新纂

孫元卿字子魁乾道九年以武科舉授江寧府牧淳熙十四年任淮南招討副使紹熙二年金孛撒自汴引兵攻睢陽元卿堅守多設奇計孛撒不能拔會李顯忠來援合兵大戰孛撒遁去城得完 新纂

孫一夔字舜臣浦南鄉人祖子淵淳熙進士臨安宣撫判官一夔性聰敏耽道學爲國子監生慶元二年以省解元登鄒應龍榜成進士三年皇子濟國公竑招一夔爲儀賓尙趙氏寧宗崩竑應嗣位遭楊后及權臣史彌遠所忌矯遺詔廷立昀爲理宗封竑爲濟陽郡王賜就第湖州寶慶元年正月湖州人潘壬同弟丙以彌遠廢立不平起兵謀立竑爲帝竑聞變匿水竇中壬等得之擁至州治以黃袍加身竑泣不從率州兵討之遣王元春告於朝彌遠命彭任討之至則事平壬死貶竑爲巴陵郡公彌遠忌竑矯詔令客余天錫託醫竑疾逼竑縊於霅川州治時一夔任湖州提幹亦與其難後其子竌竘竚等來州收一夔屍刻沈香爲首持喪歸葬於邑南漁浦之楊家濱 新纂

樓文雋字元英號澄齋長山鄉樓家塔人至性純篤明敏嗜學凡經史天文歷律陰陽醫藥之屬靡不精研而窮其蘊宋開慶中秘書少監洪公薦於朝授登仕郎行在院檢閱文字未幾以父疾免歸父病亟文雋潛刲臂肉糜粥以進尋愈後母疾甚亦如

之宋季凶荒文雋殫竭家財援拯鄉里賴以存活者綦衆曾孫英當元明之際以醫名自有傳新纂

何宗矩字存方生於宋嘉熙四年既壯游宦臨安累進朝奉大夫與薛維貞爲中表以氣節相高德祐間元兵入臨安宗矩避元徵辟遯居蕭山西河橋下閧杜門寂居屏絕人事惟維貞時過從贈詩有辭榮不必生前諫避世何須沒後名之句宗矩和之有云風木有懷時墮淚黍離無主又誰耕自抒其臆語極悽咽趙子昂亦宗居友過蕭山訪之宗矩避而不見趙留詩以贈其辭云君辭名利臥蕭然我愧名牽早着鞭三扣柴扉渾不啓想應分席意彌堅蓋自愧其臣於元也宗矩所著詩文宋亡後屏棄不存僅七言詩數章載萬卷樓先賢詩集中新纂

丁紳字仲龍其先世家於臨淄遠祖璞於唐之末仕至淮南節度使致政歸避亂由臨淄徙家蕭山許孝鄉遂爲蕭山人卒謚文靖璞至紳凡十二世紳生當南宋之季幼有雋才殫見博聞以經術爲當世所重咸淳間中式浙江省元及元兵渡江聞張世

傑與陸秀夫抱帝沈海日夜號泣嘆曰三百年宗社一旦覆亡予何生爲祀廟告祖潛至凌谿之厓墜淵死時山溪盛漲紳屍端坐潭中顏色不改族人殮之葬於凌溪山上年僅二十有三無子妻胡氏毀容守節至耄耋卒合葬於墓明初有司申請詔旌其閭紳撰有五經纂要五卷 新纂

元

丁戴字公戴學問淹博有聲於時身入元代以世受宋恩自居遺民屢經徵辟堅謝不出著有治家格訓維世箴銘 新纂

戴成之其鄉常患水旱乃創徐家閘於小江以備旱澇工役之費未及於人恆親操杵钁沙土水跔久之不就成之仰天呼號翌日忽成人以爲至誠之感

金松一至正間以家貧傭工養母凡遇肉食必持以奉母一日母病思魚天大寒水凍計無所出乃往漁浦渡口向天哀籲須臾鴟自西來墮雙鯉於前持歸供母病即愈

任榮字子仁任氏自山陰桑盆里徙家蕭山至元有曰又昌曰子仁者皆鄉稱長者元

季兵戈驛騷里爲吳越要衝若劉尙書謙聶侍郎子初及劉誠意伯伯溫王文學子充輩至必延致館穀始終靡倦至其子若孫若伯謙若伯厚若源若道輩守爲家法死不克葬者給槥飢不得食者推食義所當爲輒不少靳而亦未嘗以爲德焉

王諫當元時徵爲淮東薦訪使僉事丁內外艱廬墓七年不茹葷酒諸道交章薦之略云文足以黼黻皇猷孝足以羽翼治化又曰孝符曾閔學紹程朱後屢徵不起新纂

丁善字國寶當元至正間亦累徵不出教授鄉里以自給自號曰如雲叟新纂

賈性之逸其名敦孝友崇信義元末築室城市短垣庳宮左圖右書以爲燕游之所亦以接客其間徑曲庭閒鄙俗者不能到寓賢王褘題其齋曰市隱劉基爲記新纂

明

沃墅洪武初知溫縣時民艱於食墅令開闢荒蕪樹藝桑棗比代去民遮道留之

王士貞字惟吉洪武六年舉秀才授給事中擢監察御史多所論劾後致仕兄士喆同舉秀才士喆有知白集士貞有貽笑集

顧觀字利賓洪武十七年甲子領浙江鄉試第一時年十有六明年成進士太祖甚愛之日侍左右呼曰小翰林擢大理寺評事卒於官年二十有四

朱仲安洪武庚午舉人授武進縣主簿以善政聞升知縣永樂初拜監察御史巡按貴州河南居官廉重臨事必存大體宣德初遷河南按察使入覲課爲十三道風紀之最晉階通議大夫卒於官

張經字孔升洪武中舉明經官國子助教建文末靖難兵入城棄官歸幅巾野服絕口不言時事同邑姚太常友直魯御史琛殷御史旦魏尚書驥諸暨王編修鈺皆出其門後以基隱自號橘樂年八十餘卒著有詩文集若干卷惜不傳

姚友直洪武丁丑進士授中書舍人改翰林侍書永樂初拜司經局洗馬進左春坊左庶子仁宗即位出爲雲南布政司右參政宣宗立擢太常寺卿歷事四朝剛介廉慎恩寵最優以病卒於京師賜祭葬如制楊文定公志其墓云崇祀鄉賢

單瑞字能重洪熙成化間人隱居西山下杜門不出無意仕進别號耕隱同志贈詩甚

多最著者推洪鐘洪鏞兩詩人曾有耕隱卷子傳後淸初毛奇齡猶及見之互見藝文門 新纂

魏希哲字原明少有學行元末游都下遭亂從海道歸盜掠其貲去惟他人所附金獨存悉歸之人稱其義洪武末年七十精神不衰以歷練老成應薦永樂間知上高縣廉以律己明以燭奸盜賊屏跡豪强畏威三載考滿致仕歸年八十卒於家子二長騏永樂甲辰進士官刑部主事次驥歷官吏部尚書驥自有傳

單道字俊良機智絶倫明初定圖籍創四柱册以上太祖嘉之命頒天下永爲定式今黃册舊管新收開除實在卽其製也又以農夫踏車灌田之勞别創牛輪水車力省功倍天下便之建文初伏闕上書請保全諸父以篤親親之誼疏入上欲官之不受永樂初又伏闕陳時務十二事終以緩建庶人獄爲言忤旨而歸年七十餘卒遠孫無咎别字補齋績學能文門下顯名者四十餘人萬歷中詔舉學行俱優授儒官卒

何善字遂初年十歲以奇童應太祖詔賜寶鈔發原籍充廩生永樂十一年貢入南膠

中丁酉式尋登戊戌二甲進士授行在都察院交趾道監察御史奉敕清山西戎事伍籍聿然整飭再歷嶺南盜賊屏蹟繼事仁宗秉正敢言權貴斂手時浙多豪縱鈔法不行帝欲簡能臣督之而難其選一夕夢遇青衣者可其制逮早朝善獨衣青帝奇之遂命前往善以土人難於臨治辭制曰卿浙人正諳浙事且佩印綬便歸省尤新氣象遂御書省親二字賜之比臨浙直微服搜民隱請旨抄沒稔惡漏法者三十二姓抵蕭山遵母訓居三日即辭去宣宗朝代巡廣東鋤强釐弊奸貪悉望風走善立朝剛介峭持風裁每不見容於當道先幾解挽未罄所緼人盡惜之見于忠肅撰傳著有遂初集

來勵字宗亮正統間降處分之詔勵捐粟五百石應制未幾復詔入粟京庾者恩給冠帶勵更奏進五百石然終弗以擔石故冒榮寵善爲詩有蚓鳴集若干卷子姓蘩衍製四訓八戒以鐫諭之天順己卯卒年八十餘生前爲壙同邑魏尚書驥爲之記稱曰康順來處士

倪敏字時勉景泰庚午舉人歷湖口蒲圻學博以父憂歸哀毁成疾遂不起時稱其孝焉

魏完字端璧尙書驥次子驥致政詔晉階一品遣完詣闕謝以相國李文達公薦授鴻臚寺序班驥卒上遣官營葬母夫人邱氏曰若忘而父囑乎愼毋營葬擾我鄉人完詣闕辭止賜葬工竣餘帑二千金歸官散賑服闋知寗國縣五月聞母訃歸以哀毁卒所著有松石齋稿用拙稿

來衡字一之成化乙未海溢塘圮捐貲修築父爲義子誣辟衡伏闕奏辨獲釋後從東粤還舟溺於江闇空中呼救孝子忽一杖浮至得憑以濟其杖至今尙存世傳其孝感云

富玹字友柏成化辛丑進士歷福建按察司僉事分巡延平後致仕歸値何侍御舜賓因湘湖淸佔爲貪吏鄒魯所殺且四出捕其家人玹故舜賓壻也何孝子競負母朱提其妻盧伏莽中凡三夜達玹家既而捕者日至玹毁產助其貲由龕山海渡達盧

山王參政家後重刻湘湖水利等書

來瓚字樂菴所居里高亢常苦旱瓚隄倘湖及石壁鉠嘴諸湖以溉田成沃壤成化間郡守戴琥重建長山閘咨於瓚力贊成之經費不足捐金以助且親往監築手繪圖於長山廟壁子夔孫統曾孫日升師宗州知州日升自有傳

朱訓仲安孫祖爲廉吏家貧好學有特操正統間於錢清道上拾遺金一裹俟道傍亡金者號哭而至還之所著有樗軒集

張祓號直叟成化壬辰歲凶邑宰踵門請賑祓出銀三百兩粟六百石癸巳又災復出粟千石丁酉河南九鄉荒盡出所積賑之癸巳丁酉復飢祓又助賑

張珏字良毓成化間歲値大祲發粟千餘石以賑之復以銀百錠代輸歲課祖仲義目盲珏以舌舐之復明母朱氏被火冒燄抱出致爛頭額父祓喪哀毀而卒

來亨寄籍胙城正德間知稷山縣守已清介剔洗宿弊裁省甚多時盜賊劫掠以計捕之見有連及良民咸爲開釋山西志列名宦

張維翰號幹山祖祓父珏維翰克修世德建橋五穿義井六助修儒學子詞隆慶間發粟賑飢

任原禮一作名源號養晦榮之孫原禮能世其德與浦江宋濂義烏王禕永嘉高明姑蘇高啓友善皆有詩贈答

今按會稽茹敦和集任長者傳名寶字元禮與縣志任榮傳曰又昌曰子仁鄉稱長者不合聞任氏族人稱有兩長者茲豈有其三耶附誌於此以證異同

來天球字伯韶號兩山弘治庚戌進士授工部主事調刑部郎擢山西僉事宗藩子弟多不循法天球罪其尤者諸宗肅然武宗立劉瑾用事天球入覲與抗禮瑾銜之適儀賓韓璵扞文罔天球繩以法瑾因嗾璵劾天球以王室親不得擅捕治下其事於撫按凡一再勘俱直天球瑾旋敗璵奪祿天球調屯田陝西加按察司副使時流賊入漢中天球率鎮將閻綱討之擒賊帥藍五等捷聞陞陝西按察使巨璫廖堂自豫遷陝所至驛騷天球發其奸直指欲以聞廖先馳愬直指反被逮天球慨然曰西賊

易破廖賊難平也後總制巡按交章薦推延綏巡撫不報推河南左布政又不報天球因入覲遂乞休里居二十五年卒

陳殷字純輅成化歲貢守師宗州以介稱致仕還八月同鄒令魯觀潮於鎮海樓鄒曰錢塘直險哉殷曰此江險而且靈凡貪官暴吏多溺其中鄒即離席而殷亦莫之顧也鄒去楊公鐸來謂殷曰聞此邑好毆父母官耶殷曰愛民如子民亦愛其父母若暴戾如鄒者恐不免耳楊笑而然之姚江令內召姚人魏都憲瀚守制家居易服送至江滸殷遇之曰魏先生國之憲臣家之孝子而變素即吉送人於五百里外毋乃不可乎魏色然改容敬謝之

何世復字景襄兢子邑諸生孝子避讐時生於王參政鼎家參政命名所謂齊襄復九世之讐者是也武宗即位孝子赦歸又九年甲戌卒孝子貲盡廢於復讐目編戍歸不克葬其父母卒後三載丙子子世復始奉孝子遺命葬其祖父母及孝子其後會稽陶祭酒望齡志其墓見蔡仲光何孝子傳

任美字邦瑞任長者後裔也美尤好義邑東衢路欹側美具石平治行旅便之湘湖蓄洩由鳳堰閘弘治七年大水盪嚙堰趾崩塌美捐貲修之

翁文字本道歷九舉不第弘治九年歲貢授河南府訓導闡明經學分俸給貧後歸議建漏澤園收掩遺骼海塘潮决呈請修築所著有縣志補遺北遊南還詠史等集

來彭禧字商老斯行長子斯行歷仕途得其籌佐居多以太學生恩例授太平通判晚稱商山老人踈於財不屑齷齪爲生計肆筵廣席談辨風生長箋大疏未嘗假手善書法喜作詩效白傅體

來燕禧字周老斯行仲子年十七爲諸生十九隨斯行備兵天津喜談兵保定巡撫畢自嚴聞其能命試騎射麾下無與角未幾白蓮妖賊訌山東據鄒滕詔自嚴往援自嚴疏請斯行爲監軍并薦燕禧以諸生從戎詔授都司從父帥天津兵會勦兗寇師次廣川士民遮道乞師謂景州雖彈丸實三輔門戶倘無救必爲鄒滕續斯行佯不許而陰部分勒兵勦之獲賊首于弘綱于弘志賊遂解散燕禧力戰功爲多中丞李

邦華疏燕禧當破格重用詔平兗日優敘兵抵兗進攻賊棄城屯戈里燕禧襲之手獲賊將掃地王任之體鄒賊聞之嬰城守燕禧堅壘以待使彼坐困因親自徼巡以防其逸一日賊首徐鴻儒從敢死士百餘騎突圍而出燕禧鞭馬躍出擒之賊平兗撫掠其功獻俘京師是時齊趙二撫俱晉司馬襲錦衣而燕禧僅遷貴州營遊擊旋隨父任貴陽西安酋煽亂燕禧以計斬長田酋阿秧以剪其翼未幾從父歸卒年僅二十有五其季弟呂禧字西老工詩善繪花鳥國變後賣畫自給卒於京年五十四

方技門別有傳

徐卓號心齋由歲貢爲江右建昌令潔清勵俗有循吏風遷萬州知州萬歷四十二年祀建昌名宦

沈璇字天粹弘治甲子舉人爲博野令中貴贈遺者踵接璇悉謝卻亦不往報調江西雩都值大祲請於三臺得金數千易粟豆民稍甦會分巡某憾璇追治所請金誣以乾沒繫獄百姓奔訴於三臺爭輸金償所誣數得釋歸

盛瀧字源之正德戊辰進士初知臨淮終南寧守以方鯁忤時解官歸史某巡鹽至越聞瀧廉貧延至行臺歆款甚洽瀧終無所言一巨商敗法當戍擕千金因瀧子以請瀧不許子乃還商人金

黄懌字德和正德癸酉舉人知安溪有惠政遷通判治如安溪時尋罷歸居鄉禮讓爲閭里所稱子九臯嘉靖戊戌進士自有傳

徐官正德癸酉與弟守同舉於鄉越四年丁丑官成進士歷廣西僉事瀕行子請曰家苦貧願稍爲子孫計佯許之之官歲餘無所寄子乃以書請報曰青天白日之下何爲此言子大慙悔不敢復請

楊密幼失父事母嚴至孝母疾刲股和藥療之尋愈嘉靖初巡按以聞詔旌其門

來汝賢字子禹號菲泉嘉靖壬辰會試第二授奉新令搜剔奸宄開學館指示經法勵以躬行一邑盡傾撥煩調丹陽理案牘平庶獄均庸調治如奉新遷兵部職方主事改禮部精膳疾作乞休卒於家

來日升字子旦號三峯嘉靖甲午舉人授興化府判以才代守漳南二年寇盜衰息民商通利遷守師宗州師宗滇南僻地落落不得意遂謝事歸蕭散園林放意嘯詠臨歿時作百十言皆元奧不可測識神氣閒定奄然而逝著有三峯詩文集六卷三峯餘業四卷孫繼韶子集之集之子燕雯俱自有傳

孫學古字邃夫嘉靖間進士知東莞縣有富民築塘海口專利殃民學古悉鋤去及卒民立祠祀之

翁五倫字大經文之孫嘉靖乙未進士初令饒平以薦擢監察御史按部眞定妖人以白蓮幻術倡亂與巡撫協謀殄其渠魁全活者萬計守福州以終養告歸母蕭苦節五倫先意承志他如請賑請築城及排年收糧平賦諸議皆爲當路者所採

黃九臯字汝鳴號竹山懌之子嘉靖戊戌進士授工部主事立減價納直法以蘇匠困會以忤巨璫謫道州判量移鳳陽府判祀諫臣李紹顏於泗州陞寧國府同知辨汪氏爲僞瘗以雪周都峯之誣後以王府長史致仕著有竹山集及上巡按書西江塘

利害論五害三蠧甚悉詳水利

張山字時鎮嘉靖間歲歉有韓姓鬻妻於販者妻守潔白自沈販者索其直貧不能與代償之爲衣棺以葬其婦復賦詩哀之名其溪爲烈婦灘互見列女

張燭字汝玉楓邱仲孫嘉靖甲辰進士授刑部江西清吏司戊申陞陝西司郎中世宗時大獄頻興獨燭於涉疑似者力爲申辨存活頗多以疾歸卒於臨淸舟次年三十九所著有文源謔史思堂稿宦遊集

韓惟論字仲言號玉吾嘉靖丙午舉於鄉官福建沙縣教諭課諸生多有成時海忠介公瑞司鐸南平與惟論忻合無間乙未擢山東汶上令忠介以一金爲贐以襲黃卓魯位登台鼎期之甫履任抑貴游袪耗蠹汰浮宂訟至立剖期年而邑大治邑瀕運河軍舟泊焉有戍卒入市與民競而傷諸軍鼓譟民闔扉逃匿惟論令仍張肆毋恐簡有幹才者授以計遂登舟與戍將辨俄而民曳一卒至曰是掠吾什物者叱之去俄而又曳一卒至曰是亂吾婦女者命檢其身得女鞢韄惟論怒將聞之大府達之

朝廷戍將懼不復理傷卒而去先時邑有巨盜孟辰吏不能捕錄其孥至憮然曰是屬何罪悉縱還家辰聞而自投請死惟論喩以捕盜贖罪辰感奮悉捕羣盜置於法邑之豪右與吏胥爲奸隱匿田賦細民日困惟論悉心鉤稽丈量甫半而父卒於官舍遂舁櫬南還越三年病卒年四十有八汶上人立祠肖像祀之著有詩文集行世吏纂

瞿廷顯字子明號兩溪以邑諸生援例入太學授南京留守後衛經歷陞湖廣澧州知州嘉靖乙巳夏亢旱徒步詣太清山禱五老峯下甘霖如注歲則大熟州有車渚書院乃晉畢吏部故宅也捐俸葺之在澧十年以老乞休百姓攀轅有泣下者旋里以壽終新纂

洪蘊字兩山性慷慨好義蕭山素無城屢被倭患嘉靖三十二年邑令施堯臣請於朝發帑築石城不足則需富民助之蘊輸貲盈千且督理城南隅數十丈堅厚如式越明年告成題其城南水門曰淸比郎官當道嘉之卽以額諸城門者額其庭世居石

馬村其地當衆流之衝潮汐泛漲無常秋成每歉蘊創議築塘延袤數里自此田無水患津梁並修民不病涉生平精吏治兄宦山東時決死罪百人嘗求其可生者生之其按律矜情仍無失出皆蘊贊助之力爲多孝友天成門庭雍睦賑恤里黨惠澤旁流蘊固篤行君子也以太學弟子員置上等除戶部員外郎未仕卒 新纂

來端蒙字養仲號後江與弟端操俱喜奇節好施與嘉靖甲寅倭寇大訌閩浙有逸倭從西陵緣錢塘而上端蒙與弟遣諜遠偵之倭止六十有三乃集族之丁壯百十人拒險而守揭大帛旗於逵書其上曰來氏親兵倭望而懼從間道走諸暨旋以上舍高等選宛平簿課最遷滄州判官改德州陞嵩明州同知以滇道遠乞休卒年六十長子自京次自平績溪簿自京字翼明遷嘉定州判嘉定爲蜀名州兼以榷稅採木事甚煩急自京枝柱稅使調停採役悉有條法

來端操字節仲號龍巖端蒙母弟也以上舍授鴻臚丞尋遷山東布政司經歷年未四十乞歸睦宗族賙貧乏禦倭寇與兄同志行具端蒙傳中端蒙崇簡靜而端操務爲

廣大築山築池華屋珍樹甲於東南坐客常滿雖以貲郎家居當道皆枉駕採其議論爲興廢出千金築興勝塔以鎮海高十餘丈旁置室十楹課子弟晚益慈善病者藥飢者粥死者棺無主者葬割腴田於學宫若干畝以廩貧士長子自賢分宜簿次自明旌德簿次自周楚府長史通敏有父風

來膺薦字邦賢號潘水弘治十一年歲貢嘉靖壬辰就選授密雲縣令拒富室何姓賂金五百變色斥之時上籍沒一榷使賕累巨萬膺薦主露索一無所染巡撫某意膺薦有所私欲以其苞苴入令修古北口邊牆若干里須一月就否者治以軍法膺薦慨然去官解綬而歸抵家教授生徒以餬口卒年七十有四

瞿廷彩字德輝紹興府知府湯公紹恩築三江閘爲洩水之區廷彩往勸其事殫心竭力閘成湯公手書仗義堂匾旌之當倭寇浙東時往來倏忽蕭山無城可守諸紳議築城以備寇南鄉推廷彩董其役廷彩不以耄辭工竣後邑令嘉其功申文大吏特賜冠帶新纂

韓洲字宗寧號居軒天性孝友誠篤不欺丁父憂後以弘治甲子領鄉薦屢躓春闈以母年高將圖祿養忽得異夢亟馳南歸視母氏果疾作母歿號泣廬墓正德庚辰選授福建福安令邑界山海民多健訟山寇時發洲嚴以律身勤以治事未踰年民幾無訟邑西棲雲溪要津也洲建橋其上行旅稱便羣呼爲韓公橋儒學地處卑隘衆議徙龜湖山洲爲之申請得允未期月而廟成至聖土像不可移則改作木主嘉靖間令天下學宫盡撤塑像此舉實得其意俗信師巫水旱疾疫悉聽命洲懲治其尤使不惑衆鄰邑盜起剽掠洲奉檄協捕所至滅跡被掠之家設法賑給民忘其苦閱九年超擢有日以時事難言乞休歸里築室龜山之前日以詩酒自娛兼課子讀書俸餘率以給宗族姻鄰之貧乏者每痛兄早世待寡嫂及仲兄恩禮彌至撫猶子視已子居家未嘗干謁當道邑令王偉張選皆稱爲耆碩卒年七十有三新纂

張燈逸其字疑張燭之昆弟翼子也嘉靖間邑令魏堂修學宫以民居櫛比無地取土築基時燈爲董事獻議廢防私鹽之王家堰謂於此取土爲善堂謂堰固可廢然必橋之以

通往來聞之以時啓閉斯爲全善（王家愄故事詳見橋梁建永封橋記）燈乃稟命父封君翼捐資建橋堂稱燈爲義士素習禮教洵然

錢穀字府卿號龍泓進士玹之子性識甄明詩畫皆臻能品屢試失利平江伯陳圭出鎮兩廣以千金聘穀堅卻不受名益振時嚴嵩當國御史鄒應龍將劾嵩謀於穀穀曰嵩未易動劾世蕃嵩自危矣立屬草奏入世宗勒嵩致仕下世蕃詔獄

周有爲字勉叔邑諸生奉母徐孝與山陰徐渭相倡和有爲始祖副諸暨人元季避亂遷蕭之來蘇鄉副寓賢有傳

來弘振字汝剛號半山年十一而孤執喪禮如成人長而輕財喜客嘗遇醉者於西陵持弘振手大詈索長跪請謝欣然從之無何醉人死以忍辱得不坐親友以急告破產相賙不恤也陽明講學東南升其堂爲高第弟子陽明歿主教天眞書院三十餘年平居持論以實修爲眞悟頓教爲色取嘗語弟子曰先行二字一生受用不盡人以爲善學王氏者也卒年六十九著有一無長集孫湇之砥志學問能紹半山業焉

嚴天麟字達夫以諸生館京師嚴嵩與同姓欲延之天麟不屑就歸築室龍塘著有學庸圖譜五經疑義六經會通經濟神機等集或云楊繼盛李光祖皆其門人

何瞻字景先號芹洲又號頤庵精醫術居芹泥橋側嘉靖壬子倭寇海上施令堯臣求邑中殷實善良者與共守及瞻瞻恐累鄉閭就役不避尋建築城議多所擘畫越二年縣簡糧長瞻復就役不忍累旁族性孝友偶冬月母思食楊梅一日治疾湘湖羅家隖樹間忽得鮮者十數枚以歸人擬之孟宗簡同母弟暄充府椽負庫帑數百金貧無以抵瞻盡鬻其產以償之由是家漸貧子四長世英次世榮次世學次世科世學世科自有傳

何世學字道甫號鳳亭隆慶戊辰進士初令丹徒時海忠介瑞振刷江南屬吏鮮當其意獨亟稱世學未幾憂歸服闋補蠡縣蠡多中貴之族裁決調劑有治聲擢都察院經歷轉寺卿以不附張居正改常州同知復有密網羅以悅居正者遂謝歸潮嚙西陵世學議建石塘以捍之歲饑復捐粟以賑

張試字式言隆慶戊辰進士知休寧縣設義倉賑民毀淫祠爲社學清介素著陞工部主事巡視南河建瓜儀等閘改辰州通判招撫天柱諸苗遷刑部郎中時神宗久不視朝試屢疏直言語侵宦豎出守撫州府建崇儒書院墾七里桃花等陂計萬餘畝卒於任檢其遺篋僅故衣數襲殘書數卷而已兄誼嘉靖癸丑進士弟諒萬歷歲貢臨海訓導終承天府教授今其故里同胞三俊綽楔猶存

徐希龍號武陽以明經擢山東青州府通判初鬻田於定海教諭吳應桂得金二百餘約以必贖田後沒於海希龍如前數贖之嘗貸沂州守柯成金三百柯囑勿償後其子貧甚希龍召而還之門人鄭學士以偉志其墓

來經濟字濟時號繼山兩山曾孫也嘉靖戊午舉人隆慶戊辰進士初爲潮州府推官改大同晉太僕丞轉南京工部郎出爲廣西僉事備兵蒼梧遷四川副使備兵松潘以母憂歸免補貴州守烏撒經濟長邊事在蒼梧時平峒猺與江猺斬薙無算乃度地置營令三百人戍之又鑿山開道四百餘里斥堠明肅寇益希少其在松潘也火

落赤擾洮河間與鹵相聯絡經濟以八千人守高乘塞益用茶馬招來諸番部鹵卒解去黑虎番目阿呼攻剽二堡經濟以便宜發兵萬人使副將朱文達將之疾趨茂州番潰走生擒阿呼其在烏撒也土官妻隴氏產子非種土人以故法請立爲後巡撫江東之持不許經濟爭之不聽後隴氏據地阻兵連歲攻殺不解經濟以入賀乞歸卒年七十有三終身不畜妾媵不搆嘉樹常曰士大夫末年常爲孽子所苦牡丹著子如梨乃佳良苗遠風勝菖蒲繞砌也

任宗湯號始吾萬歷癸酉舉人授滁州學正遷黃縣令時苦旱禱雨需足禾麥穗皆兩岐黃人建兩穗堂以誌之

來嘉謨字莫言爲諸生有俊譽感痺疾臥牀笫者積五六年棄諸生後輒館他郡事父母曲盡孝敬雅意小學於形聲點畫考據詳確器物題識多頡籀古文讀者噤不能解性方嚴寡言笑家庭無媟容以子斯行貴贈廣西按察使著有敦倫寶鑑備忘錄曲水龜鳴字學源流等書

何世科號鳳岡以諸生入太學兄世學成進士授丹徒令丹徒富民殺人賫金赴蕭乞免死世科拒不受後世學官京師父瞻以耆耄難就養世科自太學歸晨昏色養能盡其懽萬歷初西江塘圮倡議修築且繕治八都塘閘至今德之戊子饑賑米二千復爲食於路初館戴村聞胡姓鬻妻捐館金代贖焉有因貧鬻產者世科輒倍其值授太常寺典簿卒年八十有五子四汝敬汝教汝敏汝敷汝敷自有傳

何汝敷字奏言號太素父世科歿居喪成禮服闋久之以母徐命就一官初授小鴻臚陟光祿丞乞終養歸奉太君几杖以六珈象揥跪進珍品諸味太君喜動顏色東郊有勝地汝敷營爲菟裘繞屋種梅三十樹牓曰梅花樓以奉母每登樓浮大白曰此吾家東閣也蝨賊忽蔽天至汝敷捕之如穀價劾義者湍至得秋獲踰春復大祲汝敷倒囷平糶民得飽大棺小槥澤枯以萬計父遺劵盈笥累萬悉火之雖詩酒豪俠而規簡嚴正子姓失度必立撾之不少貸焉見王思任撰傳

戴尚志字養吾萬歷丙子舉人訓薊州陞國子監陳六事朝廷頗採焉歷水部郎盡革

冐破乾沒之弊尋以刑部郎出守瑞州無㪅攝之擾無留滯之獄高安苦兌運尙志與知縣田一甲議爲官兌乃令粮簿先期排定民運至舟官押赴省闔邑免累陞雲南按察副使兼驛傳屯田阿先之亂尙志徵發軍需動中款會署布政司歷臨沅三道俱有治績及歸薊州崔呈秀門下士也時附魏閹貽書幣致候詢尙志子名欲官之卻其幣大書於庭以垂戒焉

丁應正字東阜萬歷辛巳冬父陽春久病不起刲股療之無效乃於除夕禱諸神願以身代家人莫知也父病痊應正遄逝喪殯後發其篋得籲天請代疏稿人稱丁孝子

王明宰字國佐幼喪母爲諸生常爲父擔囊張蓋萬歷壬午舉於鄉時年十有七父娶後母悍厲百計承歡一絲一粟非父母命不敢衣食也時被箠楚至流血不敢怨卒年三十餘臨終猶流涕悲父母之不及祿養云

來三聘字任卿號熙庵萬歷癸未進士初令黄梅郊行大風揭輿蓋遣伍伯以符捕風俄而風捲其符入萬工池探得一屍縛凳下廣集匠識凳主得其奸狀伏法將調合

肥父老乞留竣履畝事乃赴合肥肥俗無麥爲給種乙丑内徵補武選主事遷職方郎有武弁被誣白其寃歷祠祭郎外轉參藩江右明年楊酋叛播州調守川東時賊破綦江猖甚三聘抵涪州徵集兵餉大爲攻具而佯言招撫以懈其備時直指年正少同事者又忌三聘微間之直指怒劾三聘不諳兵事改山東副使尋加參政備兵兗西解散劇賊撫賑流亡威惠大著晉按察使時上方開泇河三聘董其役築小舍水滸日坐息其中工竣遷江西右布政使藏中故多羨金三聘檢覈封貯甚謹一無所私乞休歸卒年七十有三喜爲詩著有西軺漫稿薄遊吟稿其祠部南舟豫章蜀游東游南華等稿朱彝尊明詩總著於録

來五經字思明號誠齋父仲康卒時甫五歲少長見母氏金勵節荼苦狀輒傷悼誓必顯其母乃已萬歷乙酉請建坊旌其門金卒五經年六十若孺子泣既葬廬於墓側晝夜哭聞者哀之卒年七十有四子行學字顔叔善書法

倪朝賓字初源萬歷戊戌進士授刑曹恤刑廣東多所平反出知延安府有惠政興學

校延師儒遷四川威茂道以平寇功遷苑馬寺卿轉湖廣按察使其讞獄如前恤刑時廷推布政使爲憾者所擠歸晚節好黄老以壽終

王三才字學參萬歷丁酉經魁辛丑進士授工部虞衡司出爲山西提學道捐貲創校士館又於諸郡設倉百餘貯廩以賑貧士轉安徽粮儲道尋擢山東布政使司所至平盜理枉捕蝗勸農皆有異績晉南京府尹上疏捐俸助邊節冗費以充國用卒於官贈工部右侍郎賜祭葬

來經邦字君燮號冠巖爲諸生有聲母病目兄經濟遠宦不克將母經邦所以懽母者靡所不至卒年七十有三以子宗道貴贈文淵閣大學士

陳伯龍字震東萬歷甲辰進士五爲縣令並以清介著然數爲權要所抑初任江西新建以卓異徵復外調愈守正不撓繼宰漢川民有潞糧委官差校之害無名賦盈三千餘兩伯龍條陳六事定區頭杜波及酌火耗一准條鞭遞輸之法民賴以蘇上官以其式頒行列郡宰獻縣比歲旱蝗伯龍令民每田三十畝鑿一井遂不復憂旱擢

刑部主事以父憂歸卒於家

王命禹字五皃萬歷丁未進士授工部主事置一奸商於法由是發名晉都水司郎中差督中河狼矢溝潰修築有方著治河八議後倣而行之

王命伊字月生三才子由父廕歷工部營繕司初入部吏胥相謂曰王公子來矣奈何蓋三才曾爲工曹清釐百弊吏以故憚之萬歷中督築皇城後巡視諸陵陞都水司郎中凡鋪墊諸常例皆郤之時都御史劉公宗周孤峻少推許獨舉命伊爲清廉第一終廣南知府

來立相字夢得號九山資器清雄雅自修飭徧交三吳名士所得貽贈悉以給諸弟沯其出入而事母備得其懽以萬歷已酉序貢庭對受冠服歸

來立模字範叔立相弟兄弟篤於孝友授徒以奉菽水百指同居立相有取足稿立模有大觀遺稿

來繼韶字舜和師宗知州日升孫太常寺少卿兵科左給事中集之父也生而厎瘠善

病延醫講論遂精岐黃術丙午科闈墨落仁和縣房丹黃優拔以房卷多佳姑置之次年遇督學陳大綬貪酷不喜青衿忽入妻菲行學除名於是游京師直至遼左見武備廢弛有徙薪卮言等書星歷卜算無所不研究所著書未剞劂半燬於兵燹

來嘉績字新宇諸生善讀書嚴於義利之辨相國宗道以兄弟行嘗受業於門自臺省歸賚金帛乘筍輿來謁嘉績杜門郤謝時值鄉試宗道欲薦其次子見吾終身弗與通

韓振强字養和性孝友兄居故湫隘旁有地與族鄰思購而拓之族人故靳弗與振强倍其直售以奉兄嘗往錢塘取桑拾遺金於路坐候累日得其人還之比歸蠶已餓死振强未嘗介意也子存心好義頗類父孫日將成進士歷湖廣道御史自有傳

王思孝字崐毓生七月喪父爲諸生授徒以膳母嘗自諸全門館歸道臨浦見一人欲鬻其婦以養母者即解橐中金與之天啓初以歲貢司訓廬陵卒於官子鼎鉉崇禎甲戌進士授潮州府推官贈文林郎鼎鉉官終刑部主事

徐希穀字允宜以歲貢授松江訓導董其昌陳繼儒皆敬禮之遷衢州府教授致仕歸所著有露觀書義弟希聲字太音其方正與希穀並稱

徐世英字步瀛母周疾療之者百方疾乃瘳母終廬於墓

來士寀字寅伯萬歷戊子大饑輸粟八百餘石當事欲旌其廬卻不受子道昌字大來弱冠有文譽以諸生遊南雍書學季直表詩有蘇黃法

施所學號宛委性孝友治家以禮交友以誠由歲貢秉鐸上杭陞福建教諭歸卒於家

王紹充號傲韋少孤終其身冠衣不純采年七十母猶在堂孺慕如童子尤友愛視諸姪如己子至還劵賑饑賻喪恤病不可枚舉子二長明俊次明允孫鴻烈崇禎壬午舉人

蔡應山字子高萬歷中捐學田二十畝助義塚建惠津橋設茶亭開義井

蔡道全字光岳以諸生捐監授新會丞甫數月會縣令鈕重稅激變致死多人道全捐貲殮瘞調護者百方遷貴州判

張訓程字汝範諒長子於書無所不窺雖盛暑隆冬必正容肅坐明末以歲貢司訓淳安所著有玉陽集幘峯淸溪會語季子沛祥事百歲母孝謹撫諸姪愛逾己子

張訓懌字美仲試幼子時陽明學盛行訓懌獨羽翼朱子廓淸禪學浙水姚承菴周海門劉蕺山諸賢俱往就正焉庶母陳卒念其爲父守節援慈母終喪之例巡按郭必昌旌其孝晚年薦賢良不赴著有禱過集

史繼善號晉陵邑中利弊輒率先詣當事陳請與張徵士訓懌韓進士日將周文學萬鍾相友善子孟章廷相皆名諸生

來方煒字含赤號澤蘭天啓乙丑進士初任侯官後補嘉定令漕賦煩重方煒寬其期租多不入缺額至數萬已掛吏議入覲後百姓車載擔負爭先輸納不旬日而足民因爲立廟焉課士時特拔黃進士淳耀後果爲名家旋內擢授東銓吏歷諸司釐剔夙弊時稱眞吏部任滿代者至吏適犯法詞連方煒詔謫戍庚辰黃宮廠災下詔求直言事雪遂得歸卒後崇祀鄉賢祠次子垣丁未進士自有傳

徐明徵字晉台蚤孤父病時思食茭非時不可得後見茭必泣不食天啓丁卯舉於鄉每筍輿渡江曰此吾父奔走力食道也何忍乘車輒舍而徒焉授慈谿教諭未任而卒戒子孫喪不得用鼓樂祭不得用浮屠子振聲芳聲亦以孝友聞芳聲自有傳

蔡三樂號菊泉弟歿三樂以已貲授姪歲歉出粟給貧乏全活者甚夥西北江塘圮令余敬中議修三樂助銀數百又建湫口閘於西山側子天球自有傳

成奎章字振宇世力農母倪氏病甚露禱請代封股和藥以療之疾遂瘳又十餘年母歿躬擔土爲墳天啓七年巡按徐吉廉其事以聞詔給冠帶粟帛顔其門曰特旌至孝

蔡天球號承寰三樂子太學生父歿哀毀骨立死而復甦者再及執母喪一如父歿時以已所置產與兄弟均析病且危取借券悉焚之子如蘭如蕙

乾隆志按語蔡姓有兩天球一字林玉見人物四

蔡一信號貞復天啓五年以大工納銀充貢操行純潔劉紫溪講學武林稱其粹養先

世有遺產悉讓與弟杲子士騂士駿

何汝尹字克言由貢士授台州教授御史善之後裔也蕭山當郡上流而㵢其所通官河宋丞相史彌遠所鑿渠也時以葬親達鄞自便不顧邑形勢弦流而奔越三百餘年宰閩人陳如松坊其渠枝之曲而南接水故道而後復北而之渠當是時築鉅梁故道名大通鎮以浮屠而創三重之屋於渠坊之間曰文昌臺任其役者汝尹也汝尹本殷厚以任其役而破產之半崇禎元年秋北海塘圮明年西江塘又圮汝尹請邑大夫力任經度修捍兩塘鐵肩舂手日出筍中金破產復半既而會稽太宰商周祚以還朝取自便毁渠坊而行邑人無敢抗者後西江再三圮十倍他日而泄泄連歲至有取私決自便且致大壞而不救者以視汝尹其賢不肖何如也汝尹生於隆慶改元卒於崇禎十年壽七十子四之禎之祺早世之裕之祚與西河毛奇齡友之裕讀書如其父家藏書數萬卷而自幼食貧汝尹所貽如是見毛奇齡撰墓誌銘又來集之撰墓誌云助修學志

曹振龍字木上九歲失恃苦志力學崇禎庚午舉鄉試第一出黃石齋之門年二十有四撤棘後晉謁黃大加奬飾振龍益愧厲向學鍵戸窮經不逐聲利人稱爲隱君子云

蔡一鵷崇禎庚午舉人狷介不妄取家貧每至絶炊恬如也邑令韓昌先禮以上賓始終不一謁以壽終

張燵祥字素生屢試未售由例監幕辰州幕賓府佐未詳崇禎己巳五寨司缺餉兵譁鄰郡戒嚴燵祥毅然請往賫銀四萬兩到寨慰諭衆兵悦服各郡乃解嚴陞桂林衛蒔歸辛巳歲歉建議請賑

韓日將號晉陽天啓庚辰進士授吉安府推官理寃獄抑强梁有盜踰垣入夜已半日將猶兀坐讀書盜驚逸擢湖廣道御史以壽終於家

來驤字樂顧性毅烈以忠孝廉恥自持五世祖孝義公葬井山相國宗道罷官歸或謂井山墓側有佳地可圖相國拒不從未幾相國卒驤同祖昮弟中貪重價而售之驤

父鷟濤挈子往爭之不得乃歎曰相國之初亦布衣耳吾父子布衣遂不保先人一坏土乎乃憤發攻苦崇禎壬午舉於鄉是年冬鷟濤卒其明年闖賊陷京師驤遂作行脚僧自號鐵山子躭味堪輿家言閱歷名山川者一十八年卒子爾繩孫竹皆有傳

來集之字元成號倘湖崇禎庚辰進士司李皖城皖當張獻忠蹂躪兵賊交訌集之日籌峙糧夜巡雉堞鎮標將貪冒尅減兵餉撫軍不能制集之披誠開導給與全餉鎮兵乃安鳳督馬士英募黔兵道徽祁肆掠民與格殺傷數兵將治以亂民律委集之查核全活甚衆左良玉兵東下集之長揖而進獨以不可造次爲言左心折爲戢兵不暴士英稔其才薦授兵科給事時馬阮比周恥附其門士英恚改樞部未幾晉太常少卿歸蕭山竈戶苦浮丁瓶議照田均派貧竈之困始蘇卒後崇祀鄉賢祠所著有易圖親見讀易隅通卦義一得春秋志在四傳權衡樵書初二編南行偶筆載筆倘湖近刻若干卷又倘湖遺稿二十四卷未梓子燕雯康熙庚辰進士

王鴻烈崇禎壬午舉人爲詩歌古文不拘繩尺與同里蔡一鵷稱二高士子立相字代言稱孝友

丁元慶字春門捐資重建儒學尊經閣歲饉且疫發廩賑濟捨棺木設義塾甃官園垣牆築石坑以掩骼

陸守惠字還初遇水災捐築海塘以監貢任登州經歷補濤州攝平南縣事值流寇戢兵禦賊民得安堵擿奸理冤稱神明宰卒於官

任元仕字省初爲邑文學事親以孝著濱海多潮患元仕建龍神廟卽普濟庵是也後數十年子雨蛟復加恢治雨蛟子亹斐自有傳

任師禮有孝行祖母沈病篤刲股和羹進之得愈令王吉人表其廬

徐今禧僉事官之孫失耦不再娶躬操井臼以養其母

乾隆志按語義夫之稱非妻亡不娶之謂徐今禧入志以躬操井臼養母故

丁師虞字武彝元慶子萬曆乙卯貢授山東武城令入覲避崔蘇州之嫌遂告歸不仕

初甲寅洪水潰淩塘二百餘丈師虞以百金倡修之天啓元年邊警時師虞憤兵行無法必敗之事著陣法折衷上之不報辛巳大荒市無粒米師虞創以里濟里之說云我里數百人食之自我始懼鄉里以就食恥戒其子克振克捷必敬且下之壬午西江塘潰守憲傳集衆議善師虞之言遂以工屬師虞乃告貸於親知典質其世業立刻登塘集健少年數百人以重賞之令舁石及土集於潭更令乘巨舟以巨木向潭致樁石土相附而堅十餘丈之深潭不數日基立迺用樁如品字繼用篰石塞其空以土致春焉大雨立雨中勞賞諸少健晝夜交致而塘以成癸未廣庥溪霪壬辰秋令韓至定役事法師虞議畝折一錢七分力爭之乃定癸巳始定南米七分折又具呈當事往復再三復小夫額銀著五經演說及譜略時年七十有五

丁師孔字乃碩元慶子歲饑給米施粥所活甚衆家頗饒以施濟漸貧棲遲湘水間彈琴賦詩泰然自得子克揚順治己亥進士

任元齡字九如入太學有聲父朝諍爲郴州州佐以桂藩工獲譴有司逮家屬弟九齡

已被逮元齡時客遠方聞之奔詣獄曰家有冢子當逮我備受酷刑無異詞當事者憫之爲白父冤子雲蛟順治丙戌舉人

張聖祥字尼謙矜氣節重然諾安貧力學訓子姪讀書自號恥菴以見志

張德元處約好施歲凶出粟賑饑者壽九十有七子維垣字寰宇能承父志任羅定州州同壽八十有九

張翼飛號天月父應桂萬歷壬午舉人官知縣遷順甯通判家故饒翼飛畸才岸性遨遊兩湖三竺間丁亥當叙貢避不就以壽卒於家

張震字韞夫隱居講學從遊甚衆以壽終門人私謚曰貞逸先生

吳士駿字少愚父文光捐米三百石以賑饑爲大憲特奬士駿尤多陰德有除夜入室行竊者駿見之贈以金勸改行更隱其姓名不以語人也子二育賢師賢俱貢生孝友淳篤恂恂退讓人稱其世德

卜仁盛字心寰家貧遊京師三十餘年由椽史任衞經歷歸買田宅均其產與弟頒諸

從兄弟之貧者

汪珽字天晉以諸生貢太學闖賊陷京師歸隱洛思山自號石泉子卒年八十有九所著有微言指要地理金鑑等書

王地字寧寧襁褓失恃事父冬夏晨昏動循古則兄弟析產推肥受瘠歲大祲鬻產易米以助賑捐貲建圓通閣於江寺授禮部儒士

王之祚字子歷明末歲貢以親老不就廷試偕諸弟講學繼室邢淑慎安貧能成夫志之祚死苦節數十年而歿

俞在前字敬岳以輸粟准貢任福清縣丞陞福州府經歷廉謹奉法罷官後力行善事值學宮圮捐貲修葺

俞之琦字二韓縣學生尋弃舉子業隱於元度巖洞三十年不入城市

韓日嶸字岱瞻邑庠生不樂仕進終日坐斗室怡情筆硯者三十餘年與俞之琦稱二高士

徐正英字仰溪初邑解南糧派費里甲民苦之正英建議白縣申詳始免賣兒貼婦之累壽八十子翼鄰事繼母汪以孝稱

周紹元字雲門西江塘爲三邑要害紹元歲捐貲修葺終身不言人過然匪僻者恆見而憚之

王之鼒字調玉邑諸生賈令爾壽及錢學師孔芳死無所歸皆殯葬如禮明季楚藩徵之不赴以山水自娛終於家

陳應龍避亂攜子姪二人匿四明山賊追之度不能兩全曰吾不忍弟無後遂棄其子人皆義之

卜斯盛字雲生才思横溢喜談兵崇禎中朝政不綱遂絶意進取浪遊楚粤間會羣從心衡香山解官歸琴歌酒賦晨夕過從人方之大小阮云

朱玉貞字斯佩敦行能文幼學詩嗜長吉後乃沈酣於少陵著有天香堂詩集

蔡大績字君可幼穎異工古文詞浮沉黌序者幾五十年著古永興往哲記甚博雅萬

歷乙丑與張諒戴文明修邑乘

陳之驥字逵伯號大千邑之東城人弱不好弄母徐早逝哀毀如成人年十餘從塾師學舉子業慨然曰流寇四訌干戈雲擾大丈夫當如傅介子班仲升立功疆場何乃效腐儒呫嗶爲因棄筆硯不與諸生角短長云懷宗初提樸被侍父北征鮮衣怒馬蹀躞長安道上與燕趙間豪俊游若蘇觀生魏裔介等皆覘其緩急周其困乏焉而戶曹范志完尤奇之驥羅致幕下後范總督薊遼邀與俱一時措餉練兵悉得其要領因以副總銜題請帝命爲參軍兼領左軍都督府同知司中軍旗鼓初父寓都門繼娶江氏之驥事之維謹迨午未間范爲當事者訐奏就逮而之驥亦緣父病解任挈眷旋里丙戌趣裝游粵會唐王聿鍵被執於汀廣西撫臣瞿式耜等立永明王由榔於肇慶蘇觀生舊相福建遁回廣東過三水聞永明監國恥不與議遂不赴朝別立唐王聿𨮁於廣州改元紹武命之驥總督五軍時清總兵李成棟率輕騎長驅直入紹武縋城遁爲追騎所獲自縊死觀生亦自縊之驥方巡城知清兵已迫倉卒發

礮拒敵火反擊誤爇藥局兵民煨燼者無算之驥亦半體焦黑右手糜爛匍匐歸邸毛奇齡半面將軍歌所爲作也大固山某欲降之不屈丁亥春力疾歸里杜門不出惟卜治祖父墳塋不復言天下事矣後魏裔介秉鈞招之不起但爲故人一作粵游而已以癸丑三月二十八日卒子二長炳早卒次學淵太學生 更纂

施是龍字時雨弱冠餼於庠當敘貢棄不就日與二三知己尙論古人培佳卉品泉石以自娛口不言貧

蔡繼曾字宗賓任羽林衛經歷明時武備廢弛帥皆紈袴率以老弱充伍繼曾請釐之不聽棄官歸居鄉多善事

蔡有輝崇禎間任黃梅典史流賊犯蘄黃道府倉皇議撫遣有輝如賊營流矢中股有輝不爲動曉以順逆大義賊少卻歸入城流血不止卒

來曾奕字仕先髫年能文其父泰階勗以持大義懔節概勿逐逐於富貴後聞闖賊陷京師閉門著書不樂仕進嘗肆志山水間剪茭採蕨澹如也手著晴葵錄十二卷晚

年精研周易自號遯菴子汪慶雍正甲辰舉人以上乾隆志

樓維觀字尙孚早孤家貧篤學不倦永樂二年修縣志維觀與焉撰述列傳辭義淹雅魏驥見而稱歎謂爲傳作隱居抱道以布衣老卒年八十新纂

陳用賓號九六天啓中諸生憫十五都一四圖坂内田禾苦旱少水灌漑因開河道二里許名曰墅河向稱陳氏公河沾水利者千餘畝徐童山左近各村咸蒙其澤新纂

來長吉字德祥號五槐明太醫院醫士母病思食梨不可得長吉至杭市梨日暮逆風渡江歸半渡風厲舟欲覆長吉禱天曰母病待梨療某死於此母不得梨亦死是二命也願神哀之須臾風定獲濟母病旋瘳新纂

來知德字矣鮮號瞿塘其先世居蕭山徙湖北麻城元末有來泰者避亂入蜀居梁之康邮遂爲梁山人知德中嘉靖壬子舉人三上公車不第焚引侍養父母既歿廬墓六年後遨遊五嶽往來峨嵋太和廬山間晚年歸隱釜山耽玩河圖洛書研窮易理嫌釜山紛沓猶在人境乃之萬縣求溪山洞中寂居二十餘年成周易集注及日錄

年譜大學古本格物圖解目錄內外諸書皆行於世萬歷壬寅授翰林院待詔時年已七十有九疏辭不赴卒後詔建特祠於梁山學宮旁給祠生奉祀崇禎癸未巡按四川監察御史劉之勃偕巡撫陳士奇取易注目錄二書繕寫進呈詔賜謚從祀孔廡明亡未及行光緒中川督丁寶楨亦奏請從祀文廟寢不報所著書未梓者尚有入聖工夫理學辨疑心學晦明解省覺錄省事錄諸稿存其家 新纂

吳翼聖字魯王崇禎時諸生承父日鑄命鍵戶研經者十餘年闡發濂洛諸家之學作性理異同解凡十五篇陳司李子龍顧令棻皆賞之以攻苦致疾卒著有葦齋集 新纂

何文煒字一弢號正庵十一歲能詩文補弟子員天下名碩如陳臥子李舒章輩皆推爲越士冠中年棄帖括不求仕進不通貴客嘗獨坐一樓徧讀十三經諸子百家及漢魏六朝唐宋諸名集自朝至漏下手不停披年踰七十率以爲常 新纂

潘鍍字近竹嘉靖辛丑進士授湖廣嘉魚知縣時值正德之後流民多相聚爲盜邑吏

張商與巨盜周茂通前令屢捕茂不得商實洩之也鍍涖縣廉知之故酣宴兼旬不治事一日夜半率吏卒出巡邏徑入張商家繫商及其孥寘之獄張堅不承鍍歷數其通賊狀張慴服鍍徐顧曰汝死不足蔽厥辜獨惜汝母年耄耋乃坐此累爲可憫耳張聞言叩頭乞哀鍍曰若能計擒周茂及其黨來當宥若張拜謝去誘周茂與飲醉而擒之又擒殺其黨數十人而沈其船餘盜盡溺死靡孑遺邑人稱神明焉萬歷中嘉魚人方逢時以兵部尚書致仕歸爲撰德政碑誌其事新纂

來士建字功伯明萬歷時人也祖宏輝雄貲能施喜賓客其義行往往銘於通衢大塗之石有五子中曰端人仕爲新興丞邑獞爲剽片言撫定之娶於任生士建彌月而任卒其繼母曰吳曰俞士建之於其族餒饗病夷暍者井露者薶疏圃有區講肄有所皆推而公之出其塗無茀以圯里富家之取佃人租者一時率浮之士建顧反損萬歷戊子歲大祲士建倡以米三百石賑又粥諸塗宗人來十六貧甚且鬻妻子士建令就廩鄉有嬰兒啼空屋其長者數人皆疫死士建爲葬死者收其孤乳之當其

父端人宦死以喪歸也俗謂客屍入門不祥宗人皆扞勿令入士建號擗欲絕祈請哀甚遂升棲於堂繼母俞有疾士建年五十有二矣而憂瘁甚不解衣五晝夜俞疾已而士建遂殆其歿也有弔者數十輩莫識爲誰哭多涕問之故曰吾儕餓夫賴公惠以活故慟耳當其生時有積穫在野忽被焚羣丐爭相號曰來某房稻當亟救俄而火滅其感於人如此 新纂

蔣國恩字慶吾浦沿蔣家里人萬歷四十二年鑿開黃山之峽建閘瀦水其他賑饑救貧事皆力任不辭崇禎四年邑令劉一愚薦舉鄉大賓旌其門 新纂

單彪字文虎善格五意錢諸戲客游燕時張李內訌邊隅多事朝廷留意兵備不次用人崇禎六年彪進九邊圖稱旨授都司十六年隸左屯衛十月朔大兵至彪縋衛城東門鐘鼓樓上僕單德亦從縋同知馬某爲斂葬城東門外詔贈龍虎將軍 新纂

來維觀字華陽由恩貢選無錫縣二尹時璫燄正熾符下坼東林書院惟觀向書院哭失聲緹騎提尙書高公攀龍攀龍赴水死各縉紳無敢往弔唁者惟觀獨登門肅奠

大慟而歸人皆駭異之曰是何二尹不顧利害如此後遷潮州府大埔知縣尋卒 新纂

洪聲聞字振寰明崇禎時邑南多盜取人勒贖不遂則殺之聲聞兄爲盜所執大慟急追之至凌橋而及泣告請釋兄願以身代曰釋兄尚可措貲以贖我賊允之兄歸實無貲以贖聲聞頻死者數皆以巧辨得免賊中有沈子龍者曾受聲聞外祖鄭星懷之恩力救脫歸卒於家 新纂

來秉衡寄籍洛陽天啓甲子舉於鄉未仕闖賊陷城爲賊將劉宗敏所執令易服欲官之不可羈南郊民舍顧見其友謂之曰賊勒我以官我義不受辱恨母老子幼死不瞑目爾賊以鐵索加其頸終不從遂被殺並母妻及子 新纂

黃運泰字開平九臯六世孫也席累世豐厚倜儻自喜明亡募邑中死士得五百人率以渡江謁巡撫黃某於軍門黃受其衆隸部下以同姓弟畜之請於南都監國福王授運泰兵部車駕司郎中久之視當軸所爲殊不道移疾歸會馬士英奉福王太后

奔杭州與故鎮東將軍方國安敗軍合拒清兵於西陵渡運泰以在江南與相識饗之困廩爲竭已而歎曰與其餒此賊何如餒沙蟲哉乃攜家走南山間闢園曰文園種桐養漆於其中晝課傭作夜則飲酒醉後往往悲吟達旦浙東監國魯王以故官召不赴丙戌清師下越東乃出山以文章會天下知名士凡百餘人設長筵於堂隨到隨食窮極珍錯嘉興南湖作文會運泰連舟十餘鳴鉦吹鐃載越中名士以往其豪儁多類此嘗佐毛奇齡撰越郡詩選選庶常王某郡城夜走詩乃甲申王從賊中遯歸作也奇齡評隲其詩方以右丞司戶王氏謂譏其從賊修郄迫奇齡出亡諷運泰改評不可益購多紙染版不絕其後家寖落田園蕪沒臺館傾頹不復葺理或勸節嗇運泰持盃而歎曰當吾叩黃軍門時衷甲者一月脫此時出關死於兵吾尚能嗛嗛飲此酒哉既而有病不能食危坐卻飲噉一旬一夕大醉卒 新纂

樓京瀾字文生樓家塔人處鄉里賑穀施衣饋藥予棺夏設茗夜篝燈以利行旅一鄉稱善士焉京瀾五世共爨有司旌其閭時人榮之 新纂

樓洪達字君顯長山鄉雪環村人其鄉多溪流縈洄數里行旅病涉洪達建石橋四曰益福曰義祿曰山壽曰賜喜於是沮洳之澤夷爲坦塗又善醫遇貧病者輒饋藥餌或留治別宅俟瘥乃去年九十許以明經終新纂

樓雲鰲字允占富而好施每屆歲暮族中無以卒歲者悉邀至家贈以金崇禎丙子浙中大饑又爲糜食餓者且留其老弱養於家卒以是傾其產新纂

吳士駿字士任號少愚宋渤海郡開國公後裔也士駿好行陰德除夜有盜入其室固素識者乃贈金勸其改行並諱其姓名鄰有埋金墻下發之失所在會士駿室中土隆起召其鄰曰吾室有異得非汝金徙其故處耶鄰依言得之子二育賢字日鑄師賢字瞻斗俱貢生新纂

蕭山縣志稿卷十六

人物三目次

清

朱世學　毛秉鏡　周萬鍾　王九思　任振龍　朱懋文　沈以庠　周維屏
丁克振　任三宅　吳人紀　莫任聖　王懌先　孫龍池　章文龍　周維高
張迪祥　周嘉栻　張文起　陳新　韓日昌　趙之鼎　周一甲　周之冕
周之麟　蔡士驊　蔡士駿　周國龍　丁斯薦　戴琮曾　岳文龍　張文遵
趙逢典　包秉德　沈禹錫　何之杰　徐芳聲　徐芳烈　毛萬齡　蔡仲光
蔡宣之　來蕃　戴鏡曾　任辰旦　毛奇齡　樓光森　吳觀子宏遠
來垣　陳至言　丁成名　張朝琮　趙文璧　周起莘　單隆周　王鉽
王仝高　王余高　張遠　來鴻雯　來燕雯　王先吉　來爾繩　王綏祖
沈士本　袁定國　何垣　來珏　蔡遵生　胡祿安　來鍔初　沈士俊

趙文清　李日焜　吳　琰　金　輅　蔡惟慧　張文瑞　何西堰　張應甲

蕭山縣志稿卷十六

人物三

清

朱世學號拱北父病籲天請代及終躬負土成塋設義渡修學宮收枯骨子懋文皆遵世學命行之

毛秉鏡字竟山事母何孝後母葬湘湖移住墓鄰盛靖三宅三載不預家事少諳音律其先汀州司馬聽齊孫啓吾極善等韻兼能擊鼓作等韻聲使隔墻聞聲知翻切字或曰即諸葛鼓之遺秉鏡盡其技著先天字母之學名竟山等韻錄一卷又曾受啓吾所藏涵虛子譜唐五調曲二首笛色工尺皆近代音律家所未有者見奇齡所輯樂說名竟山樂錄凡三卷子二萬齡仁和教諭奇齡翰林院檢討皆有傳

周萬鍾字辨我縣學生以能文名事親孝兄蚤世諸姪求析居萬鍾獨取田宅之瘠者課子孫有法卒年七十有四子維屏孫之麟皆有傳

王九思字愼之儉而好施與自崇禎末至順治初每遇祲歲捐貲賑急邑南大道爲郡通衢九思倡衆甃石平直如砥行旅便之子先吉康熙庚戌進士自有傳孫壇圻皆由副榜授縣令亦有傳

任振龍字羽正人有夙負欲鬻其妻振龍遽止之負者曰吾非獨爲此再贈多金以全其室每除夕必焚劵子辰旦康熙丁未進士令上海自有傳

朱懋文字彬宇由太學生授易州功曹闖賊陷京師未幾西奔經由易州僞將軍王愛臣攻城不克擒守門陳指揮去懋文率健兒十餘人追之次日薄紫荊關下及焉策馬冒衝與賊相接奪刀斬之連砍數級健兒六人乘勢復斬十餘級生擒一人賊衆始竄淸定鼎擢易州牧時土寇蜂起懋文剿撫兼施課最陞撫州同知治如易水値部以赴任愆期鐫二級起補兩淮運副免供應革陋規惠商裕課克盡其職丁酉丁內艱不復補官居鄉修西江北海塘及學廟明倫堂巡撫范公欲興復萬松山及宋時之太和書院懋文亦捐資鳩工如前修學時云

沈以庠字秀之順治三年有得罪鬻產於以庠者既而其家謀益値駕言估產訟之官以庠乃益所値金并出劵告其家人曰以爲估耶則請取劵去其家乃大慚領金而謝界塘故坎險舟車難通而以庠梁之名曰益秀橋子士本乙丑進士

周維屏字自求倜儻負意氣鄰有患疫者輒親湯藥殯殮乙酉吳越絕渡錢塘張吳諸姓避居其家日給饔飱寒暑無懈西江塘衝决維屏命長子之冕躬督修葺十餘年無水患子之潾皆有傳

丁克振字大聲積學敦行崇禎十六年帝以邊警諭臣民助餉克振傾貲爲邑人倡暨湖糧稅德清折銀歲賠千計世爲蕭山累克振陳請改復闔邑賴之又建廣濟橋廣麻溪閘築丁家塘濬池壘其土爲掩骼所生平著有迂菴改存草倪文正公元璐爲之敍子夢芝康熙庚午明經

任三宅字翼寰縣學生時邑里蕭條公私耗蠹三宅上平租庸均里中等議巡按韙之下其議令勒石縣門若西北兩塘歸正泌湖粮稅條理明晰所著有膚言請正江塘

事宜鄉兵末議折差略節諸說

吳人紀字肇英弟希聖字再希兄弟相師友嘗讀書白鶴寺盜入其室所得止衣襆盜怒而縛之欲沈諸水既而盜曰盍舍其一兄弟爭死盜義而兩釋之

吳任聖字以重貢生常隨父避亂山中寇至幾傷其父任聖以身衛之矢及衣而落寇驚走

王懌先九歲與父避亂匿草澤中父爲賊執刃將及頸懌先抱賊泣曰寧殺我賊憐其孝遂兩釋之

孫龍池與姊避兵湘湖姊被執自盡龍池攜一甥一子逃至中途追急度不能免龍池乃棄其子負甥而逃卒無嗣人更哀之互見列女

章文隆明末多盜擾金衢掠婦女文隆捐銀代贖後歲歉大雪煮粥恤鄰且出米以給遠者與兄文俊捐修學宮

周維高字無玄縣學生少孤事祖母甚孝母孀居多病常衣不解帶友愛兩弟尤篤摯

從宗人海門先生游多所辨晰子國龍康熙乙卯舉人

張廸祥字恆吉明徵士訓懌子幼多病刻苦讀書晚年侍徵士猶依依若兒時卒年七十有九子崇文

周嘉栻貧而好施嘗設塾於閭里所得修脯給饘粥外半濟困乏時修學宮亦竭蹶助貲人稱重焉

張文起邑庠生康熙癸亥修學宮重建大成殿前後共輸大木二百三十枝己未重建縣堂又輸銀百金卒祀報功祠

陳新字士模號自牧嘗捐貲育嬰兒以保赤子設賑粥廠以甦饑民力行善事子至言成進士官河南學政自有傳

韓日昌字燕克諸生父歿母老家復貧每讀書至丙夜聲淚俱咽弟幼撫之成立毛東壺受書四傑謂王舍人先吉任給事辰旦毛檢討奇齡一即日昌是也厥後家巷承學之士甚夥硯北所入頗喜緩急人性孤峭終其身不謁長吏中康熙壬子鄉舉未

幾卒

趙之鼎少孤事母孝及長遊學京師順治間舉順天武鄉試第一不求仕進遄歸奉母康熙己酉湘湖隄決九鄉淹沒之鼎急出己貲鳩人聚畚鍤星夜堵築又修西江塘躬親督率以成之遇歲不登首捐助賑戚友匱乏必委曲周濟他如施藥捨棺傾囊無吝至有稱貸以益之者子文璧自有傳

周一甲字仲文由歲貢歷德清浦江嘉郡廣文遷鄜州判興學勸農稱大治以年老告歸性孝友重親致懽有曹景完風子之逵鴻逵起莘起莘自有傳孫斐成康熙丁巳舉人

周之冕字文伯號貞西維屏長子十三喪母事繼母甚謹補諸生旋棄舉子業修方外高躅嘗蒐岐黃術鍊禁方以救時痢全活甚衆會邑大水西江塘與蘆㡉河圯之冕量功役計程簿既減惜官費而民患以絕並增築湘湖塘修縣廳事卒年六十子鼎泰

周之麟字石公號簡齋順治己亥進士改庶吉士授編修陞司業由講讀學士晉宮詹預修玉牒孝經太宗實錄賜賚甚渥移太僕寺少卿轉僉都御史上卹刑漕運諸疏遷太常卿晉通政使卒於官賜祭葬之麟通籍三十餘年皆仕宦中朝田宅不及中人嘗語子弟曰我居處服食較諸生時不敢一分增我氣概襟懷較諸生時不敢不十分減人稱言副其實

蔡士驊字伯逸王御史元曦按郡察優舉其行有賑饑修學等事

蔡士駿字季逸庠生親喪哀毀逾禮事兄如父羣從子姓數百指同居邑中堤堰津梁率先捐資修葺

周國龍字允伯號恂菴康熙乙卯舉人授黃巖諭年七十一卒矜氣節外聲利初爲諸生時客武林館人婦少艾輕狎國龍色然拒之遂改館錢塘有吳姓者負楊宦銀累年聞其女殊色欲奪之因以積逋訟於官國龍爲白令量斷銀給宦吳女乃得擇婚

丁斯薦字茹升孝友喜讀書多行善事修橋梁賑貧乏不可枚舉孫文龍康熙丙辰武

進士景龍授國子監學正

戴琮曾字若魯尙志曾孫明末寇亂台温衢處婦女多被掠琮曾倡義代贖焉歲凶出粟賑饑建橋施棺修學焚券諸義舉靡不力行子一津

岳文龍幼喪父母王氏苦節撫之成立母病文龍刲股和藥以進病愈邑令王運啓旌之

張文遵訓程孫妻亡遵曰吾母秉節以撫予予守義以育子此吾志也子大經能孝養卒年六十有七

趙逢典娶蔣氏丙戌避寇湘湖寇欲污之投水死互見列女後再娶蔣氏生子一週又死遂不復娶

乾隆志按語舊志爲文遵等五人立傳聞歷代奬善之典有稱孝子順孫義夫節婦者義夫即義士非妻亡不娶之謂舊志列義夫多人相沿已久未便芟削至陸承宏郭煌章九德三人除妻亡不娶外無他事實姑以四字括之存其名姓於此

包秉德初名啓禎改秉德字飲和別字卽山同邑沈禹錫少秉德一十五歲嘗與賭作酒賦琴賦沈皆遜其速成而又音詞琅然輒輟筆捲白而去由是邑之言古學者推秉德焉包與沈俱好讀書而沈以遘病作輟包讀有常候比讀必過丙夜嘗授書友人宅下榻高樓當城隅其下販傭僦焉每丁夜渡江其婦聽其度紙聲幷竹中鴟爲度每睡醒輒曰鴟未呼包二先生尙拽書起姑徐徐可也著詩十卷賦一卷讀史詩二卷雜文二卷雜志五卷雜輯古今名物事理別爲一家言名蟲弋編三十卷見毛奇齡撰傳

沈禹錫字子先與蔡仲光毛奇齡包秉德爲四友禹錫居崇儒里發畢生所好書聚一樓嘗讀廿一史以板枯不能復購他本乃手畫其板自朝迄夜漏下十餘刻不衰既而竟以嘔血卒年纔二十有或將輯其文傳世而其母哭不示僅刻其寄友詩若干首見毛奇齡撰傳

何之杰字伯輿又字轂菴汝敷子也明季諸生與同邑徐芳聲遊劉忠端之門邑西江

塘爲海潮所衝漂沒廬舍每修不能起而近塘居民益復開霪洞以灌暵田之杰爭於官由是塘患息康熙中上謁禹陵之杰迎駕望京門外獻南巡頌十章上命收其帖及還京特注之杰名並書其頌勑總督王某訪里居所在獎之年七十九卒其先三世入御史臺家有園亭其在里曰百尺樓在郊曰梅化樓今百尺樓改爲祠宇而梅花樓廢著有越州三子詩何伯興詩選甲乙詩鈔瞻雲北遊諸草嶽麓吟及梅花樓初二集已刻未刻凡若干卷

徐芳聲字徵之天啓丁卯與父明徵同時應鄉試明徵卷爲書經冠曰吾冠一經無所媿特媿吾兒耳太倉張溥集天下名士爲一社至東浙每不愜已而得徵之名大喜指示衆曰此蕭山徐徽之也長洲楊廷樞選天下社文不得其文不敢選著兵農禮樂諸有用書而尤詳於兵初芳聲與翁德洪蔡仲光何之杰張杉友善而與毛甡奇齡初名甡周晉民作忘年交天子收復西南疆大赦詔徵天下山林隱逸之士侍讀湯斌侍講施閏章各以芳聲名薦之鈞軸邑令姚公文熊詣門勸駕而芳聲與仲光並力

郤之卒年八十有四見毛奇齡撰徐徵君墓誌

徐芳烈字涵之芳聲弟也文行與兄齊名明鼎革後高隱不仕所居室曰小蓬萊廣不數尋而綠架丹葩紅魚互映夫婦偕隱其中昔人謂游仙詩即招隱之意是也著有浙東紀略一書叙監國魯王事甚悉新纂

毛萬齡字大千號東壺順治七年歲貢授仁和教諭與弟奇齡時有二毛之目高文雅度爲世典型著采衣堂詩文各集遂安毛際可同里蔡仲光爲之序

蔡仲光原名士京字大敬又字子伯明季諸生與同邑包秉德沈禹錫毛奇齡爲四友邑之稱博學者無過士京禹錫思勝之故日夕讀書卒以咯血死嘗與同邑毛奇齡始寧徐咸清山陰張杉窮易詩尚書論語孟子及三禮春秋三傳等書既而遭際滄桑遯迹邱樊冥情物外不交當世畫江之役越人抗清兵多死仲光輒潛識其事素明災祥星緯之學而不肯爲人言康熙二十年詔徵天下山林隱逸之士侍讀湯斌侍講施閏章以徐芳聲及士京名薦之益都相國時例當由外舉邑令姚文熊益都

所取士也特發書幣遣文熊親造請而士京與芳聲並却之卒年七十餘無子其著述甚夥惜散佚不傳惟謙齋詩文集行世

蔡宣之字德修嘗同父避亂出城爲亂兵所衝父子相失因號泣追尋素不諳水性浮水而渡若有撫之者尋遇父適兵欲加害其父宣之以身庇之願以身代兵義而釋之潛心理學學者奉之名其門曰匠門　更纂

按蔡宣之爲仲光弟乾隆志宣之列明仲光列淸今移宣之於仲光後

來蕃字成夫明末諸生來氏族甲一邑蕃鄙其軒冕獨居貧空敝衣縷裂所儲圖史外惟缾盎十餘實米鹽紵絮於其中爲詩古文詞以博大自喜旣好爲瑰奇倜儻之語又力追先秦閒文崇尚奧衍然不能鋟所著行世有北沙集藏於家以別字北沙也幼精六書能作古文籀篆及隸八分然不輕爲人寫遇故人當意拱揖避道左語不當意去不顧與其徒縱談古今興廢得失理學藝文徹三晝夜不倦遇軒冕與俗士終日不出一語嘗作二幾賦其文雄博頡鷩抵轢前古虞山錢謙益見之稱曰此馬

季長之賦也好立名節每道東漢人物或以東漢人相擬則喜少遊劉蕺山先生之門劉曰子袁夏甫也吾初以子爲狂者今知之狷者也子有所不爲明亡後隱遯以終嘗大雪忽憶毛甡遠遊覆笠登香鑪峯四顧蒼茫吟所製八君詠詩慟哭乃歸康熙中卒新纂

戴鏡曾字餘照與來蕃同里能詩甲申後隱居以布衣終更纂

任辰旦字千之號待菴讀書城東草堂著權書十篇期爲管樂性孝友而峻於遇物順治丁酉以第四人舉於鄉從外氏籍榜名韓燦康熙丁未成進士復姓改今名歸就子舍者八年丙辰除江南上海縣知縣縣多豪猾戶十餘萬歲賦四十萬而漕復半之辰旦治民以寬馭豪猾無所縱敏於聽斷民孫祥父辛爲徐捨等所殺捨故使同黨一人遠竄而委罪焉陳尸積年爰書莫定祥知事無如何陽與捨親一夕捨飲醉歸祥出刃截其喉而投首於縣辰旦驗之信將具牘而新律無復讎誅旌之例惟殺人者死具律令於是不得已坐祥斬律大吏讀其牘咸憐之屢駁議竟得免關西布

佑魏丙夜就旅宿俞甲家失橐金三百不得主名辰旦禱之城隍神留捕寢宮役夜夢一婦人襁女而呼曰授汝衣及覗之則裙襴也具以告辰旦以意推驗以裙襴非衣其人或裴姓若其襁幼女或其人名兒與愛與息及詢之果有裴愛無厲儳旅舍旁而得出入於其舍收鞫具服縣民向藝木棉貿穀塡漕率不給辰旦爲調劑緩急困乃蘇縣境有沒水沙田六千餘畝民困輸賦多破家辰旦奉檄履勘得除賦額縣民大驩縣有吳淞江自明季堙塞遂多水患大吏請發帑建閘於黃龍浦口之三里而閘成屢圮辰旦命匠先範石於陸連比若長堤第其甲乙牝牡之復募善泅者暗記而累琛其中悉合矩度如陸廣左右護堤束水就閘使水無橫溢而又善下至今利賴焉會以博學鴻儒召與試未用復故官臺使特破例薦行取以科員用癸亥授工科給事中辰旦感激知遇連上五疏皆深切時弊甲子詔廷臣會議封禪巡狩事辰旦疏諫湯文正公斌是其言上優容之尋遷兵科掌印丙寅改大理寺丞丁母憂歸以前廷推湖撫張某事罣誤落職年七十卒於家著有介和堂集言近錄行於世

湘潭陳鵬年辰旦甲子典試湖廣時所得士也傳其學以淸介聞子衡康熙乙卯舉人孫倫甲午副貢元文乾隆己未進士官嘉興教授更纂

毛奇齡字大可一字于文又字齊于別號河右原名甡字初晴四歲識字總角與伯兄萬齡幷知名人呼爲小毛生受知推官華亭陳子龍補諸生會明亡里中賊飆起奇齡竄跡城南山築土室讀書其中順治三年江南下杭州不守明遺臣上虞徐人龍餘姚熊汝霖孫嘉績山陰鄭遵謙輩括閭左爲民兵與故武寧侯王之仁保定伯毛有倫以甯波備倭軍合軍西陵截江而守共推魯王監國有倫至蕭山人龍薦奇齡爲監軍推官辭不赴是時馬士英奔杭州依方國安軍錢塘江岸與西陵軍相犄角奇齡語有倫請絕方馬國安聞言大恨遣卒捕之脫走龕山依有倫弟靖南將軍有俶軍唐黃建號閩中黃道周以蠟書招之亦不往佯狂祝髮披緇走山澤中八年復諸生奇齡負才縱橫好臧否人物多怨家有摘其詞曲語以爲謗訕謀訐而殺之按驗不實得不坐乃欲藉他人事搆之死因變姓名爲王彥字士方避地靖江之海陵

未幾渡淮客山陽於張吏部新標園亭倚醉扣槃賦明河篇六百餘言客游齊楚鄭衛梁宋間嘗登嵩山踰數峯遠望悽愴不能上曰吾力衰矣傷哉貧且多難吾安歸乎乃之禹州寓故懷慶王邸之白雲樓作白雲樓歌生平爲詩近萬首嘗自言酬應者十九宴游者十一登臨感寄無聞焉工拙概可知矣考索經史能穿穴其異同文則根抵六朝康熙十七年薦舉博學鴻儒科列二等授檢討纂修明史拈題得宏正兩朝紀傳具草二百餘篇嘗進所著古今通韻十二卷聖祖覽之稱善令宣付史館且留書皇史宬丹陛樂者黃門鼓吹曲也多誤上命更定之掌院陳廷敬以列代樂章配音樂議屬奇齡條上多所采用奇齡素曉音律據唐宮笛色譜作竟山樂錄二十三年上御門有徑一圍三隔八相生之諭奇齡遂推闡考證撰聖諭樂本解說皇言定聲錄思進之太常有尼之者乃止及三十八年南巡奇齡以樂本解說進蒙溫諭奬勞焉北郊定配位太常卿徐元珙疏上詔學士徐乾學韓菼議覆上實無改意而翰林官多持異議李文定特召奇齡問之奇齡據經以對文定撫掌曰然則仍舊

貫而已矣議遂定在館七年告歸遂不復出聖祖三巡江浙奇齡謁行在上憫其衰頹命起立勿跪且賜御書一幅其以儒碩渥膺殊遇如此歸田後僦居杭州講學著書海內稱西河先生康熙五十四年卒年九十四少負異稟五官並用說經鏗鏗多發先儒所未及然好爲駁辨他人所已言者必力反其辭縱橫博辨傲睨一世尤好與宋儒牴牾門人蔣樞編輯遺集分經集文集二部合四百九十有八卷皆行於世目詳本集無子以兄子遠宗爲後遠宗字姬潢康熙丙戌進士官內閣中書猶子遠公字季蓮康熙丁巳舉人著有菽畹集善畫牡丹互見方技門　更纂

樓光森字文林府學生員行果而尚義康熙三十六年縣境十都十一都十二都秋無禾大饑光森乞賑於邑令不應乃渡江訴於布政使搕之不以聞與抗辯布政偉其言允之乃倡頒百金下縣賑災是鄉人無流離者　新纂

吳觀字式瞻以庠貢生選象山訓導事親孝謹康熙癸酉餘姚上虞二邑饑流民數千欲渡江乞賑觀偕族子旦慨然輸粟按人賙給勸還鄉里以待又築江塘建宗祠掩

骼施纘爲族里所稱子宏遠字毅可有至性母喪毀瘠過禮嘔血卒 吏纂

來垣字紫垣以進士授内閣中書外轉山東萊州府同知持法嚴峻豪胥蠹吏不敢上下其手萑苻斂迹秩滿課最調署登州府事蠹役張某者起家刀筆善逢迎廣交遊每一官到任必先舉數事嘗試以漸入其牢籠無得免者垣任萊州時素聞其奸甫下車即置之獄縉紳爲之解説者踵相接堅持不許卒予大杖荷校革役合郡稱快於是威立改行有神明之譽武生孫秀本亡命之徒即張某甥也學使唐賡堯歲試黜孫劣等孫懷恨深至張所與謀刺學使張密囑曰來亦吾仇也吾能害唐以洩爾忿爾在外害來洩吾之忿是兩得也計遂定時垣任提調點名内賊未發而孫已刺中垣要害立卒一郡大驚莫不痛悼學使幸未及難追究得張謀乃磔二凶於市

陳至言字青崖號山堂父新栖隱閭巷崇尚任卹桐城張文端公英游蕭山寓江寺新延之家敬禮甚至時至言方總角就外傅文端爲之命名幼工詩文與同里張遠齊名毛奇齡謂其能守古人三義八法之意而不變康熙癸酉登賢書丁丑成進士授

翰林院編修充內閣一統志纂修官總裁宋金元明四朝詩選分纂佩文韻府御試兩擢第一癸未丙戌兩爲會試同考官己丑視學河南前政仁和湯右曾擅公明之譽至言繼之後先媲美歲試未週卒於任祀中州名宦祠著有菀青集行世更纂丁成名字起莘由貢生知祁州尋守鳳翔杜請託絕苞苴勸農桑剔奸宄士民樂業遠近畏懷

張朝琮字式玉由國學生授鴻臚寺主簿除文安令調繁三河彌無藝之征策便民之事陞薊州牧薊爲畿輔屏蔽又道接盛京遵化差徭絡繹朝琮前後在任十餘年治有餘裕民獲安堵未幾擢守永平嚴私派懲蠹胥揭貪吏雪寃獄歲發盧龍縣倉以濟農困革山海關損夫豪横以除民累頌聲流播三輔聖祖每於扈從輒加顧問寵賚便蕃人羨其榮洎解組居鄉則修明宗譜重建家廟遇有義舉必毅力爲之蕭山逼近江塘風潮衝決淹及山會田禾朝琮立議建西江塘及修築潭頭壩閘家堰石塘卒年七十所著有宰文略薊州永平誌諸書子文瑞自有傳

趙文璧字子潤康熙癸亥中武科進士拔侍衛尋授宣府永寧遊擊永甯密邇西陲丁丑噶爾旦蠢動一切甲械軍裝文璧捐資置辦歷海壇臺灣南路參遊擢辰州副將紅苗反側不常兵部尚書席某帥師會三鎮進勦文璧先登奪天星大小寨襲龍蛟諸洞大軍夾攻俘獲甚衆陞高涼鎮丁内艱起補漳州總兵官朱一貴叛總督滿保督師廈門文璧整軍實具糗糧遣部將聲援平臺之績文璧實與有力焉乞休歸年八十卒於家所著有格苗紀略閩粤疏松筠堂詩鈔丹霞日詠等書見黄叔琳撰傳

周起莘初名之道字次修年十四廩於庠所爲詩文磊砢有節目後司訓宣平著有倚玉堂文鈔

單隆周字昌其幼與比鄰毛西河同塾並稱神童年十三邑令羅見其文大異之出金爲購書導以古學明年補弟子員試輒第一遂領江東文社四方英士咸抑志下之時從遊數百輩環聚列書雜採以詢應答如響於詩凡數變初學李長吉一變而宋再變而爲開元天寶尤得解於少陵其爲文力追古漢平生契合唯毛奇齡蔡仲光

張遠三數輩卒年五十有四所著有史記考異希姓補經濟錄鹿革囊四子書講義雪園雜著如干卷見陶賓撰單昌其傳

王鉽字聲遠邑諸生康熙辛酉父沒哀毀幾至滅性服未闋母復病甚露禱請代復刲左股以進獲愈辛酉壬戌歲大祲爲粥以賑並焚借券十紙不索其償邑以饑故往往鬻妻遇鉽必量與俾其完聚既而邑疫癘修丸散以療之會城拾遺金俟其人歸之

王仝高字叔盧亦號菽廬邑諸生讀書窮上古海內諸公樂與之遊名噪壇坫乃困頓諸生遭亂而沒弟余高爲梓其式齋遺稿並著有野寺飛瓢旗亭畫壁傳奇二種嘗遊江淮間同時如曹石霞方密之輩稱友善

王余高字自牧家有三畝園能詩喜集工部句有退菴集杜退菴北遊集杜二刻父延祚號綿國明應天檢校有集唐詩病餘集母黃氏以烈死

張遠字邇可由歲貢司鐸縉雲於廨後植梅數百本號曰梅莊所著有大易原始詩經

晰疑文選詳箋杜詩會粹唐詩存雅性理闡微及梅莊詩文三十卷

來鴻雯字羽上少好儒雅研悅經史昏旦不少輟凡歷律圖經九章三角下及草人日者之學無不貫徹嘗營度水利於西江北海諸塘六湖二堰疏證極明確平生不信形家言著風水或問行世其他撰述最著者有物理小識數十卷散軼不傳卒年八十有三

來燕雯字拂雲號對山集之第四子少聰敏善屬文康熙庚辰成進士集之暮年多病凡甘脆之奉藥石之御燕雯必親進暇即博涉書史蕭山黃册十年一編審自明制已然豪有力者多賄脫貧民苦之燕雯請於縣創按田派丁之議其法至今通行歲壬午江水漲潭頭一隅勢如纍卵燕雯陳請浙撫趙申喬令山會協濟易土塘爲石凡二百丈有奇民以是安西興場竈戶明制官給攤蕩草地若干弓煎鹽辦課久之輾轉相易蕩去丁存守土者惟知按丁催科窮戶不勝其困燕雯族故竈籍立照蕩均丁之議陳於官窮竈遂甦甲申需次京師卒於邸年五十

王先吉字枚臣號穀菴康熙庚戌進士授中書舍人未補歸家杜門謝客然遇邑有水旱修築大事率挺身先之嘗謂詩文不一規而少學之人隨時轉圜因選古今詩統四十卷復集諸古文將比其例爲文統未及就而卒年七十有一詳見西河合集所著有容安軒詩鈔子壇自有傳

來爾繩字木臣孝廉驤子博綜經史於易四書俱有解嘗至金陵捐金葺方正學墓父嘗設義塚於西興且築旅櫬暫停所年久屋圮爾繩更繕治之邑苦丁累爾繩與集之議請於大吏民丁歸田竈丁歸蕩合邑之繇役乃均三江閘素完固好事者忽訴府乞修守惑之檄山會蕭三縣共科銀三萬餘爾繩合同志白於守謂閘本堅完何須修補況山蕭二縣逐年有修塘閘銀解府存貯不下四五千金奈何重斂於民守不聽白於藩司事乃寢邑西德惠祠明時敕建祀楊魏二公邑人各執意見欲祔入諸賢爾繩創議别建八賢祠於旁秩祀不紊子珏康熙丙戌進士孫道濟辛卯舉人珏自有傳

王綏祖字聖書讀書卷不釋手遊其門者多所造就戊戌子協燦貳守東昌迎養宦所癸卯卒於署初康熙甲午西江塘圮山會蕭三邑爲巨浸綏祖與紳士經營搶禦增築備塘且條陳十餘策爲思患預防計

沈士本字壹皆由國子生領康熙辛酉鄉薦己丑成進士授四川屏山令屏邑初造土多荒流民墾種稍瘠輒棄去課額嘗缺士本招徠開諭使知有恆產地遂無廢土復振興文教屏民咸津津向學風爲丕變丁外艱起補蘆山令報最遷吏部主事累陞郎中凡歷銓曹四司悉釐剔奸弊己丑分校禮闈所得士皆一時名宿未幾請急歸省會子震世寄順天籍獲售爲言者所論落職尋遭繼母喪哀毀成疾卒子震世濱州牧孫峴乾隆庚午舉人

袁定國字膚公康熙甲子舉人授廣西興安令改宜山地鄰猺獠定國鎮之以靜感之以誠邑境肅然秩滿遷戶部福建司主事陞陝西司郎中廉潔自持雖居曹署與寒素無異大司農武進趙公陽城田公咸有清郎之譽卒於官

何垣字紫庭康熙癸未進士授蓬萊令邑瀕海漁戶盧丙結隊捕魚島中値颶風漂入朝鮮事聞遣大臣鞫之又有閩船避風入新河鎭將欲冒功誣爲海寇垣廉知二獄寃叠訶申救全活甚衆嘗委備騾馬充邊右芻茭豆粟舊派諸里甲垣獨捐俸自辦無纎毫累民後攝登州郡篆以母憂歸事載東省名宦志服闋補高苑令以年老乞休歸田後修築江塘清理湖佔皆爲首倡郡邑兩舉鄉賓皆固辭卒年七十有九子錫宗太學生淳德懿行有國士風

來珏字紫蒼爾繩子康熙丙戌進士嘗授徒會城執經者百舍重趼多所成就釋褐授福建永福令溫惠子諒以德化民暇與諸生論文講學士習文教爲之振興

蔡遵生字天德由貢生授學博遷臨潁令有廉聲錢唐徐冢宰潮撫豫時亟稱之卒於官身無長物子全儒森皆諸生

胡祿安其廉孫先春子也其廉任富順時羣盜四起家鄖隔絶先春子肇新祿安皆幼及稍長兄弟嘗痛哭請行尋父祖母沃氏弗許至康熙七年祿安私治行李託言賈

江淮間辭母就道艱瘁萬狀至富順遇其廉舊役問之驚曰爾卽吾故主胡公之孫乎初公涖吾邑獻賊兵至脅之降公罵不絕口殉節死公子亦死詳見一物人吾受公恩竊聞公死狀唯恐公無後而今幸矣祿安因號泣詢父祖骨所在役曰噫公死時骨如山積夫孰從而辨之祿安復遍訪諸人悉如役言遂匍匐而歸

來鍔初字雲鵬家貧善讀書耽悅經史文行卓越承學者日衆遇婚友窘急思存恤之然苦力不逮嘗語子謙鳴曰晏子惠濟三黨范希文置義莊獨非學者事哉鍔初卒後謙鳴成進士歷官郡守監司節俸入置義學義田於長河村承父志也子謙鳴自有傳

沈士俊字誠菴嘗客會城有寧國賈人汪思泉寄金三百四十居停不戒於火列屋盡燬賈亦自委於數士俊慨然曰無憂吾義不相負竟鬻產以償溫州林可法之女被掠泣告於士俊捐八十餘金贖之孫堂任縣令

趙文淸字東亭中康熙丙子武科一生不預外事足跡不履公庭事親以孝聞父亡事

母尤篤及父母俱喪歲時設奠思其嗜好哀慕哭泣終身如一日也官陝西寧夏衞千總軍民安輯尋移疾歸子鎬康熙丁酉科舉人授山東鄒縣令自有傳

李日焜字次暉康熙壬子與兄日燿同舉於鄉任海鹽教諭有陶生者貧士也入學時人索財不遂吹瘢攻訐日焜捐俸爲之解紛且歲給膏火意不在報也子班邑諸生有聲鑴遜志軒文行世孫開嵘乾隆戊午舉人著有筕園集

吳琰字錫玉少穎異好學淹貫經史人有臭味投者推挽不遺餘力意所不可雖衣冠貴人亦不少假辭色常課塾錢塘時徐文敬公潮爲諸生與琰訂交甚密後徐通顯未嘗一通刺問其介節如此卒年七十有八子三發康熙辛卯副榜元禮雍正乙卯舉人

金輅字以賓居喪以孝聞邑人有陳必達者撫弟遺女爲擇配良家其從子私許土棍吳闢會必達訟之官吳伺必達於東門捽而沉之水必達妻既瘖又無子輅知之爲訟於官抵吳法後教學山陰有老嫗爲子所逐輅率從者執杖往諭其子趣奉母以

歸司訓湖郡安吉經義治事隨材造就士子咸稱安定復來云乞休歸卒年八十有七長子書貢生次子標甯波府學訓導

蔡惟慧字青侯號近軒宣之伯子仲光猶子也康熙歲貢築書屋城南以六經授生徒事繼母得其歡心於兄弟稱友愛晚益力學日采史傳凡河渠星律下逮蟲魚草木靡不手自鈔輯寒暑不輟所著有近軒文集四子要旨卒年七十有三

張文瑞字雲表號六湖永平太守朝琮子也早籍太學有聲屢試不舉輒隨例謁選授青州府同知青州爲東道扼塞要區下車周視所轄形勢嚴斥堠修砲臺弭盜安民之法無不舉行捐俸葺歐范龐富諸公祠會東省大興水利郡內小淸河最爲患時議者力主濬深支脈溝且隄防以禦高博樂三邑泛濫文瑞獨請停支脈溝隄工移舂鍤於乾河用復小淸河故道仍存軍張閘以殺其上流別開倉頭溝以分其去路凡反覆數千言大吏甚偉其策尋以勞故卒官勿竟其用先是文瑞居鄉時議築西江備塘及修潭頭聞家堰諸石塘以防水患糾集同志力董其事塘成鞏固水不爲

患生平著述甚富刻富玹蕭山水利二卷自輯續刻一卷三刻三卷著六湖遺集十二卷行世子學懋學新學斯

何西堰字希齋以貢生授山西廣昌令廣昌與歸化城錯壤土民嘗就塞外佃種後塞外人奪其牛隻致相格鬬歸化鎮將恥之殺其被創者六十餘人誣坐民罪案久不決西堰奉檄往讞僅以首從各一人論死鎮將怒曰前擬十許人抵余以少故不許今擬止此耶西堰曰律稱殺人者死爲首者抵今被創未死者悉將軍殺之復欲陷人抵之將軍誤縣令不敢再誤也鎮將慚謝獄乃定尋以公事罷復補鉛山令有玉山李令以重耗被論上官檄西堰鞫之西堰白其寃於守守曰吾故知李令寃其如非上游意何西堰曰違命禍止一身從命禍在子孫李獲全後調安仁弛鹽禁革漕項諸款民甚德之年七十一致仕歸所著有述古詩石瓠集雲中集

張應甲字天木增廣生力爲義舉浙闈號舍不足應甲請之中丞得增緻三千間浙士賴焉三江閘素完固覬覦者欲藉修築爲科斂計應甲邀同志赴會城籲陳利害大

憲隄之議乃寢又請董築西江備塘并聞家堰潭頭諸石隄塘隄永固本邑訓導嚴民雍紀其事以上乾隆志

蕭山縣志稿勘誤表

卷數	頁數	行數	字數	正	誤
一四	五	二一	八	查原稿係八字疑生字之誤	
一五	三	六	三〇	矩	居
	一五	二〇	一三	綜	總
	二二	四	四	惟	寧
一六	五	一六	二二	花	化
	八	一〇	四	王	黃

蕭山縣志稿卷十七

人物四 目次

清

湯奎瑜　張廷玉　沈世文　沈耀斌　沈耀文　蔡昌祺　陳邦洪

蕭山縣志稿卷十七

人物四

清

蔡立國父宦雲中殁流寇難柩不得還立國年十五哀慟泣血徒步三千里負骨歸結廬墓側孺慕終身

何文烈康熙時官湖廣吳三桂叛文烈將兵征討殁於陣新纂

王鈺字子堅邑漁臨關爲南新榷使稽税所明萬歷中立有碑文凡富商巨賈大起過關照例收税其民間本山竹木修屋造紙等項槩免納税勒石遵行已久康熙年間地棍孔宗六等夤充關總串通巡攔於龕溪壩謝尖閘和尚橋諸處凡小民一竹一木經過者必指冒關部名色抑勒抽詐不飽其欲輒誣以匿税碎其家山蕭諸三縣並受其害鈺痛之與被害士民王維貞等歷控府縣自康熙十三年至二十四年奉憲檄查咨部定案照萬歷年間舊例出示永禁勒石於山蕭諸三縣之門後胥蠹銜

甚伏隂毆鉦碎其脛偃臥不起卒三縣士民皆哀之

瞿治增廣生順治五年楡青嶺有石仲方者聚衆突起居民莫敢抵禦巡撫田公選治爲練總操演鄉兵治傍山阻澗築土爲城仲方聲言破大橋後將直搗縣城治悉力守禦前後拒戰不下數百殲其將俞千斤衆始潰散田嘉其功十八年又有湯梁四者據富陽侵及隣境治整舊城集丁壯固守大橋屢戰屢捷俘獲無數康熙十三年閩逆震動紫郎山賊朱德敷衆萬餘刼富陽諸暨蕭山諸村落治年逾六旬命其子天策襲練總族叔均副之賊至知有備不敢踰大橋未幾同官軍破賊斬朱德敷賊遂平天策子佑文孫御標無疆俱中武科

瞿俊生父早喪事母以孝聞康熙十三年諸暨山寇朱德敷聚衆刼掠鄰邑震恐俊生與從孫天策等練里中鄉勇爲守禦計及官兵至先驅殺賊子志求孫斌中武科

蔡龍驤中順治辛丑武科進士康熙中歷雲南武定都司時吳逆未靖龍驤訓練有方獲僞將石顯等授懷遠將軍

王先釆字子輝以武舉從軍康熙十三年耿精忠叛山越土賊乘釁竊發先釆從山陰令高登先招撫僞官何國忠等給劄署都司僉書又從總兵王燝征閩撫僞將數十員降卒千餘叙功擢温州磐石營都司

趙啓琇字天億童年喪母哀毁盡禮家貧躬耕力作以事父色養備至終身不懈見義勇爲不顧利害以子綸貴贈文林郎

王廷樞字紫凝三歲而孤弱冠補弟子員母徐性嚴厲廷樞箠耕以養得其歡少時嘗避兵何墓村夫婦問安不廢禮又嘗遇土賊於塗賊知爲孝子出金以贈廷樞謝不受無何賊掠其從叔去廷樞聞即往請得與偕歸子二繪宗義孫學斌人彪諸生人隆人雄人紀人麒俱領鄉薦所著有古史今書浮峯螺峯詩集人麒自有傳

沈耀武康熙四十八年邑大水米價騰貴偕兄耀斌出己粟義賑各一月子堂貴贈文林郎

張淮字淸臣錫子父死於王事淮方十歲奉伯父鑛以居鑛無子遂爲鑛後先世祀田

爲貧族私售淮以祭不可缺出己田以充之從祖兄若水盡室之京留孫蕭山長不能婚淮助以資從弟某被誣繫獄時祁寒淮輒親持漿酏往食之嘗赴龍游失橐中金已識盜者同舟欲白之官淮曰不可發其事彼何以爲人子文彬文楚皆諸生文藯康熙甲午舉人自有傳

張文藯字風林毛奇齡入室弟子官至雲南澂江府知府得奇齡三禮之學精於考訂著螺江日記 新纂

來式鐸字素臣太學生銓部方煒之孫司馬垣仲子也博學善詩文性孝父署登州守會學使唐某按試垣循例提調怨家欲剌學使誤中垣剌者雖伏辜而釁由學使式鐸哀憤欲爲父申雪唐賂以金弗受控於外臺不得命遂匍匐叩閽爲掌鼓所逐莫能伸號泣歸平居對子弟以父寃未雪爲恨衾褥間常有淚痕後隱居桃源鄉卒年八十著有鬱㶃集

陸兆昌字藎臣號雲清少警敏弱冠補郡學生與同里毛奇齡任辰旦丁克揚輩結爲

章社文名藉甚順治丁酉南闈秋試中副貢性至孝母張病劇禱天刲臂以進竟愈既喪二親年衰無嗣乃絶意進取研求道家言讀參同契諸書存神調息久之有得居無何下堂傷足此事遂廢年八十四卒卒之前一日自知逝期云新纂

郎中岳字覗公父奉泉善兵略膂力絶人明鼎革後有以將軍綬聘者不應隱於鄉課二子中岳其長也受庭訓潛心古學補諸生舉明經任杭州府學訓導課士以去浮文勵實行爲先時登仕籍者羣尙聲氣務攀援藩司某適與同姓雅重中岳欲合譜牒中岳不可曰人各有祖耳韋鼎何與乎世康李揆何諂乎輔國吾附方伯吾誣吾祖矣乃不獲大用以老卒於家中岳晚年嗜古益深然著述每不存稿弟中鼎篤於倫敍與中岳同人比之元方季方云新纂

丁時復父應正以孝死時復僅五歲應正葬湘湖山麓仇家移其棺棄山下泣訴縣令張詰之曰爾年幼欲爲父復仇耶時復嚙臂肉誓之曰仇不復當如此肉令上其事於大吏罪其仇人並旌之曰雙孝後爲古田令多惠政

陳捷字仁生康熙壬子拔貢秉鐸嘉興旋擢金壇令在任三載訟息民安秉性淸介常服布衣時値嚴寒士民公製羊裘以進屏弗御盡革收漕陋規卒於官邑紳士具櫬斂之建祠丹陽門内幷置田以祀

趙鎬字豐來文淸子也祖之鼎舉順治丁酉順天鄉試武科第一人世父文璧康熙癸亥武進士一甲第三人官至潭州鎭總兵家世以武科致通顯鎬獨折節讀書弱冠補縣學生康熙丁酉舉於鄉明年會試中明通榜授歸安敎諭擢山東鄒縣知縣執志廉介無取於民持法嚴吏不敢爲姦以公事左遷廣東廣州府經歷閉閤自守不事脂潤大府知其賢檄攝文昌陸豐令在陸豐時監平糶羸息累千金去任悉貯之庫歸與里中老人爲眞率會晚年貧甚至課童子句讀以自給乾隆甲午卒年八十有四鎬身長不踰中人目偏盲蹜蹜循牆行不布武而精悍多力嘗乘車赴會試御者頗爲不利鎬搤其臂御者辟易不能動搏顙乞哀乃宥之蓋有家學秘而不試云

王協燦字冠文號樸庵康熙癸巳進士授樂陵令樂陵地濱海泰安新泰萊蕪鹽梟常聚衆爲邑害邑三面與直隸壤錯多藏奸協燦申保甲練鄉勇四境肅然地苦暵開土井教以灌溉法秩滿遷東昌同知釐剔臨清關稅減耗銀疏通運河公私稱便年七十三卒於家

張廷然字季暹歷任四川州倅熟悉苗情擢叙州府通判移駐裏塘地逼西藏民獠雜居不識絃誦廷然設義學延師訓之秩滿當遷蠻苗喇嘛等乞留三年卒於官

沈堂字平山雍正丙午科舉人由新城教諭陞雲南定遠知縣邑値旱澇歲比不登堂至於西北趙旗村建慶豐閘旁設霪洞以洩水復於下流建樂安閘工竣歲大稔調平彝平彝當蜀粤衝苗玀驍悍且多盜堂循行黄泥河見一人貌甚異心動詰之乃積盜也寘之法又設義學於卓官屯苗民皆就塾薦卓異會山左饑撫臣請遣監賑以母老請歸色養之暇文史自娛年五十九卒於家同上

王壇字常伯中書舍人王先吉子康熙辛酉副榜充正藍旗教習未謁選卒著有洗心

錄八卷

王圻字式千康熙乙酉副榜由教習授湖廣桂東令尋調湘潭每聽訟得其情必勸諭之且引爲己罪訟者慚泣去終圻之任無再訟者其先署長沙府同知建育嬰堂多所存活

單蚪字昭余年十七爲諸生工於詩甫脫稿爭相傳寫感憤多怨似漢魏間人年三十餘卒著樂羣堂詩草

蔡時中字銓臣由武舉任廣東萬州營遊擊州多土寇悉平之擢瓊州參將卒

黃之皐字茂芝隨繼父居杭生母在蕭山朔望必渡江省問凡售田產於之皐券値恆倍他人曰子孫能守此業足矣子明發字維生好修橋梁道路康熙甲申大水明發泛舟載米量口分給不責人償有鬻妻者代贖令完聚孫雲乾隆丙辰進士

鍾呂字鎬文初任雲南永昌府經歷時滇南未平呂單騎馳至蠻寨諭以順逆蠻民懾服旋調河南懷慶運道所經督修沁丹兩河濬廣濟利仁渠濟源河內諸縣均沾水

利陞廣東平遠令興學校清滯獄戢奸究革陋規年八十三卒

鍾葦字一葦號霞津呂弟康熙季年任湖廣黃岡令初縣倉在武昌樊口民溯江百餘里苦輓輸且屢遭覆溺葦詳建於邑之團風鎮大江臨赤壁巨石巉巖風作常覆舟葦開上新河演迤數里舟得避所時攤丁法未行鬻產者多逋丁課葦請丁隨產辦民稱便東山二十八寨多邃谷爲逋逃藪葦練鄉兵搗其穴邑賴以寧凡修學宫立義學置學田設義冢皆捐俸爲之世傳黃人家有怪葦即其家廳事正衣冠坐出神箭擲之怪遂絶又傳葦性剛正不避權貴世宗在潛邸知其名迨世宗即位人謂葦必登用乃遽引疾歸其語頗不詳然黃岡人立祠祀之則政績因自可紀也

趙軒臨字漢策岔都令綸長子也隨父宦遊入貲任邳州吏目邳地濱河數被水軒臨相地勢率民築堤曹家灣口民德之名曰趙公堤擢婁縣丞攝吴江篆歲滿爲眞修水利倣周文襄公遺法導塞有方甲寅鑱軒臨露宿禱於城隍祠不數日鑱死越三載課最當遷以疾卒祀吴江名宦

王洪琛字獻其號毓亭雍正癸丑進士知四川長寧縣縣距滇數百里滇蜀交錯巴裏坤地向爲土番佔踞後歸流分隸兩省顧番性桀驁互相戕殺官弗能禁洪琛奉檄往宣布德威劃分疆界番人帖服又梅子溝多砂田坎田緣黔蜀錯壤軍民累年訐訟洪琛劃界立碑訟乃已造救生船分守川河活人甚衆卒於官

方廷楫雍正初年昭名等鄉歲歉邑令邊下鄉籌賑廷楫曰某願施粥以賑之如是者三年不怠不倦邑令義之旌表其閭 新纂

吴元禮字經百雍正乙卯舉人當選縣令以母老不赴本生母黄殁念外家不祀買田給其近支雍正二年中學升大學蕭山以申牒稍後不獲與元禮數力請卒得改人告之急必賙造就後學隨其性高下底於有成 新纂

金廷蕙字芝堂金家塢人家素貧弱冠游京師傭書度日久之見知怡邸延之授讀世宗朝怡邸秉政奏草皆出其手者三十餘年乾隆乙丑告歸親已殁廬墓盡孝疾終

墓廬 新纂

來謙鳴字聲吉一字望瞿鍔初子家貧授徒養母康熙庚子舉於鄉雍正癸卯成進士授直隸魏縣知縣魏瀕漳河地卑下馬風頭隄潰開溝殺其勢五旬工竣又三年漳河別流成渠經城南東注乃築護城堤以阨之明年春水溢城圮民蟻附堤上全活無算課最擢雲南澂江守移昭通詔協開滇蜀境上之金沙江灘謙鳴甫濬其半遷廣西右江道轉廣東鹽運使調福建延建邵道捕誅甌甯姦民魏現以齋教惑衆旋兼攝建甯守浚隍建試院疏鑿黯淡諸灘遷按察使平和蔡榮祖謀逆事覺捕斬首從四十二人釋無辜數百人入覲召對稱旨爲忌者所中落職會部議核減開金沙江費令謙鳴往滇彌其闕既至士民醵金如額起爲湖北荆宜施道歸州城西三十里有葉灘巨石矗立江面夏秋水盛湍急舟往往觸石糜碎謙鳴輸金鑿石除其患東湖紅石子灘橫亙江北其南有渣波石江流衝激有聲更石笱嵯岈驚湍旋渦舟入輒沒達之北行又往往觸紅石沈覆謙鳴鑿去渣波自是舟行無滯謙鳴善治水修江陵民堤疏夏家嘴河旋絓吏議鐫一級去任卒後崇祀湖北名宦祠

陸國樞字垣侯雍正末官江蘇碭山令碭屢遭河患河道遷徙南北迄無常所國樞因勢利導河不爲災乾隆初年豫省巡撫偕江南督撫南北總河奏請將碭山之毛城蒲閘拆毁以洩水勢國樞上書當道謂勿毁壩便既上聞命大學士嵇曾筠會同兩省督撫南北總河蒞碭勘視卒如國樞議未幾以疾告歸八年卒年五十四

陸宗灝字廣榮邑諸生多隱德康熙庚申游郡之大善寺有趙某徘徊寺門問之知爲負逋結訟將鬻女以償者宗灝傾囊給之趙泣謝問宗灝名居不答而返壬辰歲旱宗灝捐其田租之半自後逢歲歉率爲常子本孫奕璒

陸宗英字廣賢以孝友聞尤篤於親戚其孤貧不能婚嫁喪葬者皆力爲經畫并不使其人知至於施棉設櫬捐社穀修學宫凡屬義舉曾不少悋而自奉甚約子巡自有傳

謝守智字心陽世居邑之桃源與山陰天樂鄉接壤濱西小江爲金衢孔道水波惡渡常覆舟守智絙舟爲橋列板於上順治初大兵征閩取道於兹如履平地鄉人立碑

紀其事子世焜孫琬皆有世德

丁士俊字鳳池築義塾於西山下昆弟當析箸士俊辭腴受紨及諸弟苦貧復指囷分宅以賙之康熙十六年重建學宮泮橋又重建儒學大門三楹

來日宣字仲盧嵩明州牧端蒙曾孫弱冠游庠自邑治西達沙岸行旅如織日宣於中道設茶亭二所以濟行者凡廣川通衢成梁除道諸事無不竭力營治今橋亭路碣苔蘚班駁中猶有誌其姓氏者

來學詩字子清太學生肄業成均忽得父書染脾疾即戴星馳歸侍湯藥三年憂勞成鼻淵遂絕意仕進義方教子子之焜之燦康熙丙戌戊戌先後成武進士

蔡天球字林玉庠生孝繼母撫幼弟敦本共爨好義捨棺至今相仍五世通邑感德以孫旭齡仕贈武德將軍

乾隆志按語蔡姓有兩天球一字承寰見人物二

王守義性孝友兄負貸守義鬻己田以償婚友貧乏者咸存恤焉子學山字堯文太學

生以曾祖以下祭產無多捐貲增置若干畝其贍救族黨有父風蕭山舊爲中學後改大學額取二十五名時學山同邑人呈請均有力焉孫璣貢生仁和學訓導

陸巡字覲東號海山康熙中以發粟助賑議敘州同知不赴選喜任鄉閭大工役事嘗獨葺學宮修長山閘又於湘湖頭塢二塢置地數十畝爲義塚先是邑中課士無院舍特捐別墅一區爲書院地在夢筆橋下覺苑寺西北故書院以筆花名繼念山長修脯諸生膏火無所取給乃割腴田百畝並勸邑中巨室王湯單丁四氏咸助貲產延師課士得歷二百年不廢粵軍之亂書院燬於火田產至今猶存巡壽逾八十乾隆丁亥卒祀報功祠 新纂

沈耀禮字駕山宋進士衡後裔世居長巷二十餘傳至耀禮族漸繁乃徙宅名曰芙蕖莊子五少曰大球好施與大球子邦通承先志創沈氏大宗祠建益秀橋於長巷泰來橋於大義鄉

徐光世字大路徐珩子家貧以諸生授徒姑子陳貧甚將鬻妻光世毀其質劑傾囊贈

之又士某踵光世館自言秦人爲人所紿不得歸光世贈之金士以董華亭墨蹟酬之郤不受著有增删六經纂要參訂四書諸家講解歿後家益貧孫介南攜其集往粵西客死遂無傳焉

富全吉字謙六康熙甲寅弟洪吉爲土兵掠賣相失十餘載後遇於京師罄囊贖歸篤愛羣弟至老不異居族未有宗祠明僉事玹欲建不果全吉獨捐千金成之併置義田以贍宗族子如鄭事後母以孝聞孫啓英乾隆丁卯舉人

金雲蛟純孝性成父目盲朝夕以舌舐之歷久復明人稱孝感

周士豪字天重年十五父背墻坐士豪見墻動急以首抵墻父下階而墻輒倒父病經年士豪晝夜不離籲天請代

周宸幼孤祖以西河之痛過悲成疾宸朝夕侍湯藥衣不解帶者十餘年事孀母色養盡歡尤篤於諸昆弟共爨七十載人稱義門

林正萃字子奇三歲喪父祖母任母陸兩世孀居正萃奉養惟誠喪葬盡禮嘗暮歸見

偷兒入其家正萃識其貌故走傍舍談笑使自避且終身諱其姓名

吳彥聖字西美邑諸生監邑饑流民至蕭山者彥聖獨資賑給以高壽卒子二楷餘杭訓導未任卒樞諸生

吳希聖字再希邑諸生天性孝友凡親友族黨之貧無養壯無室歿無歸者皆賴之

吳旦字開先邑諸生事親孝母患病晝夜奉湯藥者三年及卒一慟幾絶時餘上饑荒流民欲過省求賑旦同族叔吳觀各貯粟散之

王章幼喪父悲痛過於成人事孀母晨昏冬夏曲盡子職

金玉鯨喜周人急焚券不責償市有持贋銀行泣者問之爲里儈所欺即探懷中銀如數與之族黨中婚喪不給每傾囊以贍

單宏周好義不倦凡邑中公事視如己事惇戚族卹孤幼鄉黨咸稱道之子國球康熙己卯舉人

楊之聖字奕千邑諸生性孝友事兄弘之恭甚父命析箸之聖曰長兄隨父創業若均

分其產未安宜低昂以均勞逸父如其請三分之之聖得其一兄食指繁家日落凡春秋窀穸之事之聖獨任弗辭產不饒其任卹恆及於疏屬子玠康熙癸巳舉人

丁乾學字象乾由歲貢秉鐸餘杭乾學定學租規條凡貧生婚葬不給以歲入助之餘頒給貧士歿後子任嵩扶柩歸至江中颶風作舟幾覆任嵩泣禱嚙指血灑之風遂止

陳丹陛父早喪事母孝撫弟成立歲暮賚錢米以周貧乏

王家標七歲失怙母悲痛不已家標跪泣解慰凡鄉黨不足者資助之

蔡達字仲聞性誠愨承祖父志施棺以濟貧困康熙四十三年歲比不登達發廩賑饑嚴冬給棉衣以衣凍者

史節臣字良甫朱墅至錢淸地當孔道每患泥濘節臣砌石路五里許又修司馬堰石橋行人利之

蔡啟元字瀛士太學生事寡母孝母卒哀毀絕食待兄弟羣從若同胞年八十卒

蔡文謨字德輝太學生河工效力題補泰州州同以父喪歸康熙五十三年西江塘圮邑令趙善昌邀文謨監修捐助多金塘工乃竣

來竹字宗義明壬午舉人驤孫也三江閘爲前郡守湯紹恩所建康熙四十九年或議拆毁重修科斂三邑民財三萬餘竹與世父爾繩力爭之乃已五十五年請築西江備塘五十八年奸民盜洩湘湖爲九鄉害復偕衆詣省訴於大藩立示嚴禁永照趙顧放水成法著有經史彙編未授梓

周鼎泰字子鉉康熙乙卯邑大饑鄉民集城市乞賑鼎泰出米若干石散之不足稱貸以繼子肇祖喜爲人解紛戚屬以産搆訟勸阻不聽出己産以與事遂寢鼎泰名其堂曰志雪毛奇齡爲之記

來之燿太學生雍正十年饑輸粟百餘石以濟族人至於修陂塘立祠産無不踴躍捐資以成義舉

章鏞字惟梃邑諸生以孝義聞族人有以病鬻妻者將行鏞爲之償價康熙庚子疫鏞

捨棺百餘父文隆嘗捐臨浦義渡田百畝被僧盜賣遁去鏞照價贖回請縣勒石造

回龍橋修蔣家橋民不病涉雍正癸卯饑鏞按戶稽口每人給米一斗鄉人稱之

朱雁臣字迴洲善詩文少司馬盧詢初爲清苑令知其名延爲子弟師遂習刑名學幕

游數十年多所平反晚得目疾乞詩文者輒口占授之若夙搆然

徐一鳴字君榮邑庠生有幹才蕭山應童子試者千餘人雍正二年奉旨大縣入學名

數准府學而蕭山不與乾隆七年一鳴集同志公籲各憲浙撫盧焯據情入告乃得

請邑士德之入孝義祠

湯奎瑜字雲玉少孤事母以孝聞敦睦宗族命子克敬建聚奎亭於學宮邑令門鈺製

匾作序以旌之

張廷玉字搢公爲人温雅好學能文至老不怠由廩生貢成均卒年八十有五所著有

四書大全行世

沈世文字暘谷明末新林塘決五丈許捐貲五百金修築又建小宗祠於漁莊孫德佑

字伯文克承先志康熙己丑乾隆戊辰先後捐米助賑建漁莊第一橋山陰周太史長發爲之記

沈耀斌字憲伯國子生候選州司馬自幼刻苦助父起家備極孝養時當酷暑父病會城耀斌奔赴躬調湯藥病遂痊外舅魯克紹早亡無後迎養外姑終身又爲置產立嗣康熙戊午冬越郡支港堅冰厚尺餘凍死者相屬耀斌製棺緝衣悉收斂之復裁絮衣百餘襲託融光寺僧給發康熙四十八年水災米價騰貴耀斌偕兩弟義賑各一月存活者以千計制憲梁撫憲黃各給匾旌其義郡守高敦請正賓壽八十有一

沈耀文字煥章號簡齋坦率和煦未嘗忤物僑寓武林喜客樂飲所交如姜黃門希轍蔡宗伯升元皆先後登顯達而耀文淡如也喜解推杭人胡奕堂負逋甚急昏暮叩扉曰非君無以救耀文轉貸與之還其券慈水鄭弘全家殲於兵踦身來歸耀文左右之死無後葬西湖之棲霞嶺設主僧寮祀之他若出米賑族減租惠佃及施藥焚券不可枚舉而於倫常尤摯父冬月患熱疾索瓜不得號於市邂逅獲之觸喉霍然

人疑其出神助居湫隘別搆新室母戀舊不欲徙耀文移其家人而躬親定省未嘗一日違卒後猶依依不忍去曰吾母魂魄之所留也姊家中落迎至家贍養終身并厚其喪葬其誠懇天植如此年八十五以壽終

蔡昌祺築城南縴路以便行人又重修萬緣橋

陳邦洪康熙四十三年壽百歲子焜字遵生太學生奉養勿離左右人稱其孝以上乾隆志

蕭山縣志稿　卷十七

蕭山縣志稿卷十八

人物五　目次

清

王熽雲　陳紹型　陳士豪　湯舜年　姚惟鶴　汪繼培弟繼壕　王端履金廷棟

沈豫　王公璧　王石渠　陳圻子以昌以咸　王述賢　施若霖　來學謙

來鳳鳴

蕭山縣志稿卷十八

人物五

清

朱珪字石君號南厓其先系出沛國漢大司馬浮元時遷蕭山越寨村再遷黃閣河祖登俊少游京師康熙中任湖北長陽縣知縣與潛江令高安朱文端公軾同爲鄂中循吏以母白氏喪去官返葬蕭山服除補四川珙縣令行取擢中書科中書雍正中卒於官父文炳少隨宦京師寄籍順天大興縣補府學生從文端受經以貢生爲八旗教習期滿授陝西知縣攝咸寧令旋補盩厔居七年以公事免遂僑居京師既復官年垂七十卒珪文炳季子也敏而有文亦從文端受經傳其學年十七舉乾隆十二年鄉試與叔兄筠同榜明年成進士選庶吉士習清書散館授編修累遷侍讀學士二十四年主河南鄉試明年充會試同考官秋授福建糧道毀和合諸淫祠澆風爲革二十八年擢按察使兼署布政使閩人裘自位假平臺灣功竊武職獄連多人

珪誅袭諸受欺者皆不坐有告家譜妄逆者讞之僅戮一撰譜者屍明年丁父憂歸三十二年補湖北按察使有亂民聚衆珪鞫之不少縱然脅從者皆免明年調山西又明年就遷布政使秋奏立保固城工法三十六年權巡撫事奏免土默特蒙古私墾之罪奏太僕寺牧地苦寒宜改徵折色以便民皆從之三十九年爲按察使黃檢所劾明年入覲授侍講學士四十一年命在上書房行走侍仁宗皇帝學時初置文淵閣官命直閣事旋主福建己亥鄉試四十五年督福建學政四十九年扈蹕南巡授內閣學士五十一年授禮部侍郎主試江南督浙江學政五十四年置蕭山祭田百畝作圭田記紀其事冬還朝充經筵講官明年春總裁會試秋授安徽巡撫親賑皖北水災屏騶從攜僕與村民同渡又築決堤展春賑借穀種民忘其災五十七年鳳潁二郡又大水復賑之祁門縣築城成輕騎往驗途中雖饘餲亦飽五十九年調撫廣東尋署兩廣總督授左都御史兵部尚書皆留巡撫任嘉慶元年授兩廣總督兼署巡撫六月有旨內召將用爲大學士俄以魁倫奏尼寢前命仍授安徽巡撫曾

鳳陽等屬水災又賑之時楚豫多邪教流言皖屬多跧伏者珪親駐界上籌防禦張文告流言以息明年授兵部尚書調吏部仍留巡撫任屬邑或水或旱皆親賑之會高宗上賓仁宗馳驛召珪至京命直南書房管戶部三庫自是國家大政有所咨詢皆造膝自陳因賜第西華門紫禁城騎馬加太子少保充實錄館總裁典己未會試調戶部尚書時上禁浮收漕米之弊外省以運丁貧仰資州縣州縣取民不得不浮於是安徽有加賦銀江蘇有加耗米之請部議將擬行矣珪綜其數較原徵加倍乃決計駁之後凡駁長蘆鹽政鹽斤加徵之奏駁廣東藩司陞賦濱海沙地之疏駁倉場衙門請預納錢糧四五十倍準作義監生之議凡駁議皆親屬藁奏上皆韙之五年兼署吏部尚書因事免太子少保解三庫事六年陪祀祈穀壇未曙誤墜甬道下傷左胯賜醫遣內監視疾且詢事七年秋扈蹕灤陽拜協辦大學士仍加太子少保八年兼掌院學士春夏皆爲留京辦事大臣九年春駕幸翰林院先期晉太子太傅十年正月拜體仁閣大學士管理工部事明年珪感疾九月乞休上慰留之十一月

庚午寒甚乾清宮召對畢降階忽痰壅歸第賜御醫視疾十二月五日戊寅卒年七十有六詔晉贈太傅入祀賢良祠賜謚文正珪厓岸廉峻久爲外吏一介不取與於中朝達官無所繫援管部事持大端不親細務校士務求樸學經生名士必揚於朝如阮元輩是也天性孝悌父杖兄跪而以身蔽受之慟母氏早歿事庶母謝幾如母庶祖母李撫育有恩貤贈一品夫人兄喪哭之咯血幾致毀事寡嫂盡敬撫諸兄子如己子篤於宋儒之學性道實踐兼而有之年四十餘即獨居迄無一妾晚號盤陀老人著有知足齋文集六卷進呈文稿二卷詩集二十卷詩續集四卷子二錫經錫緯錫經乾隆己亥舉人嘉慶中官至太僕寺少卿卒錫緯諸生蚤亡錫緯子涂字蘭石嘉慶庚申欽賜舉人道光中官至江蘇督糧道卒涂子三甘霖香霖貫霖甘霖道光乙酉欽賜舉人官靈璧縣知縣同光之際珪之曾孫有啓仁者字厚田某科舉人善繪山水光緒中官至安徽布政使啓仁之弟啓燾字雲門善書法有詩名官廣東候補道卒今其子孫流寓廣州

周煒字赤昂紹興府學諸生四川重慶府知府吳一嵩聘入幕乾隆三十八年偕一嵩赴木果木軍營六月十日昔嶺之變煒與一嵩同遇害見紹興府志

陶元藻字龍谿號篁村晚號鳧亭明尚書望齡裔明末由會稽陶家堰遷蕭山橫河里爲蕭山陶氏家貧厲學善爲詩著籍會稽爲諸生十上鄉闈不得售以良鄉旅壁詩爲錢塘袁枚所推重客揚州以修禊紅橋絕句爲運使盧見曾所激賞所至公卿倒屣傀遺豐腆喜游山水多所紀錄晚陟嶺嶠歸築室西湖葛嶺之麓顏曰泊鷗山莊絕意進取以撰述自娛與錢塘梁同書皆以大年栖遲衡泌爲越中耆耇嘉慶初年卒著有全浙詩話六十卷鳧亭詩話二卷越彥遺編考五卷越畫見聞三卷香影詞四卷泊鷗山房詩文集若干卷子二廷珍廷琡廷珍字午莊乾隆辛卯舉人官甘肅肅州同知著有天目遠遊鷄肋仇池關河諸詩集廷琡字南園乾隆辛丑進士官貴州清平江西鉛山知縣孫軒字春田官學博皆以詩名

沈榮鐠字寶菴富家子也與陶元藻同時亦善詩少失怙恃年十五始嚮學命筆爲文

輒工補縣學上舍生詩宗昌谷最工樂府蚤卒著有應絃集一卷

朱堂字冠山世居南門外黃閣河祖登俊官中書科中書家於京師父文炳遂入籍大興官陝西盩厔令堂監生以明紀綱目館謄錄議敘州同知乾隆己巳分發江西假補新建縣丞試靖安令攝南城令聽訟有聲宰南城時以公事與太守忤守怒掎摭劾之去辛巳上南巡江浙以回鑾迎駕詔起原官借補陝西大荔縣丞駐羌白鎮又與守忤遂引疾歸乙巳正月高宗開千叟宴堂年六十有六以弟珪貤封四品官與坐位在階上拜賜有加丙午正月與京師鄉飲酒禮堂年雖衰卒事無隕是禮也久闕不行舉行後文炳應鄉飲大賓者凡九次堂亦應七次父子濟美時論榮之乾隆六十年乙卯卒年七十有六子五錫彤錫黻錫玉錫爵錫年錫彤乾隆庚寅舉人歷任山東福山掖令官至膠萊鹽運判錫黻乾隆丙午舉人官山東王家岡鹽場大使錫玉附貢生錫爵乾隆戊申舉人錫年府學增生錫彤子澄乾隆甲寅舉人

朱垣字維豐一字仲君幼有羸疾而內慧年十九入順天府學爲諸生乾隆庚午舉於

鄉辛未成進士以即用知縣分發山東巡撫鄂容安一見識之不以屬吏相遇是冬檄攝單縣令明年補濟陽有少婦周新嫁王巧垣爲雪其毒夫之寃有老婦雉經于民之外戶屆成間民以擊老婦齒落被誣陷垣驗老婦體無擊狀疑里婦灌藥落齒乃以誣民語仵人探屍口中果有落齒民誣得白民有以鳥槍取鳧雉彈自後發中人洞胸死當抵罪垣爭無死法提刑訶以故縱垣引律過失殺條以爭卒如所引乃已他縣有役以事逮民民歸死斂訖已而訟役殺之三十年不決提刑檄垣往會所在檢骨骨在淺土敗柳棺中仵人曰久疑不可檢垣設法使檢骨如蒸狀仵人檢訖告屍獨腦骨紫血傷見方寸許垣曰此傷處滌可去衆笑以傷三十年入骨豈可滌垣呼水刷之骨白無涴訟遂息丙子調補長淸長淸繁且衝丁丑高宗奉皇太后南巡往來駐蹕行宮凡九日垣治供張惟謹己卯引疾歸甲申居父憂毁甚自是病數作數止遂幡然研精釋氏之書掃室獨坐長齋不出晚號冬泉居士三十八年閏三月卒年五十一子四錫秬才而早卒錫田錫召錫珏孫一澍垣事親孝幼時母患乳

巖經年亘每夜焚香跪禱疾輒少瘳既罷官歸築別室奉父以居伺喜慍左右務適其意事兄堂及弟筠珪友愛篤摯壬申丙子再充山東鄉試同考官號稱得士而濰縣韓夢周以循吏著

汪楷字南有一字皆木世居婺源後遷鄞又遷邑東門外之大義村楷少通經義屢試不售棄去習法家言既而曰刻深者不祥又棄而服賈久之致田百畝乃入貲爲官選授河南淇縣典史愛囚若慈母之乳子日入獄視囚無間獄卒侵剋榜掠非法刑禁不得施用當是時囚無瘐死者遇獄有寃隱若在己必達其志有薄某者鄰人私其乳媪匿媪而使其夫誣薄掠死媪薄愿不能自明楷察其寃白令復廉知鄰匿媪密室中直取媪出而脫薄於獄楷爲尉自廉俸外他無所取常屑蕎麥和米爲飯佐以豆腐羹妻妾親紉箴以給在職八年以親老引疾歸既歸則弟私鬻所置田垂盡楷置不問父歿罄所有營喪葬又爲弟償所負惡少錢生計大窘乃游嶺南無所遇鬱鬱病死年四十有六時乾隆五年也子輝祖自有傳

汪輝祖字煥曾號龍莊父楷河南淇縣典史輝祖年十一而孤家奇貧繼母王生母徐且鞠且誨至於成立年十七補縣學生練習法家言前後入諸州縣幕得金以養母乾隆戊子舉於鄉乙未成進士越十年選授湖南寧遠縣知縣丁未四月涖任下車即捦捕流丐之渠而盡毆餘黨出境徵賦期迫爲書告民民讀之大慚悔未逾月而輸賦足額治事廉平尤善色聽剖條發蘊不爽輕重及其援据比傅惟義所適律之所窮通以經術縣民匡誠養陳氏子學義其後自生子學禮而命學義歸宗學禮娶於李生勝時病且死屬學義佐治家事李頻年增田百畝然其契皆署學義李氏合買字而勝時不知也既而學義欲平分租入李訴之縣輝祖鉤距得實學義叩頭服罪悉以田還李氏劉開揚與成大鵬爭山不勝乘弟開祿病垂斃負以登山使子閏喜擊殺之控大鵬毆斃大鵬訴爭山誠有之無相毆事輝祖禱於城隍神夜鞫之神祠中而閏喜闖門自陳殺人狀獄遂定人藉藉頌神明焉顧輝祖自是治獄益慎聽畢必問堂下觀者曰允然後判牘遇罪人當予杖呼之前語以律不可恕然若奈何

辱父母膚體再三語罪人泣輝祖亦泣或對簿者反代爲謝得保任去卒改行爲善延見紳耆問民疾苦所語皆籍記之令民廣生計種雜穀毋洩水毋燒山教之爲竈以爨毋懸釜造醬若醯無徒食鹽誠昏禮之浮費而民知儉禁喪禮之酒肴而民知哀嚴嫁孀之罰而民知節明處女可爲繼室而民知娶再醮之恥歲大稔復行鄉飲酒禮修城垣繕壇廟建節孝祠葺崇正書院行保甲法姦宄遠遯旋兼攝新田令治如寧遠他邑有訟聞移鞫則喜寧遠例食淮鹽民因值昂多食粵私淮引壅滯大吏遣營弁偵捕人情惶擾輝祖爲揭以白請循郴桂二屬例改淮引爲粵引久之未報輝祖張示諭民零鹽不及十斤者聽偵弁謂令故縱聞之總督輝祖復以揭辯謂營弁止守功令縣令當綏靖地方張示諭民勢非得已揭上總督畢沅大嘉賞立弛零鹽之禁在寧遠未及四年辛亥二月攝道州牧甫逾月調善化以足疾乞休大府疑詭疾規避竟坐是奪職歸塗出寧遠民空邑走送境上有從至長沙者既歸遷居城南之蘇潭自築生壙號歸廬癸丑西江塘圮山陰會稽蕭山三縣民輸貲合築巡撫

覺羅長麟檄輝祖董其事輝祖乃集邑人士議定減價增工上之大府會長麟公擢督兩廣繼之者覺羅吉慶亦雅重之所請輒報可初定條塊石工一百七十八丈需錢二萬八千九百緡用其議增工至二百二十餘丈省錢六千三百八十七緡事竣渡江一謝大府歸而閉門著書不交當世輝祖復述邑中牧租之宜減南沙之宜改隸陳之樞府王文端公杰厥後巡撫阮文達公元奏准減牧租巡撫蔣公攸銛奏准以海寧之南沙來隸一如輝祖言嘉慶初元舉孝廉方正復以足疾辭十二年三月卒年七十有八性至孝慟父早歿兩母茹苦鞠孤譔父母行狀徧乞當世能文章者以歿身爲期凡得傳志銘誄賦詩數千百篇彙爲雙節堂贈言集二十六卷凡所論述期濟實用著書甚夥而元史本證史姓韻編九史同姓名錄二十四史同姓名錄二十四史希姓錄遼金元三史同名錄爲最著其學治臆說佐治藥言行世尤廣子五繼坊後改名光誥乾隆丙午舉人候選直隸州州同繼墉福建長泰縣典史繼埒候選從九品繼培自有傳繼壕國子監生

郭倫字凝初號幼山又號酉山石峽村人曾祖爲楝字任之明末諸生著晉書摘謬二卷遭亂不傳父尙埔建陽知縣倫少孤貧敦行厲學尤長於史旣補縣學生學使雷副憲鋐欲見之倫不往未幾以優行貢成均乾隆丙子舉於鄉數年卒少讀晉書荀勗傳至高貴鄉公欲爲變一語廢書歎曰嗚呼君欲誅臣而曰欲爲變則三綱淪五常汨矣遂發憤紹述祖志芟繁補闕中如宣景文及身不帝而列諸本紀孫旂牽秀助亂之徒乃與繆播閻鼎同列賈充姚長傳述鬼神事竟如優俳譙登許肅之忠義闕而不載皆重爲刋定積十五年成晉記六十八卷爲世系一本紀三內紀一志八列傳四十一十六國錄十四鋐爲序行又著十七朝史論二卷蕭山賦一篇皆未刋

朱筠字美叔一字竹君學者稱爲笥河先生少英異與弟文正公珪皆以能文有名年十五補大興縣學生學日以富劉文正統勳延之家修盛京志乾隆十八年舉京兆試明年成進士選庶吉士越四年授職編修二十六年分校會試丁父憂服闋授贊善明年御試二等擢侍讀學士旋充日講起居注官戊子分校順天鄉試己丑分校

會試庚寅典福建鄉試辛卯分校會試是年秋提督安徽學政重刻説文以詔學者謂爲學必自識字始又曰稽古莫如金石文可證經史之譌褎至千種躬拜婺源江永歙汪紱之主祀之鄉賢以勸樸學之士時方詔求遺書筠奏言翰林院貯明永樂大典中多逸書世未見請開局校閲且言搜輯之道甚備上覽奏異之亟下軍機大臣議行遂命纂輯四庫全書得自永樂大典者凡五百餘部皆世所不傳本次第刋布海内三十八年以事降爲編修命總纂日下舊聞兼四庫館纂修事時于文襄敏中掌院爲總裁文襄直軍機凡館書稿本苦往復辨析之煩欲筠往就見面質筠執故事總裁纂修相見於館所無往見禮訖不肯往文襄大憾一日見上語及筠上遽稱許朱筠學問文章殊過人文襄默不得發以是獲安四十四年督學福建以經學六書課士扶植善類能雪其寃士林頌之逾年上使文正往代還京數月卒時四十六年六月也年五十有三天性孝友博聞强識歲持文柄所得士多著名振起古學獎藉寒畯古文以鄭孔經義班馬史書爲質而參以韓蘇尤長於敍事詩出入唐宋

恬於榮利恥於繫援激揚清濁請益不拒郭林宗之識士鄭康成之通經兼而有之一時名士如陸錫熊程晉芳任大椿皆出其門而黃景仁洪亮吉孫星衍章學誠輩咸北面稱弟子戴震邵晉涵王念孫汪中爲幕客筠嗜飲好游黃山武彝皆窮其勝著有笥河詩文集子二人長錫卣次錫庚字少白乾隆戊申舉人候選直隸州知州讀書好古精左氏春秋能世其家學亦以耿介取忤於流俗

王宗炎以避仁宗諱改今名字以除號穀塍性惇敏好學乾隆甲午舉於鄉庚子成進士截取知縣遂不仕歸聚書十餘萬卷築十萬卷樓以居謹守師承故訓之舊卓然爲東南碩師一主講杭州紫陽書院根經務實多士則之嘉慶戊辰富陽江溢西江塘潰阮文達公重撫浙籌資修塘以宗炎董其事越二年工竣宗炎論西江塘之利弊悉中窾要人謂爲知言與里人來起峻鄭應簡（與宗炎同舉進士官雲南祿豐令調會澤令卒）何其菼同畫濬湖之策抑豪强侵耕以利民爲時所稱善詩古文其持論立說必有關於世道人心與會稽章學誠里人汪輝祖爲文學道義之友汪繼培注潛夫論爲之校勘誤

字翁元圻屬校困學紀聞多所是正嘗自言四十悟舍已從人之旨五十知行恕六十知主敬因自號晚聞居士蓋用莊子語謂晚聞大道也著有晚聞居士集九卷道光五年卒年七十二子二端履自有傳端蒙字養泉一字仲孺號稺穀亦能文官中書科中科著有膚學叢詮端蒙子宜詮字萬徵號梅谿喜藏書嗜學有家風咸豐辛酉粵軍陷城死難宗炎里居教授門人綦衆湯金釗陶定山其尤著者定山字安生精易學善析疑義以明經終

王紹蘭字畹馨號南陔世居西河里父楧縣學生紹蘭貧居篤學教授養母乾隆己酉拔貢壬子舉京兆試癸丑成進士以知縣分發貴州以母嚴老告近改福建補南屏縣知縣旋調惠安令未赴復調閩縣令所至咸有治績嘉慶四年以巡撫汪志伊保薦仁宗降旨嘉奬送部引見旋命仍回原省以知州用六年借補泉州府馬家港通判七年擢泉州府知府十二年授興泉永道十三年擢福建按察使丁憂服闋仍授原官十八年升福建布政使甲戌擢福建巡撫再署閩浙總督歷充乙卯科福建鄉

試同考官丙子科福建鄉試監臨官武鄉試主試官丁丑以龍溪縣改教知縣朱履中稟訐升任藩司李賡芸收受規費奏請審辦尋因會審時知府涂以輈偪令誣承致賡芸含寃自縊事聞吏議以總督汪志伊固執苛求釀成巨案紹蘭係同審之員不單銜據實陳奏乃隨聲附和致賡芸憤激輕生奪職罷歸家居十九年杜門謝客殫心著述自號思惟居士道光十五年八月卒年七十六葬於十九都河南莊之原所著有周人說經八卷周人禮堂集義四十二卷儀禮圖十七卷石渠議逸文考一卷董仲舒詩說箋一卷匡說詩義疏一卷漆書古文尙書逸文攷一卷附杜林訓古逸文桑欽古文尙書說地理志攷逸合一卷附中文尙書齊論語問王知道補亡一卷夏大正逸文攷一卷弟子職古本攷一卷凡將篇逸文注一卷漢書地理志校注二卷袁宏後漢紀補證三十卷管子地員篇注四卷老莊急就章一卷說文段注訂補六卷讀書雜記十二卷思惟居士存稿十卷唐人宮詞鈔三卷古詩鈔二卷李杜詩鈔四卷王氏泰支瓜瓞譜七卷皆手自寫定惟所輯說文集注一百二十四册未

稿而沒遭咸豐辛酉之亂多所散佚其漢書地理志校注管子地員篇注說文段注訂補皆刊行禮堂集義稿本二百册藏南海劉學詢家後漢紀補證稿本三十卷藏邑中某氏家紹蘭歿後族子端履傳其學子四曼壽養壽元壽祿壽曼壽候選同知養壽道光己酉舉人曼壽子嶅拔貢

湯克敬字爾恭號望賢祖居長河河斗里以力田孝弟世其家父奎瑜徙邑西負郭服賈養親時克敬甫三歲及就外傅端謹如成人尋輟讀佐父治生產父卒克敬隻身措拄家業漸饒而忌之者數以无忘之災相齮齕克敬待之以誠尋仇者久而折服且延譽焉律己嚴而待人恕敦信好義而尊祖厚族之意出於天性嘗修文廟建聚奎亭以繼父志奎瑜得例請崇祀報功祠建萬壽橋以便往來重建東暘橋添築石閘以收湘湖水利免泥壩潰漏之虞辛未丙子歲洊饑流離載道克敬施粥散米捐金以活鄉里凡邑中義舉必捐資以助其成復念族多貧者捐置義田百餘畝爲卒歲及婚喪之需又捐山地爲族中掩埋所其追遠祀修祖墓纂宗譜扶危濟困排難

解紛親疎咸倚賴之終身無疾言遽色惟課子綦嚴治家不威而肅生平粗衣糲食無他嗜好書籍字畫外獨喜藝蘭芬馨滿座戊子夏卒年八十二

陳三辰字北樞先世由義烏遷臨浦鎮遂貫籍蕭山曾祖正治嚴州府教授父逢霖金壇縣知縣三辰少勤敏嗜學補縣學生乾隆中入貲爲安徽縣丞洊擢鳳陽令亳州知州剖決如流獄無淹滯甲辰河南柘城民王立山肇亂柘城距亳百許里三辰度立山且至設伏道旁自迎戰城外立山入亳境伏起殪之生擒立山是歲皖境大饑上官令州設兩粥廠三辰計兩廠不足贍州民自增三廠分設四郊又收民所棄男女鞠養於佛寺凡數十處會皖撫文勤公書麟勘災至亳巡視戰地太息曰陳牧眞將才也及覩增拓粥廠愈益賢之令藩司補給賑費而總督某獨不喜之疏陳擒王立山事不叙其勞高宗知三辰賢命入覲擢直隸州旋知泗州時文勤爲兩江總督薦之擢授常德府知府調長沙適征鎮筸苗三辰總餉軍事從戰平壠大捷加道銜嘉慶四年擢廣西右江道屢攝行布政使按察使事十四年擢兩廣鹽運使遽引疾

歸僑居江寧十七年卒年七十有七子五星珠四川射洪縣知縣山西潞城縣知縣汾州張蘭鎮同知星華河南中牟縣知縣星軫河南永寗縣知縣星景山東泰山縣知縣登州府同知星德廣西天河縣知縣

來起峻字魯登號江皐長河里人早歲博覽載籍務得要旨乾隆二十四年舉於鄉三十七年成進士授戶部湖廣主事甫三月思親引疾歸家居教授嘗奉父遊行阡陌恂謹若孺子性勇於爲義湘湖因歲久法弛定山之陰涸爲原姦猾吏與豪有力者比而築之隄東西互度以步者三千起峻慨然曰患深矣乃屬薦紳告之曰公等無意湖乎數百年衣食利賴之原一旦廢之不仁湖爲畝三萬七千溉九鄉田十四萬有奇今盜湖三百是千四百畝不得溉也是九鄉十四萬畝胥不得溉也臨大利害不能爭不智夫若輩何厭之有築隄不已必墾闢墾闢不已必塡淤浸假而蹊君田廬君廬君等甯能爲石人耶翫不治無勇明日必偕諸君告當事有一不至即若輩奧援無許與士齒見則唾其面皆曰諾則相率而白於知縣知縣素耳起峻名深相

敬禮及見其辯論斷斷不置心嗛之廉得侵田者主名不時捕有武舉曹聲煌者恃有繫援招羣不逞之徒要王進士宗炎於塗狙擊之宗炎預於爭湖者也起峻後至爭前裂其衣以救得免明日知縣覈湖田歸獄築隄夫而薄其罪餘悉不問起峻力爭之乃抵侵者罪夷其隄西江塘者亙山會蕭三縣境江海之衛也塘土石相間不時治浸壞江水衝汪家堰齧塘根且盡臨浦以東告險明年春起峻亟謀治塘量廣袤倨句之數計役授功庀材未蕆會夏霖雨水大至聞家堰塘圮起峻冒雨跣足循塘行號近甿具苫蓋畚臿以保塘而塘內積水甚盛沒田疇彌望成巨浸則亟走十許里至山陰境之三江閘洩內水以救田禾起峻語人曰度今至於翼日吾邑水當減不減道里遠恐不逮事則決三都之馬塘以渫西鄉之水斷魚梁而導之以渫南鄉之水啓荏山閘而注之海以渫東北鄉之水其速有豸乎從之水驟平起峻感暑濕而病未幾卒病劇猶以治塘事屬宗炎宗炎病未應乃屬舉人何其菼是冬重修西江塘成諸所經畫一如起峻法

何其菼字師韓號葭汀世居芹沂橋生而奇慧七歲嫺聲偶有以四明不讓天台秀索對者其菼應聲曰五嶽先推泰岱尊聞者異之年十七補縣學生旋試高等食餼乾隆己亥舉於鄉六試禮部不中第選直隸州州同性通敏善慮事批郤導窾洞中機要某歲西江塘圮巡撫覺羅文敏公長麟奏請改建石堤百二十丈爲錢二千四百萬屬邑人汪輝祖總其成輝祖乞其菼爲助凡賦功計直鳩材度地一聽其菼議成不愆期費不虛縻其菼喜交游善於肆應賓客坌集囹不吝饜其意嘉慶中卒年四十六以兄子培德爲後所爲詩文曰小春浮稿培德爲梓行

何異蘭原名鳳飛字固木號錦山乾隆乙未二甲一名武進士舊制武科不設傳臚異蘭以對策勝高宗特拔置二甲第一異數也授御前侍衛擢山東臺莊參將按㽞河隄萑苻斂跡寄情儒素工書善詩著有自怡草子炤乾隆己酉武舉人幼子价亦能詩有家風

韓泰青字南有別號漁津老人父仲遹字紹聞好學不倦家有藏書數千卷硃墨幾徧

論著頗富泰青承其學篤志經術研覃日粹比師蔡柯山周青崖皆方聞之士泰青學業益進著有說經二十餘卷後附雜說及說莊說騷仁和杭世駿序謂南有經說折中程朱佐以公孫龍之奧衍駁以莊周之汗漫洵無溢美

韓棟字鍾岳號湘南生而穎異四歲而孤越一年就學於其季父若暄一時有江夏黃童之比年十八爲邑諸生肄業省垣書院每試輒列前茅是時文壇若修撰吳鴻翰林袁枚皆折服棟於是名徧天下公卿多樂與交未幾以嘔血卒年二十有三詩似李長吉多不傳

張衢字情齋天姿英發弱冠補諸生屢試不售專心詩古文詞文出入華嚴南華二經詩頡頏李青蓮南北曲抗迹王實甫湯玉茗嘗客都門所塡芙蓉樓玉節記傳奇時已刊行部中爭演一時傾動座客游迹所至名士若青田端木國瑚錢塘蔣焜等皆樂與言歡詩文投贈絡繹不絕著有信芳錄載東林黨人事甚詳又賢賢堂集及外書均未刊年八十餘猶强健畫宗北派多奇氣昭文蔣寶齡墨林今話著錄

來啓浩乾隆四十一年四月西江塘潰櫸櫬漂流無算啓浩捐傳家峙山地爲義冢集同志掩埋布政使徐某出金以助事載城山寺山陰袁昌緒無名氏冢記

戴嘉樂乾隆十五年臨卒囑妻趙氏捐田三十畝於儒學又捐田三十畝於義學卽所謂筆花書院者是

朱如龍乾隆十七二十等年大饑如龍捐資助邑賑復輸粟徧給鄉村自冬及春無倦

趙鳴鸞監生湘湖苦私泄莫能禁其父虞相欲伐石爲閘未能也乾隆三十三年知府明擬建官閘八穴鳴鸞承父志請獨力捐建遂築東斗門盛家港橫塘柳塘河墅堰楊岐穴鳳林穴石巖穴八閘各護以石塘盛家港橫塘柳塘石穴四閘旁築拖船石壩凡三年畢工

王人麒字麟若乾隆辛未進士官湖州教授初與兄人雄人紀公車北上甫入都人紀卒人麒不待試而歸嘗客江寗感夢遽歸而母以痢終兩寡嫂及孤姪事撫兼至其餘寡姊孤甥並終身撫養奉檄勘荒給賑胥吏不能蔽兼署他邑教職所得修贄悉

以賻前政有石亭詩稿四卷雜著二卷卒年七十六

蔡耀宗乾隆十六年平糶施粥郡守鄭獎之

曹士梅字汝和乾隆四十九年西江塘決世梅捐金於天開池一段易土以石凡長十三丈計工料銀二百二十兩有奇世梅猶子燧亦捐金三百重修雙潭灣塘三十丈

陳世宸字宇尊居澇湖村輕財仗義乾隆己丑捐田二十畝創建義塾族中子弟無失學者庚寅秋西江塘圮海水漫溢居民奔避不遑世宸捐金亟修風雨中躬親督築丙申夏雨驟水漲平地可以行舟凡渴葬棺櫬漂流滿野世宸糾合同志掇拾無主之柩三千餘具叢葬傅家峙之高阜世宸卒後有司以其慷慨捐金有功學宮也崇祀報功祠子銑自有傳

陳銑世宸子也好義一如世宸嘗承父遺志輸田三百畝爲義田收其租入於宗祠以周族中親不能葬男女不能婚嫁者然立法謹嚴惰游無業者不得與王宗炎記以謂賢者以受粟爲愧不賢者以不與於餼爲恥知言哉銑更出資修學宮及西江塘

皆累錢千百緡父子濟美人咸頌之

瞿傑字偉堂太學生性好善獨築孝悌鄉近村大路重建濟遠大橋造鶴嘴山涼亭族中嬰兒失母雇乳媪以養

瞿封字三榮監生勤儉好施與還來某券二百餘金並輸重金脫友何某於縲絏

瞿應星字燦之衰年尙義獨修天濟廟捐田爲廟產後其子國信又捐天濟廟東首大殿基兩間廂基數間父子樂施奕世濟美

陳常敏字宰文入貲爲縣丞隨兄柏六之山西任所司出納及兄去官相偕旋里一日路經浴美施閘見路亭內遺一布囊檢之有服飾約值數十金常敏守之不去既而遺物者倉皇至詢知時値歲暮其物由親貫貸質而來藉以償債者究其數目相符即還之

潘逢春字載陽號樸庵遇鄉鄰稱貸苟非無行者必應晚年焚券百餘紙曰子孫恐持索啓事或見之有德色焚之可無慮此有甥女適李早寡家貧矢守其夫弟素兇黠

無賴欲奪其志事迫婦急愬於逢春逢春以義斥其人留李婦於家撫如己女誥諸子養婦終身並爲立嗣俾成立其子後如誠

莫士炎嘗北海助辦塘工不避風雨横塘告竣直塘未築其時官民束手士炎覩如己事出費捍禦至今永賴

莫孔傳募築馬塘并置閘以防水患

莫企標倡議築塘於九甲塘以東免淹沒俗名其塘曰糠塘

莫巨丙倡貲建六甲塘以捍水患每歲除前數夕必攜銀代人償逋兼贈度歲貲

莫應和賙戚卹鄰不遺餘力嘗歲朝衣冠出舟行十餘里見一人縊樹間飭舟子解救有難色遂自解其懸救既甦詢其情助之貲以所乘舟送至其家而已徐步以歸

朱國賢慷慨好施與設肆省會凡族人貿易過者乞本輒應肆中賃力諸友有急必周或及其子里人金某誤入吳市光坊坊之敝習入者不容復出必索重値然後許歸里人窘甚國賢爲解橐中金以贖之乾隆辛未邑大饑國賢偕其姪鎬發粟以賑甦

活無算丙子又饑賑如故每歲臘盡視親鄰困乏者必給粟與金數十年不倦

來唯寬字敷五號西爽集之曾孫乾隆中遊京師以國學生授州同補直隸廣平府清河縣縣丞署順德府廣宗縣事時值畿輔亢旱飢黎流亡載道唯寬惄焉傷之爲申請蠲除生員貢舉家徭役又發義倉粟賑民不足則益以己之廉俸又不足則鬻家產以繼之廣民賴以全活者綦衆及調攝廣平府邯鄲縣鄉民遮道攀轅不得行慰諭之乃還臨别有泣下者在邯鄲數年亦有政聲年六十八以老病乞休其蒞廣宗也廣民爲之諺曰來公到百姓好眠亦安食亦飽及歸又曰來公歸百姓悲役要充糧要追其得民心如此既歸十年卒著有西爽詩稿二卷詩録一卷尺牘四卷

湯湰字紹南號湘畦少通敏經傳諸子百家之言靡弗探討兼及象緯風角之術尤篤志於文補縣學生窮居教授事父能養志友於伯仲修脯所入悉以奉親囊無私蓄持躬儉素隆冬不裘垂老乃中乾隆甲午鄉試副榜選授杭州府學訓導俸滿引疾歸嘉慶壬申年九十五卒居恆惇樸口無臧否接人無賢不肖必以誠門弟子如王

宗炎輩經其指授多發名成業晚年視聽聰强神明不衰人以儗之魏驥毛奇齡云著有五代史閏季錄明謚法考湘畦雜佩學製編自怡集暖姝漫稿子二元芑乾隆丁酉拔貢江蘇海州直隸州知州先卒元莪附貢生

陸成棟字邁倫號芝雲嘉慶歲貢長身美髯博涉多通尤工書法其作書也初學董趙繼學顏柳後學鍾王神明變化不拘一格凡擘窠大字蠅頭細楷皆三指撮管懸腕書之莫不精妙兼善草隸丹青篆刻作叢蘭不染俗媚山水亦俊逸年八十二卒著有青靄居詩鈔成棟有孫曰堃字簡菴道光歲貢善書工詩有謁岳鄂王墓詩早知君相忘恢復悔把金鐶寄九哥時人歎爲名論著有青靄居詩存

傅文昂字邦貞幼孤貧依外家來氏以居來亦窮窶文昂飢凍志繼先業力學不倦嘗傭賃給衣食復以久病眇右目而矻矻如故既爲諸生乃謝舉子業致力四子書自署所疏記四書章句有疑義者曰管疑錄蓋巽辭自謂一管之見而有所疑也與毛奇齡四書改錯意旨歧別而析疑辨惑則同其學一宗朱子年八十四卒子學灝因

踵管疑錄而爲述疑錄七十卷以廣父志學灝自有傳

施榮茂遠祖亨一元季避亂隱居邑之石巖山麓至今名其地曰施家河亨一孫茂林居塘下村遂爲塘下施氏榮茂幼習賈豐於貲和易好施言必忠信嘗夜坐有穿窬者伏櫟上匍匐有聲燭之見影呼之下力勸改行乾隆庚寅蕭山北海塘圮海潮橫溢縣令亟集沿塘居民具畚鍤榮茂與董其事督率民役風雨不輟邑人賢之卒年七十有四子二大彬大惠兄弟並好客有父風所貰貸皆不責償家日落僅餘沙田數百畝大彬命子紹基學稼紹基年十六即雜傭保中以耕道光甲午江潮大溢蕭山居海寧上游當其衝塘外沙田數萬畝被蝕殆盡紹基田與焉由時貧益甚山陰之南與蕭山同濱江其塘外居民雖異縣如鄉里趣讀書率數十里得一村塾紹基嘗與葛壯節公雲飛同學讀書及長而壯節他徙既貴不復通問道光之季英吉利以禁雅片烟事寇寧波定海壯節隨揚威將軍督師赴防道出蕭山訪紹基於田舍勸從軍紹基以兩弟幼弱無依辭既而壯節戰死定海紹基以窮困終子二文星文

臺文臺自有傳

金孟銓字君恆金家塢人父舜時孟銓生七歲母蔣死哭踊如成人繼母丁性卞急孟銓百端承順金家隖環堵皆山饒竹木民多製楮爲業孟銓傭作於楮廠功値倍他傭日得錢百文時繼母復生子二人俱幼日入市負米薪具酒肉供親更以餘錢買果蔬娛母及幼弟當孟銓之入市也其父恆隨之往性嗜米餅孟銓至市必先購以進父然後以一肩負米一手扶父歸孟銓貧不學而明敏達事理持身接物必以誠以故人無賢愚恆樂近之年四十六卒後嗣寖盛富甲一鄉人皆以爲孝子之報

黃誠發字仕明乾隆丙子浙東大祲量家餘粟給族之鰥寡惸老不得食者計日賦米俾自爲粥迄得食而止其道路流莩者則別爲廠煮粥施之全活無算

黃熊發字協男年十餘歲母病親嘗湯藥衣不解帶者累日夜疾益篤醫者謂不可治熊發禱於神刲股以進卒得愈仲兄罹冤獄熊發以身代雖遭詈辱無怨言鄉人有負債鬻妻者爲悉計其所負錢鬻已產代償之令其夫婦完聚如初

孫琦字企韓事親至孝母歿廬墓側後修潭頭大埠將自置埠側田二畝開作河兜以通官河商民便之呼爲孝子河兜

張鎭華字京望世居山陰天樂鄉父次薇歲貢生始遷臨浦臨浦介於山陰蕭山二縣浦陽江經其間明代築西江塘建閘以扼江水田乃得成膏腴卽所謂麻谿閘者也乾隆四十二年山陰令趙思恭議修之以鎭華董其役半歲而成後五年蕭山知縣方受疇議修西江塘以屬鎭華自臨浦至麻谿凡六里又修完山陰石堡阪土塘以爲外扞水不爲患者垂三十里臨浦後壩賈舶所萃民臨岸居舟至不得泊河隘壅闕往往爭鬨鎭華私買地河干使得泊而終不自言人謂爲長者卒年六十

黃朝元字三聯埭上村人隨父浩移居城內繡衣坊因以繡莊自號美鬚眉長身健臂以騎射補邑武學生勇於爲義鄰人陳某爲米賈喪其貲負責盈萬衆洶洶欲訟之陳惶惑不知所爲將自引决朝元趨視慰之曰子毋憂吾能解子之厄命陳延衆至朝元倡言曰陳某經紀失宜遂爾耗君輩財是非有心欺匿者君輩儻肯從吾言焚

券則簿籍具在而財賄劑質任君輩計數取償尙可得十之六七無以訟爲也衆許諾事竟解朝元本名紀字山廉後易今名嘉慶庚申年卒年五十九子福麟

邵禮棟許賢鄉人年十九母疾篤刲股以進對天籲禱願以身代母疾旋愈踰四年母逝禮棟以毁卒

何汝喬字克遷性孝友祖病不能溲汝喬衣不解帶湯藥必親嘗得溲必親捧之未嘗假手他人季叔以監收不戒罪應戍汝喬以己置樓屋售價代償得釋事載永興往哲記中

駱廷元字御掄號虛齋世居荏山轉塘里業農獨廷元嚮學年十六父被僉人誣訟臨鞫廷元以父長者訥於言奮身赴質辭氣慷慨寃卒白既負笈游螺山夏棟闈之門寢饋經史每試輒冠軍教授養親父既歿乃舉於鄉甲辰成進士嘉慶己巳卒性友愛篤於義弟華狂疾出走瀕死者屢輒走數百里求之廣覓方藥卒起沈疴有寡姊貧無以養迎歸共爨令甥從師學至於成立族人廷宰妻彭嫠居其叔無賴鬻之于

朱某刼去强婚彭不從廷元聞而趨拯之得免古文學曾子固詩有唐風子育祺門人陳詩皆傳其學

瞿榮貴字五卿家素貧父與從叔客死河南榮貴涕泣奔走覓收枯骨分盛於囊同負還鄉盡禮而卜葬之

傅淦字縠齋號篁山橫山里人家本儒素少孤依伯兄以居且受學年十七補縣學生旋試高等食餼乾隆五十四年舉於鄉六十年赴禮部試是科會元爲歸安王以鋙第二爲王以銜乃同胞兄弟高宗疑試官有私降調總裁竇光鼐等有差另簡大臣覆勘落卷得三卷淦其一也進呈命授内閣中書嘉慶二年選入軍機處行走於時王文端杰朱文正珪相繼秉鈞衡淦外和内介泊然無營敝車羸馬率以爲常六年卒於京邸年三十有六淦性友愛伯兄年邁有篤疾淦扶持抑搔一夕數起延醫市藥屢空弗恤也子鑁道光辛巳科舉人官天台訓導

蔡鵬字乘南號柳堂父某爲賈遷於杭鵬賦質惇敏嗜讀書屢試不售父死襲父業爲

賈暇即涉獵書傳與德清沈赤然錢塘吳錫麒相友善有縱臾其復理故業者笑不答鵬天性友愛以弟某體素羸瘁讓逸任勞性又好義有戚里踵門告急者輒發橐無少吝從母篤老無子迎養終身喪葬如禮人咸稱之卒年五十八

瞿廷望字令人孝悌鄉旌賢里人生三歲而孤母張守志親教既爲諸生屢試屢蹶以貲貢成均旋棄舉子業究心關閩濂洛之學事母孝謹母性方嚴督過則長跪甚或自撾母意解命之起然後起母勤儉善持家廷望好施予赴人緩急一以母命行之乾隆甲子歲飢有司賑粟出家粟佐之厥後朝廷頒社倉法廷望輸以爲倡里中爭輸之一日得粟六百石妻何亦孝於姑生四子既死廷望不復娶性澹泊晚號樸菴母年八十七沒廷望年逾六十猶哀毁作孺子泣遂病目失明壬寅卒年七十有二越二紀外孫王宗炎陳其行有司上聞得旌孝子

韓元桂居菊花河世業醫母盛氏病篤刲左股和藥以進病尋愈

陳詩字校風篤志工詩乾隆季年游西湖適表忠觀落成賦詩紀事蒼健蘊藉一時罕

儔旋薄游都門嘉慶丁卯與會稽章太和同舉京兆試後以教諭終

陳家騄字遠期號待軒乾隆甲寅舉人嘉慶辛酉進士少有遠志研精經訓尤邃於禮講學以程朱爲宗兼綜鄭孔諸家之説最熟班史凡天文地理醫卜星命堪輿之屬靡不一覽而知其意性至孝年壯喪母哀毁盡禮事父能委曲承志喻親於道既登第授内閣中書以親老辭乞改教職是年冬選嚴州府學教授嚴州偏處山谿家騄謹身節用迎親官舍丙寅秋自感寒疾少間而父病力疾侍醫藥父瘳而已疾復作遂卒家騄儀表修偉賦性端毅交友肫摯勸善規過而人益親生平以授學爲業文辭斐然殁後門人沈豫傳其學

陸以莊字履康號平泉從王宗炎游砥行修學嘉慶元年成進士選庶吉士散館授編修洊擢至工部右侍郎以估東嶽廟工程失察司員書吏得賂部議降三級調用特旨改留任庚辰秋仁宗在熱河上賓事出倉卒故府典章無可考宣宗召赴行在俾董其事以莊徵引舊聞折衷會典庀材度務悉合禮經當世服其博贍道光元年轉

左侍郎二年調戶右兼管錢法堂事務旋以前在工部時失察承辦壇廟要工司員書吏等受賄舞弊部議革職特旨改降四級留任尋調兵右又調刑右轉刑左三年署工左旋補禮左擢都察院左都御史四年七月擢工部尚書兼管順天府府尹事務七年正月奏請順天府四路同知應援照大宛兩縣正佐各官例歷俸三年送部引見二月又奏請將四路同知原設捕盜弁兵各存留把總一員馬二匹經制外委一員額外外委一員各官馬一匹兵二十名馬二十匹留戰兵十名共馬步兵三十名合之四路同知各額設馬快十二名步快八名統計緝捕官各三員兵役各五十名均責令該同知督率巡緝京營交界地方以佐五城捕務所不及奏入均下部議行五月因病乞解職七月卒於京邸謚文恭以莊於嘉道間歷典湖南江西雲南順天江南鄉試又爲貴州陝甘學政及典文武兩會試所在得人士論翕然子二恩燾直隸大名府通判恩紱候補通判今其後人貫籍湖南光緒庚寅翰林院庶吉士陸承宗以莊曾孫也

湯金釗字敦甫一字勖茲先世由青田遷蕭山之河斗里由河斗遷邑西負郭父元裕隱居不仕金釗生而端靖寡言笑家世服賈獨奮於學以錢塘籍補縣學生乾隆五十九年舉鄉試第一嘉慶四年成進士改庶吉士授編修朝貴爭羅致之謝不往獨時時徒步從朱文正公珪游十三年入直上書房丁母憂服闋遷侍講累遷祭酒詹事內閣學士二十一年仍直上書房尋遷禮部右侍郎仍在上書房行走二十五年轉吏部左侍郎充經筵講官金釗內剛外訥師道自處意所不可即變色不賓對以是見憚然亦寖嚮用時尙書英和以州縣陋規日盛奏請分別清查以定限制金釗奏言陋規若明定章程卽爲例所應得名目碎雜殆非區區立法所能限制疏入上甚嘉悅道光元年兼戶部侍郎總督孫玉庭奏南漕浮收不能盡去議請八折收漕金釗又力爭以康熙中永不加賦之明詔爲言其事遂寢明年調戶部右侍郎兼吏部丁父憂起復署禮工二部侍郎兼倉場侍郎仍入直上書房遂自戶部左侍郎遷左都御史是時宣宗在位久熟於情僞凡各省窮民含冤呼闕者上必立遣重臣馳

傳窮治申枉鋤强金釗以公廉彊直屢蒙任使自七年九月奉使山西明年使宣化十月使四川明年四月還至褒城復奉命循漢江而東治獄於武昌六月抵京師十月奉使閩中又明年二月便道還家上冢前後三四年中周迴萬里軺[illegible]所屆務達下情而宣上德帝嘉其勤勞每奉使還遷資有加其使山西也遷吏部尚書使宣化還賞紫禁城騎馬自川楚歸充上書房總師傅使閩還拜吏部尚書兼戶尚而金釗亦以南北駪征久虛輔導屬皇長子遘疾聖心憂軫陷金釗者因巧構機牙以激上怒於是有降補侍郎之命帝心旋寤眷待如初沈滯二年復自左都御史拜工部尚書轉吏尚十四年復兼工部先是御史許球劾陝撫楊名颺諸溺職狀詔金釗往鞫審擬有差矣而言事諸臣必欲傳治重罪至謂金釗有所徇縱或構蜚語謂名颺嘗致厚賻於粵撫梁章鉅因得通款曲將興大獄以撼金釗是時金釗方由陝入川清查兩川各屬軍需出入及長吏貪擅不法事有旨令回奏金釗條上諸言可信與不可信者折衷平準累萬言疏入上手勅嘉其秉公尋命暫以尚書權陝西巡撫事金

釗之治川陝獄也署按察使李廷錫知涪州楊上容知江津縣郭彬圖皆金釗門下士並罣吏議金釗當官而行無所避就人稱其平十七年冬奉使勘獄張家口改歲勘獄太原五月命以戶部尚書協辦大學士尋調吏尚會安徽鳳陽府試生童鬨釀大獄有赴刑部省門上訴而自剄者詔金釗偕侍郎吳文鎔往讞既而按事皖南及浙江還至江寧淮安稽察河漕諸利弊既覆命尋偕肅親王敬敏等議訂鴉片烟吸食興販窩藏及栽贓誣陷各科條凡三十九條具奏允行當是時中外乂安朝廷無事明年廣東有焚鴉片之役天子獨居深念其咎在邊臣肇釁而兵連不解朝議遂歸罪於總督林則徐以轉圜救敗一日上坐便殿從容問金釗以廣事可付託者金釗以林則徐對坐是失上旨旋以誤派部郎陳起詩倉差起詩以規避不赴差奪職金釗亦坐錯謬降四級調用二十二年授光祿卿時年七十一以衰老乞骸骨賞二品頂戴聽休致留京師會長子寬出守鳳翔趨朝陳謝上詢金釗病狀增減起居服食甚悉二十九年賞頭品頂戴文宗御極四年金釗重赴鹿鳴筵讌加太子太保銜

並頒賜御書慶衍恩榮匾額恩禮有加六年四月十九日病卒京師年八十有五予諡文端是年冬還葬蕭山金釗少秉朱文正公之教爲學出入陽明二曲間晚年歸本濂洛以治經爲務主敬爲本與人言不爲高論居常整齊嚴肅盛暑不袒脫粟布被泊然無營自治之嚴耄期不倦海內稱儒宗焉凡四典鄉試再充會試總裁一知貢舉其當官廉而不峻察而不激務在安靜持大體居諫垣日有控邪教者株連綦衆金釗察其妄即擕狀歸以誤燬告同官事乃已自七十五歲後每日晨興手鈔諸經二百字凡鈔論語大學中庸爾雅禮記毛詩尙書周易孝經孟子左氏傳抑戒之詩寫至數百過疾作乃止猶日誦通鑑周易終其身著有寸心知室存稿光緒中里人思其德呈請祀於鄉賢祠巡撫聶公緝槼據以入告允之子二寬以廕官陝西鳳翔府知府早卒修道光己亥京兆舉人官至太常寺卿自有傳孫學淳大理寺評事學治候選訓導紀尙官直隸大名府知府自有傳

吳鍾愔字樸庵嘉慶二十一年丙子優貢道光元年辛巳恩科舉人爲山陰義學師義

學潘氏字勵齋破產以成者也鍾愔師範端嚴治經終身惜著作散佚不傳人幾不知其爲經師云

傅學灝字子經別號孝山邑諸生世居南鄉横山村言行庸謹非禮勿動生平篤信朱子之學於名物制度咸考訂精審嘗試經解題爲深衣考學灝釋之獨皆確證學使阮文達公元覽而善之引與論深衣之制出任大椿深衣釋例相質學灝立摘其誤數條文達服其博奧然性迂闊恆面斥人過人望而避之獨與王宗炎友善宗炎問曰人苦儀禮難讀奈何學灝曰是不難君試倣其宮室規模建屋數楹令生徒以時揖讓登降於其中則嫻熟矣後以年例貢成均復以年老欽賜舉人國子監學正著有孔子年譜一卷已梓四書述疑録四書名物雅七經轂音居稽餘録漢宗餘學凡百餘卷藏於家某年卒子碣字仲溶號簡齋縣學生善水墨繪事

徐鯤字北溟一字白民邑東南楊樹莊人爲人質樸拙於言少工文稱名諸生家酷貧爲盧文弨孫志祖所知從游既久遂湛深經術通訓詁之學嘉慶中阮文達公爲浙

江學政毓之於庠設館西湖招集諸生編經籍籑詁鯤與焉文達撫浙重修是書俾總其事嘗爲六朝經術流派論發明河北之重漢儒鄭康成服虔何休范寧而於北魏經師徐遵明謂其有功諸儒經説推重極至其論全載王端履重論文齋筆錄惜文辭散佚無專集行世鯤屢應秋試卒不售卒年四十二孫志祖著讀書脞錄頗采鯤説

王桂芳字淸渠號惺園童年遭母喪哀不自勝弱冠有綜理才父振東客游山左桂芳里居持家政躬務勤儉旋補縣學生季父秀峯方授福建長泰令挈以行命司會計釐然各當甫三月而季父卒從弟心宰方幼齡桂芳攜以歸呵護迄於成立家淸貧鄉里有爭咸以决曲直時以爲有王彥方之風道光季年卒年六十八鄉人士私謚曰愼誠先生著有千字文音義四卷子二長步雲縣學生次熵雲自有傳門人名業著聞者以朱鳳標稱最

王熵雲字晴崖父桂芳行著鄉里私謚曰愼誠熵雲爲縣學上舍生崇尙理學家不豐

而事父母能養志盤飧豐腆無異豪家每薦新親未食不敢嘗也父有疾輒衣不解帶足不出戶必疾間乃已父卒哀毁如禮兄早衰多病孺雲朝夕扶持不敢告勞年四十五卒鄉人私謚曰孝恭先生無子以兄子爲嗣

陳紹型字守先歷任安徽休寧靈壁河南中牟新野等縣後告歸嘉慶十三年適湯文端方脩臨浦江塘命紹型襄助督造石盤工堅料省人謂紹型不獨惠及皖汴也

陳士豪字雄概邑之湘東鄉人學賈貿易省垣嘉慶初年歲暮索逋於鄉如廁旁有一囊探視之有銀百數十金察知爲吳姓之物意必行路之所遺者踪跡之行二三里不得其人還俟故處佇立良久亦無尋覓者遂攜歸藏諸篋留意訪察越半載終不得主名會歲饑杭州有吳姓翋立會社施粥以賑士豪遂以金予之吳姓欲書士豪名士豪辭曰此本吳氏物今歸之吳氏予何預焉卒不肯書

湯舜年字禹階邑庠貢生念宗祠在邑南荻徑塘路太遥特捐貲購地城中創建新祠嘉慶二十二年邑令彭公議脩文廟舜年獨捐鉅款重建大成殿五間宮牆七十丈

甬道石板二十丈齋宿舍五間彭公詳令自行經理鳩工庀材不辭勞瘁次年落成大府將題請議敘却不受湯文端公金釗作記勒石以誌之道光十四年入祀報功祠

姚惟鶴字鳴皋號松亭太學貢生其先由山陰貫蕭山因家焉惟鶴敏慧劬學父廷森以助理乏人命棄書學賈由是業益充家益裕性好施與急義舉親族中有貧乏者周之不倦擾之亦不厭道光間歲洊饑北海塘圮築塘籌賑皆捐金佽助邑素無試館癸巳甲午間邑宰鄭錦聲謀創建募資及惟鶴承諾無他諉辛丑歲鎮海告警邑人震悚土寇蠢蠢欲動諸紳議練團衛鄉里惟鶴亟助之餉南沙饑籌賑若前轍宗祠在山陰縣富民坊歲久將圮惟鶴倡貲獨修闔族景從子五壎塏坒坤坦坦改名文濬任福建霍童司巡檢孫瑩俊光緒壬午科舉人

汪繼培字厚叔號蘇潭嘉慶乙丑進士官吏部主事澹於宦情乞假言歸嫻習子史搜討不倦父輝祖晚年所著遼金元三史同名錄九史同名錄未成而逝皆繼培爲續

成之輯有尸子三卷較孫星衍所輯本爲詳剌取各書證釋同異釐訂爲上下二卷語皆可徵其古本引用違舛者別爲存疑一卷又爲潛夫論箋九卷皆行於世平居爲訓子四箴言可爲則有顏之推之遺風晚年神思衰竭病腦枯夏月亦冠畏風特甚未幾卒弟繼壕字後莊國學生亦有學業著有左傳同名錄南城筆記北苑貢茶錄注北苑別錄注蕭山縣志刊誤辨正蕭山詩錄後莊叢書後莊文集詩集

王端履字泰伯一字福將號禮堂又號小穀恂恂德行博通書傳嘉慶庚午舉于鄉甲戌成進士選庶吉士奉父宗炎命乞假歸不復出事親課子隱居三十年不交當世儔侶多貴顯宦浙者亦不通書問家有書十萬卷有田三十頃棲遲城闉朋酒嘯歌爲樂道光癸巳大水北海塘圮改築石塘乃一出典其事平居鄉里有大工役輒輸粟爲之先精許鄭訓詁之學於經傳疑滯多所條釋又精韻學既耄嗜學不倦道光季年年七十餘卒著有重論文齋筆錄十二卷明鼎甲分縣備考若干卷子穜生候選太常寺典簿同時有金廷棟者字登園家綦貧教授杭州入仁和籍補縣學生研

求經義每有創獲肄業詁經精舍阮文達公器之言於學使諸誠劉文恭公鐶之以優行貢成均未幾卒

沈豫字補堂東鄉漁村人少學於同里陳家騄經學文辭咸得其傳一游江淮間旋教授鄉里某歲仲夏徽嚴暴水漂沒田廬巡撫劉公謂下游江狹所致欲於北海塘外長山以東挑引河導水入海遣治河吏勘地插標長山至瓜瀝渡三十許里田廬相望適當其衝民大惶怖豫抵書治河吏爭之謂水患病在嚴處上流無分洩無預蕭山事但濬上游金衢嚴處諸郡縣湖沼則水患自平吏白之事乃寢豫治經喜崇實用能爲妙語解人頤爲文辭有六朝唐人之風嘗爲親在外故柩囘里不入門議一篇謂是薄道也豈仁人孝子之心所敢出此哉篇中徵引經義以闢俗説之謬有益世道非淺所著有皇清經解淵源錄一卷皇清經解提要二卷羣書提要一卷讀經如面一卷讀易寡過一卷周官識小一卷左官異禮略一卷羣書雜義一卷袁浦札記一卷讀史雜記一卷秋陰雜記一卷仿今言一卷芙邨文鈔二卷芙邨學吟一卷

凡一十四種總名曰蛾術堂集晚年門人爲刊行邑人明副總兵沈邦通當明季之亂扞衞鄉里卓著勛績明亡隱居卒里人私謚曰嚴毅豫爲著畫像贊幷及其族人名至緒字鎮乾名奇勳字順吾者而表章之文繁不錄

王公璧字禮賢世爲苧蘿村人村處邑西南隅地故磽瘠居者率力田自給公璧既援例爲國子生猶自率僮僕耕耘家日殷富道光癸未諸曁江水暴漲臨浦塘危甚公璧命子致雲冒風雨隨衆晝夜救護塘獲無恙是歲邑大饑竈牧兩地尤甚待哺者數萬口賑有定額不能徧給當事憂之公璧倡捐金事乃濟道光丙戌卒年六十二子二致雲桂蟾致雲嘉慶戊寅舉人官陝西神木縣知縣

王石渠字蓮溪縣學生援例貢成均性果毅通曉時務能謀善斷邑中大工役咸賴焉邑襟江帶海恃西北兩塘爲扞衞西塘則湯文端公金釗居憂時與王進士宗炎料量工程分段修築者自夏孝鄉至西陵鎮最爲衝要石渠任其事所築石塘六十餘丈極爲鞏固北海塘尤爲天險駭浪拍岸石下如絮道光十四年塘身就圮石渠謂

此三縣鉅工不資山會二縣力則工不成詣郡謁太守與山會薦紳會議就畝派捐修築反覆開喻衆乃翕從遂定議山會二縣每畝派捐錢六十文蕭山每畝派捐錢七十五文永爲例復親詣海岸督工迄於堤成乃已三十年八月西塘傾決田禾盡湮石渠請邑令開西興龍口使水由江出民乃獲安同治中卒年八十七子心蘭早卒

陳圻字子封號千里又號立齋澇湖村人家素封父有尙字莘圃有儒行見義勇爲道光丁未嘗捐鉅資築東河堤廿餘里矼梁畢達人無病涉圻幼誦習過人既長從王宗炎游與湯文端同學圻家多藏書又能文章文端自視歛焉若不及而九試鄉闈終不得第乃入資爲郎中分戶部山西司以親老告歸道光之季江水決聞家堰大府檄官紳議修築衆以工艱費鉅相顧逡巡莫能決圻獨毅然任其事自聞家堰起東盡麻谿閘北至鐵陵關亙五十餘里量功庀材三年告成復於聞家堰至義橋江水所衝處悉增築磐陀以殺水勢凡用錢數萬緡不足則出私財以助之於是十年

無水患圻立義莊建釁舍修道路施醫藥賑貧乏養老弱凡有裨於鄉里者靡弗爲咸豐三年卒年六十有五子以昌以咸傳其學以昌道光甲辰順天舉人官工部員外郎以咸字詔次號湘漁幼穎異劬學弱冠以商籍補杭州府學生咸豐辛酉粵軍陷蕭山母湯氏文端從妹也攜以咸妾楊氏及子女殉焉以咸以客滬得免同治六年舉於鄉七年成進士官戶部雲南司郎中旋告歸光緒八年夏大霖雨西江塘圮大府檄任修築事以咸倡捐數千金富者於是相率輸財工以得葳九年卒年五十有四子光淞官江蘇候補道

王逑賢字聚源父爾康業行商往來吳楚間逑賢年十五憫父衰勞卽棄儒踵其業其爲商也得老氏術善處人後不與人爭利諸商愛而樂與親年三十許自設木肆於新林周其地沿海居人多縱恣不馴逑賢始予以惠繼接以和終裁以禮咸佩其德無擾者時有周姓詣戚貸金不得被辱含憤走訴曰吾將以白刃讐某逑賢温言慰之予錢十千濟其乏周歸一夕卒又有章姓聯結鄰里與一大姓涉訟逑賢阻之曰

毋輕發難並曉以理與勢章不從陷囹圄始歎服自咎族中有無賴子竊其一木人以告述賢不欲索木以敗其名終隱之後其人卒改行爲善塘外有爭田鬬毆傷首者輿以訟於官述賢塗遇之勸以傷重宜速療姑緩訟因爲延醫療治且給錢數千遣歸密語毆者讓畔負荆訟竟解其明決處事多類此道光季年卒年五十七子三寶昌以會稽籍爲名諸生

施若霖龕山人父本道光甲辰舉人工部郎中若霖幼穎異有至性八歲母金病卒哀毁累日不進食事後母汪必敬必誠家業鹽賈以整理不時生計凋瘁若霖稍長仍習鹽業精於綜核而生計頓裕夙嫻騎射道光辛丑英夷之役若霖隨父率團勇至南沙防海十二月二十四日夷人駛三板船入後海父督團勇數千人在大盤海口力禦黑夜相持適失足落海若霖泅水援之免比曉擊退英夷是冬父在防次病痢幾殆若霖刲臂肉療之愈弱冠入武庠己酉秋大祲南沙飢民萬餘人大府委員勘災延若霖父同辦賑若霖佐父查戶口跋涉泾潦中致成疾事竣大府奏獎守禦所

千總銜咸豐元年病卒年二十八若霖性樂善嘗爲會稽僧青蓮箋注眼科必效錄四卷刊行於世又自輯傷科纂要三十六卷未梓燬於兵燹

來學謙字有光號晨崖承父允芳教立志節樹名檢爲文清剛雋上以訓族中子弟多所造就乾隆丁卯科舉人官義烏縣學教諭諸生皆信而親之俸滿歸里大興朱文正公珪視學浙江以學謙曾爲其子師致書通問但一渡江謁謝不再往家故貧積俸及脩金易田供祭近族露殣者買山瘞之外大父家僅遺兄孫一人助之婚族有貞嫠無子爲營葬卒年七十有八

來鳳鳴原名鳳字瑞齋幼孤諸艱備歷長游京師依其戚朱文端公鳳標文端器之介山西某縣黎令署中賓主相得甚會姻兄弟周玉衡署湖南辰州府事招司內外總務無何髮逆迭陷鄰境圍州城全郡倉卒不知所爲玉衡布置戰守兵糧器械悉具得鳳鳴贊畫之力爲多賊知有備解圍去敘功當得官知縣力辭不受後數年遵例急公請以本身封銜貤贈父母并爲其兄捐職候選以榮其身既而歸里營葬祖禰

念父遺產不足供二簋之享增置祭田若干畝立祭簿偕兄環値祭事其他本支數世墓下亦各捐田助祭俾春秋展墓時親屬得相團聚臨卒以讀書植品勉子若孫怡然而逝孫裕昌宣統元年己酉拔貢生學部小京官

蕭山縣志稿卷十九

人物六 目次

清

胡熵棻　顧鴻逵　陳萃賢　瞿生瑞　蔣春桂　蔣孝先　黃中耀　何慶咸
瞿澤　徐粱佐子謹之　任春煦　朱遇良　王震元　陳光照　張鳳池
朱士鑑　湯紀尙　朱啓連　黃同壽　來鴻瑨　胡兆蘭　李家敦　陸敘釗
陸鍾琦子光熙

蕭山縣志稿卷十九

人物六

清

何煊原名炳字允彪一字寅士嘉慶戊申舉於鄉己巳成進士選庶吉士散館授兵部主事補職方司洊擢員外郎郎中道光二年出知福建汀州府調福州尋兼權鹽法道六年擢貴州貴西道旋補福建鹽法道七年擢廣西按察使服闋授雲南按察使十三年遷山西布政使未赴任調陝西十五年擢雲南巡撫宣宗以雲南開化廣南普洱三府地枕邊陲流民雜居命督撫籌議編立保甲煊偕總督伊里布奏言開化廣南二府自道光二年清查以後種地流民均入保甲給牌鈐束惟散處僻遠搭棚棲止砍樹燒炭之戶僅開丁册恐仍多隱匿應改給門牌每屆秋成詳加稽察普洱府屬多瘴流民綦少亦已編立保甲種地如已墾熟卽令酌量升科至入境各隘口亦宜隨時盤詰得旨允行御史張琴奏請禁銅廠扣價銅船滯運諸弊煊偕伊里布

疏言扣發銅價襄年奏准有案至運銅濡滯則未起運以前其弊二既起運以後其弊四一銅斤不足一運員逋欠此弊在起運前也一脚戸爲奸一船戸偷裝米石夾帶私鹽一船出川江攜帶木植一運員沿途賣貨船戸逗留滋事此弊在起運後也均已逐款查覈分別懲辦報聞以足疾乞歸尋卒子增傑官鹽課司提舉孫福銘字康甫篤學有家風官候選訓導咸豐中督團勇禦粤軍於錢清鎮陣亡弟祿銘被執亦不屈死之

韓鳳修原名鹿鳴字補亭號仙甫系出宋忠獻王琦四世孫膺胄膺胄以隨扈南渡遂世居蕭山鳳修幼穎異嗜學父授徒於外攜以俱旋游王宗炎之門年十八補縣學生嘉慶丙子舉人庚辰成進士授知縣分發廣東壬午權仁化令試士嚴正拔擢寒畯邑人稱之癸未補信宜令有監生李步青爲教匪首黨籍數十人鳳修往捕焚其簿論李如律不及其他癸巳調海陽令歲薦饑發廪賑濟是夏大水竹蟠堤決以蠔灰疏薄易其基以石數年無水患鳳修善折獄訟者立判思以片言釋爭銷萌鳳塘

鶴隴二鄉械鬬成世讎躬入其寨曉以禍福衆皆感悅終其任無鬬者鳳塘故多豪猾貢生陳杏春密以聞被其黨決首以去鳳修偵得主名曰陳澤民陳鶻鴟悉捕置於法己未權南雄州知州庚申擢嘉應州嘉應陋俗親死既葬彌年檢骨濯蒸謂之洗骸又生女多不育鳳修厲禁之俗頓革丁酉署鹽運同知己亥權潮州守時值粵督林文忠公則徐禁鴉片鳳修於海濱設巡邏禁姦民偷販奉行功令維謹丁未卒年六十有二乙酉乙未兩充廣東鄉試同考官所得多知名士著有留餘堂文集二十卷問心錄二卷子欽自有傳鎮道光丙午舉人

施淦字秋水東鄉新田村人性純孝有才不仕嘗客廣西巡撫謝啓昆幕中謝稱佐理得人爲題其望雲圖深致歎賞啓昆長金石之學淦與同好嘉慶間延金匱錢泳縮臨漢碑數十字勒諸石凡四卷名曰問經堂巾箱帖又摹刻范氏天一閣本神龍蘭亭行世其從兄粹中纂輯新田施氏族譜得淦之力爲多云

陸泌字鄰仙從父寄居省城補杭州府學生乾隆己酉舉人嘉慶丙辰進士選庶吉士

授編修保舉改御史擢給事中條陳口外事宜硃批獎爲不料書生有此識力浙江水道趨西龕赭地連赭山以外亦復沙漲海寧與蕭山爭地歲有械鬭傷人實多地則貼在蕭山而海寧須渡江才可耕種泌爲奏請屬於蕭山其地設河莊司巡檢以資彈壓事下浙江撫院時巡撫蔣攸銛詣勘覆奏悉如泌議至今賴以安帖嘉慶十八年林清謀逆上巡幸木蘭尚未回鑾都城岌岌可危泌任巡城事務自持短棍躬親周歷手獲一小中涓背黄袱出城通賊者密陳誘賊就計敗謀以功加四品京堂旋簡七省漕院未滿任丁母憂回籍營葬服闋補授內閣侍讀學士已陞順天府府丞而前一日趺坐合十卒子文鯨改名震廣西左州知州

陸成本字寶田號晝邨秉性剛毅處衆簡默以庠生貢成均不利南北試入貲得按察司經歷適四川邪匪滋事條陳堅壁清野之法隨同大軍蕩平匪亂奉旨以知縣遇缺即補嘉慶十一年正月凱旋補宜賓縣知縣歷署三臺儀隴清溪等縣雷波撫夷通判潼川敍州知府道光七年陞任巴州知州十二年春歸里其時年逾八旬猶赴

義不倦賑卹之舉不可殫述其宦四川也歷三十餘年戎馬倥傯艱苦萬狀任勞任怨不求人知見大吏不迎合處僚友不戲謔待屬員不苛刻慎防胥吏嚴治盜賊下鄉不擾民決獄無牽累自處儉約不受餽贈此其犖犖大者性喜刊書如陸宣公集楊椒山集人譜監懲錄式敬編四種遺規有明三不朽圖贊等書皆有功於世道人心者壽近九旬卒

韓瑞書字鳳章國學生富而好義道光七年捐銀二千兩修義橋至峽山道路二百丈行旅便之

周鏞字仰山龕山人道光廿九年大祲捐金賑饑全活甚衆又捐貲修大成殿及丁村塘路蜀山大橋

周曰淮字月川咸豐中獨築龕山鄉大灣頭道路葺大義村八字橋同治中粵亂甫平捐修本省貢院及賑縣境饑

張聖達字錫麟號省齋咸豐初年築苧蘿鄉之張家橋修太平橋築臨浦至尖山石路

周鉞字秉虔居龕山有白龍潭水殊甘冽潭爲龐氏地禁他人汲鉞以田十畝易之覆亭其上以供衆汲

朱鳳標字建霞號桐軒家世儒素爲諸生有文名道光八年舉於鄉十二年成進士殿試以一甲第二人及第授編修旋丁母憂服闋典山東鄉試十八年散館大考第一十九年夏命直上書房旋督湖北學政二十一年授國子監司業仍留學政任遷侍講庶子二十四年還京復直上書房擢侍講侍讀學士二十五年奉命授七阿哥讀七阿哥者即醇賢親王時甫五齡鳳標講習懃懇閱十餘年如一日是年夏擢內閣學士兼禮部侍郎銜二十六年攝戶部右侍郎二十七年授兵右旋調戶右咸豐元年遷左都御史旋攝工部尚書二年攝刑尚三年寇氛孔棘上命各省舉辦團練諭廷臣各舉所知鳳標舉前兵部右侍郎戴熙督辦浙江團練事熙禦寇頗力後杭城陷死難是時淮上軍事日亟鳳標請飭東撫親扼淮安要衝并飭直督力籌防勦爲京師屏蔽賊既陷歸德鳳標以開封守備空虛擬防勦事宜六條上之皆嘉納施行

六年冬加太子少保銜尋調兵部尙書八年秋充順天鄉試副考官是冬科場案發上命嚴鞫明年二月獄具考官誅謫有差坐奪職上夙知鳳標清介有守是秋賞給翰林院侍講學士銜仍直上書房授醇王讀如故未幾授大理寺卿洊擢通政使左副都御史攝刑部右侍郎遷兵部尙書穆宗登極轉吏尙旋充上書房總師傅攝工尙充經筵講官同治七年正月命以吏部尙書協辦大學士俄拜體仁閣大學士充文淵閣領閣事十一年夏以老病乞休予告食全俸十二年閏六月卒於京師年七十有四追贈太子太保銜予謚文端鳳標淸規峻望通達治本再長臺諫周歷五部尙書屢掌文衡得士稱最道光之季創行海運船戶經紀因緣侵盜事發互諉莫肯承鳳標上分賠獨賠章程奉命偕大學士耆英查辦山東鹽務疏陳積弊請參官運減成本俾商有餘資民沾實惠並允行後皆以爲法子其煊工部郎中山東布政使孫有基欽賜舉人官至四川川東道鳳標同時有張百揆者字吟舫以道光庚子科進士第三人及第官至肇羅道攝行廣東學政異數也所得士南海潘衍桐最知名

朱鳳標四川華陽縣知縣

湯修字敏齋文端公金釗次子也資性儼恪不妄言笑事母來夫人以孝稱及居母喪寢饋柩側者三月爲人一秉文端之教治經主敬克繼其美游吳江張履之門益究心宋儒之學林文忠公收繳躉船鴉片修以不先講武備爲憂道光己亥舉順天鄉試官內閣中書咸豐辛亥遷典籍轉侍讀見知於閣臣祁文端公雋藻時軍儲不充言理財者蠭起修深探治本上書祁文端指陳大略一軍國之要需不可嗇宜核虛冒而動項必期於有功一中外之冗費不可留宜裁緣飾而用財惟主於所急一徵解宜年清年欵勿致影射舊虧轉增新欠一蠹弊宜漸消漸革勿任因循中飽暗損正供至於責成糧臺以核浮銷浪費飭令將帥以汰疲卒冗員轉運則隨地制宜米麥布帛皆可利用不必拘定銀錢以免展轉兌折之數則又目前應變之方也又謂生財大原在於小民樂業苟吏非其人則章程雖密第以文具相欺法令稍乖必至侵漁無藝而又何財之可得至於選將才嚴軍令懲退怯恤饑勞寬結會之徒鋤爲

逆之首守土者保完善之區使賊無所掠則自散統師者備勦撫之策使賊有所攜則自衰此其事若無與於籌餉而轉輸不至坐耗實籌餉之先務也不此之務而多爲名目別啓徑途以動聖聽而剝民財竊恐其患有不止於財匱者祁文端欲以寬大爲政修謂宜伸賞罰肅綱紀皆切中時弊祁文端益重之廣東南海縣馮某有叛奴控其主通賊逮下刑部獄主者堅欲置之法修以大學士檄與鞫無左驗終白其寃馮遣子謁謝拒不受四年補福建道監察御史轉掌雲南道幫辦巡視東城遇事敢言每有彈劾必自貴者始尋遷順天府府丞轉通政司副使六年丁父憂服闋補大理寺少卿擢太常寺卿十年英法聯軍偪京師左右以巡幸之說進修抗疏力爭明年和議成乞病養痾訪醫南行走宛洛達荊襄凡羈旅長沙者六載晚居吳下自號泔翁同治辛未四月卒修明睿有特識當東南軍事亟時預測江浙將陷謂江督何桂清舉止輕便面有驕色不足當戎機重任提督張國樑起坐輕率乃一戰將非載福之器厥後一如所言戊午秋相國柏葰奉命爲順天鄉試正主考修退朝語人

曰今日主考柏相銜命出面色灰敗必有奇禍且比來鄉會試關防疏闊關節紛如科場殆將興大獄乎榜發未幾柏葰果罹禍著有慎思居存稿子紀尙自有傳

朱鳳梯字梧岡鳳標族弟朱家潭人系出宋文公熹六世孫壽自新安遷蕭山遂家焉鳳梯少讀書不成棄而服賈年三十復治儒學詣京師納粟爲太學生將應京兆試不果援例納粟爲從九品分發山西補授託克託城巡檢調署綏遠城倉庫大使俄調補包頭鎮巡檢諸城地接蒙疆民情剽悍鳳梯所至咸樹治績勸學課農抑强扶弱孜孜罔懈未幾援例爲同知分發江蘇同治戊辰攝上海令廉公有威案無留牘蘇撫丁日昌重之以清理積牘功奏請准補同知後以知府升用先換頂戴有船廠洋人與紅幫木匠有違言洋人遽放鎗擊斃木匠屍屬控諸縣鳳梯會同英領事審明故殺非誤殺按律論抵英領事請仍援西例送歸國懲治鳳梯以國憲所關恐以越境爲逋逃藪堅持不許乃在英領事公廨後監內搭篷廠絞斃且臨視焉此爲華洋命案交涉以來未曾有之事吳人稱道至於今弗衰鳳梯宰上海三年解官寄寓

吳門以光緒六年卒年六十有九子七人承鋼山西五臺縣典史承鏞補用游擊國鈞河南知縣錡江蘇巡檢

陸枚字建中先世自山陰遷蕭山父閬風以諸生游都下名動公卿枚幼習聞巨人長德之論議既長雄駿和惠通達治體入貲爲安徽桐城馬踏石巡檢地當古樅陽枚爲梁治道設救生船建育嬰堂興舉廢墜汲汲不遑境內有菜子湖風濤險惡當事欲築隄以殺其流枚上議曰舒城潛山七邑水爭趨樅陽以出大江湖居其內山洪匯之故外漲緩內流駛若隄之則泥沙墊隘非順水之性也迺止咸豐八年某帥率師逐寇過樅陽軍士鬩於市枚縛而笞之乃鬩於門枚曰彈壓吾官守也笞兵丁爾帥且告大府吾待罪而已若何敢譁卒歛手去大吏以爲能桐城陷賊官軍復之遂檄攝縣令邑人訐從賊者若瓜蔓枚多方出其罪以爲救死之人不當槪繩以危法其能立威重仁而愛人如此旋解縣事還樅陽同治八年乞病去先後官樅陽凡三十六年與桐人相處若家人遂流寓樅陽以光緒十年五月卒年九十還葬蕭山子

六人顯勳煥顯仁炳獻銑顯勳壽州知州獻附貢生

孔廣泉字醴生一字葵軒號漱山道光癸卯舉於鄉丁未成進士以知縣分發山西歷權文水岳陽應州咸豐乙卯除交城令下車稽戶口編保甲禁博塞以清盜源己未夏蝻食稻督民搜捕禱神咎躬是歲蝻不爲災治交八年舉卓異調永濟邑濱大河毗秦豫時捻回不靖禁旅絡繹廣泉具供頓備芻糧以勞擢知府權太原守攝行按察使事平反寃獄不徇權勢晉人稱之弟廣徵宦於閩攝延平府經歷久之擢通判攝尤溪令亦以善治盜聞於時

孔繼中字檢齋道光癸卯舉於鄉庚戌成進士以知縣分發河南歷權泌陽河內補濟源調修武下車修書院革漕糧滾單之弊咸豐辛酉冬山東長槍會匪北竄薄城下繼中登陴守禦凡被圍七晝夜會丹河漫溢賊引去遂捐金築城易土以甎練團修寨同治丁卯戊辰之際捻寇張總愚兩圍修武皆以有備不得逞而去泌河決口修武當其衝被淹村落一百四十餘處籌賑災黎疏水歸河全活甚衆在縣十年攝滑

縣調補固始追論修武禦寇功擢直隸州知州在任候補旋請回籍養親以輸粟賑晉豫饑擢知府加鹽運使銜既丁母憂服闋不復出光緒四年卒年六十許宣統元年修武人請祀名宦祠允之同時有周玉衡莫傳彪來蔭溥何鼎勳皆以文吏善扞盜有聲於時玉衡字醴香縣學生以貧故走京師教授道光癸卯舉京兆試咸豐四年以知縣分發湖南權衡陽令邑境洪羅廟山賊轟起煽變輕騎往掩捕無脫者誅爲首數人亂定移權邵陽課農桑捕蝗蝝無何粤軍石達開自祁陽至郡守惶駭無策玉衡以城守事自任與達開相拒凡八十四日圍解敍勞擢直隸州知州尋調溆浦令權永綏同知移永順未幾再權永綏永綏孤懸五谿中千峪萬箐苗出沒其間性慓佶無人理玉衡官苗疆久謹亭障修碉寨哺粟賜衣相濡以德苗民供命終玉衡任無擾者擢權辰州守清沿明制採大木黔蜀估客稛載結撥道辰州達常德滙夏口委江東下設辰龍關榷稅歲額鉅萬玉衡受事值旱溪涸箄阻課絀乃精核出入使贏縮相劑寖復舊額既而移權郴州遂移疾歸光緒元年卒年七十著有捕蝗

要略一卷子二孚先江蘇知縣道先南河同知傳彪逸其字咸豐八年爲湖南麻陽縣縣丞攝令事粵軍竄境傳彪督兵固守縣城卒完以勞擢知縣授芷江令卒蔭溥字梅先入貲爲廣東潮州鹽知事居繼母憂去職佐幕韶州咸豐四年粵軍披猖蔭溥奉檄辦團首捐資募勇製械爲攖城計七月賊至圍城與守令晝堞而守密令壯士夜縋城出扼隘列砲擊賊屢創之八月賊退竄沙口後奉檄率團勇勦烏石賊屢捷而賊來愈衆粮盡引還九月賊復圍韶州以竹梯踰城蔭溥激厲士卒刺以槍賊墮更擊以礮乃解圍遁明年二月賊復竄北江蔭溥沈船斷水道賊不得逞乃退賊平敘功擢鹽大使未幾卒鼎勳字小塘客游熱河寄籍承德易名瑞圖道光庚子舉京兆試以謄錄議敘授知縣選四川崇甯令置社田立義倉調權射洪令舉卓異調雅安令雅安爲雅州附郭邑襟帶滇黔控引衛藏甫視事即購置劈山礮二十尊未幾石達開遣藍大順率衆由敘州泝江而上直攻雅城鼎勳激厲民團登陴守禦賊圍攻七晝夜不得逞而去明年賊又率衆圍困雅河幾一載鼎勳仿秦人毒涇上流

法賊多病吐瀉又解去鼎勳率兵尾追克復鄰邑名山縣城爲忌者所中罷歸卒於家著有圍城記防河記少有至行父徵塘溺於海每逢家祀輒泣涕不食庶母李產遺腹弟炳章躬自教育迄於成立炳章咸豐壬子舉於鄉官江蘇金山寶應沭陽知縣鼎勳子鳳翔光緒甲午舉人江蘇知縣

鍾寶華字花山咸豐丙辰二甲第一名進士選庶吉士己未散館授編修庚申兵燹寶華適在里閈創辦團練旋率練勇焚賊船杭城之復得其助同治甲子任陜甘學政癸酉典試四川一時號稱得士在陜駐三原適涇州回逆敗竄縣境寶華籌防守之策廣諭富戶出資收養難民與同城文武協力防禦賊斷我水道捐廉鑿五井民賴以安募死士突出分赴陜甘總督楊勇愨公岳斌欽差大臣左文襄公宗棠軍前乞援卒解城圍官至翰林院侍讀學士光緒初患風痺乞休四年四月卒於里年五十有九幼失恃爲伯母於所撫育寶華克盡孝道於卒哀毁盡禮既貴封贈如所生督學時秦中商人例有厚餽悉屏除之在都門日捐資修葺浙紹會館增拓宇舍爲闔

郡士子公車下榻地人有請刊碑紀事者卻之其清廉不伐皆此類著有經粹四卷史覽四卷綠漫廬詩集若干卷子祖恩四品廕生

傅士珍字雪樵寄籍雲南昆明縣少讀書喜馳馬擊劍道光五年舉於鄉十五年大挑得教職旋授羅平學正嘗以行誼訓士勿徒習尚文藻林文忠公督滇一見器之延入幕二十八年以贊畫平永昌匪功擢知縣二十九年授山東武城令有善政咸豐二年兼攝夏津令二邑皆瀕運河時冠氛日迫兵備綦嚴士珍決事如流政無壅滯三年巡撫李僡檄赴兗州行營督理糧餉旋馳援河南懷慶復檄士珍兼理懷慶軍餉未幾僡卒士珍仍回山東當事檄攝冠縣令下車築城浚隍亟練民兵四年三月粤軍至士珍登陴守禦殺賊數千賊樹雲梯環攻城陷士珍短刃相接殲賊目數人中創被執罵賊不絕口賊怒割舌噀血罵愈烈剖心斷元而死妻楊妾朱及二女姊王傅氏幕友王錫蕃等八人皆從殉官紳兵民從死者萬餘人事聞贈知府賞雲騎尉世職敕建建專祠於冠縣城陷時子培基才三歲僕攜以出得襲職培基字篤初

一字念堂號小樵同治庚午舉於鄉辛未成進士授刑部主事精於法律未幾改知縣分發直隸補南皮令下車興利除弊捕巨盜寘於法調大名令以善治水聞歷宰高陽沙河邢臺卒於官年三十九著有知白齋吟草二十卷篤初文稿三十六卷在官法憲錄八卷白雲陽春集四卷小樵日記三卷子善慶

陶恩培字益之號問雲曾祖元藻自有傳祖廷珍本生祖廷琡恩培生而英敏道光乙酉以副貢選松陽教諭壬辰舉京兆試乙未成進士改庶吉士散館授編修擢御史授湖南衡州府知府衡陽奸民左家發聚徒黨謀應賊廉得寘諸法咸豐二年春寇踰嶺陷道州進窺衡陽湖廣總督程矞采方駐郡聞警思遁恩培力爭不見聽乃假其兵符請粮臺勿撤撫循士卒誅鋤內奸賊爲改道江華甯遠趨長沙衡得獨完事聞擢道員旋授湖南按察使以次討平衡山瀏陽安仁醴陵諸土匪四年擢山西布政使俄調江蘇未幾拜湖北巡撫之命是時武昌再收復旁近皆賊蹤總督楊霈屯廣濟城中惟布政使夏廷樾及守令或勸恩培不如出駐他郡恩培不聽以十二月

二十六日入武昌規畫守備馳書江右乞援於曾文正公國藩會廣濟之軍以除夕退走蘄州恩培召黄岡義勇萬人赴蘄助霈勸勿沮怯而霈大奔不能止五年正月五日至漢口又次德安賊遂據漢口漢陽曾文正遣李武愍公孟羣率舟師來援屯鮎魚套恩培命武昌府知府多山募六百人屯塘角游擊陶得壽將千人屯襄河口使水陸相應守備石清吉將千人按察使胡文忠公林翼將三千人相繼至時賊城沙坡恩培命諸軍分三路薄賊壘諸將慮軍分勢弱併爲一路進攻小龜山被賊突抄後路遂敗退至大軍山乃止九江賊復躪興國通山犯省城恩培籌防維亟奈賊勢浩大諸軍不支二月城陷恩培衣冠至蛇山下赴紫陽塘水殉焉時年五十有四事聞賞騎都尉兼一雲騎尉世職予謚文節湖北及原籍紹興府建立專祠恩培頎身長髯凝重有威望屢掌文衡所得多文章節氣士自蘇赴鄂時吳中士夫餞於滄浪亭恩培舉酒屬客曰時事艱危甚勞祖餞當鞠躬盡瘁以副知顧其舍生取義之志决矣

高延祉字受民號筠坡南宋忠節公世則之後居錢淸鎭累世爲儒性至孝弱齡遭母喪哀毀若成人道光庚子與弟延祜同舉京兆試爲景山官學教習三載以知縣銓選咸豐元年選廣西臨行與親舊訣以伏波馬革自誓先是道光二十一年英吉利船攻浙江延祉隨參贊大臣文蔚由京赴浙率義勇爲前驅擊毀英船經揚威將軍奕經等敘功奏奬至是抵桂林奉檄攝隆安至卽募死士三百親教戰計獲賊首陸鵬理賊黨蔡亞全等誅之是秋賊黨凌亞東擾思恩武緣縣之感墟布政使勞崇光方討南路之賊檄延祉與右江四邑會勦乃偕歸德土知州黃爲錦率軍討袍墟賊克之十月初三日將趨感墟密箐中伏寇起延祉麾義勇殺賊二百餘人賊來愈衆或勸退避延祉叱之忠勇愈奮明日激戰不休腹中矛與爲錦同歿於陣事聞發帑祭葬給雲騎尉世職並於隆安任所及原籍地方建立專祠國史館立傳子彥冲以其喪歸同治十二年加恩予謚壯節彥冲後官太倉州州同延祉弟延祜官至御史

施作霖字澍生本子道光己酉拔貢朝考一等以知縣分發陝西軍功加光祿寺署正

銜任城固縣知縣勤政愛民尤長兵事咸豐丁巳捻賊竄入武關直撲商南縣城作霖帶勇追擊至頭條嶺接仗手刃數賊卒以衆寡不敵力竭陣亡事聞奉旨賞知府銜照知府陣亡例賜卹世襲雲騎尉并在武關及原籍地方建立專祠後加恩予謚剛毅同治十二年左都御史英元爲殉難知縣高延祉奏請賜謚實援施作霖等予謚成案以邑令邀易名之典允爲邑乘光矣

蔡召南字二風道光丁酉舉人戊戌進士即用知縣分發雲南以親老就教職選杭州府教授以憂去官服闋選金華府教授咸豐十一年四月粤軍將至諸生張棪入見曰寇深矣將奈何笑不應十七日府城陷同僚皆走召南獨留從容投學宮前休文井死妻楊氏亦自沈子闓生嘉生並遇害克復後署知府劉汝璆出其尸於井具棺禮葬金華人立祠祀之

陳應元歷任山東泰安金鄉魚臺諸城鉅野城武等縣多惠政升知濟寧州事咸豐五年勦辦土匪殉難奉旨賞加知府銜世襲雲騎尉入祀濟寧鉅野名宦祠并於濟寧

金鄉鉅野等縣建立專祠

韓桐字少山咸豐時官廣西永淳縣賊至城陷死之

汪世鍾任常山縣教諭粵軍之難在學署殉節

田人熙字子青西興人道光己酉優貢充正藍旗官學教習以知縣官吳中權丹陽令下車懲吏之舞文士之健訟者民呼田青天調署吳江吳江包漕之風甲諸邑首嚴禁之而寬於貧戶民感其惠輸賦不絕鏟猾賴以無匱時寇氛日迫人熙夜出巡邏屢獲奸宄斬以徇邑賴以安庚申冬率勇防堵金山十二月十八日聞賊衆將至金山乘夜冒雪率水勇迎勦遇賊隊人熙立船頭督戰舟觸橋覆殉焉同治元年卹雲騎尉世職祀江蘇忠義祠

王冕藻字春亭苧蘿十八都汀頭村人紹興府學廩生與弟縣學廩生玉藻以文學齊名冕藻講學郡城門下高第弟子多掇巍科會稽李慈銘尤以能文稱咸豐辛酉寇陷浙同治壬戌諸暨包立身起義兵擊賊號白頭兵軍鋒及蕭山南境冕藻召苧蘿

鄉民應之擔鋤爲兵裹糧赴敵日以忠義激人心進攻蕭山南門賊出軍大戰義師敗潰冕藻退據漁臨關憂憤卒臨殁歎曰天未悔禍擊賊無成惟冀他日國史書曰蕭山廩生王某兵起於願足矣玉藻後舉於鄉選授衢州教諭

張鳳飛原名桂堂字翰香咸豐己未恩科副貢納粟授國子監典簿銜辛酉九月粤軍陷蕭山賊入其舍惟父省齋在焉鳳飛自外歸聞而急奔入鄰嫗止之鳳飛曰吾父罹難吾焉避既入父見之愀然曰吾衰年待盡爾壯方有爲今奚爲者鳳飛請代父父亦祈免子父子爭死賊惡其交親也並斷其頭父子駡賊不絶口而死鳳飛妻丁氏亦駡賊被殺鳳飛時年三十五遺一子名濬

朱老巨年十九洪楊之亂父榮慶被執將就戮老巨痛父瀕危願以身代賊許之竟替父死

陳以瑞字沂香道光甲辰舉人咸豐十一年九月城陷以瑞團練五百人保守湖裏陳村城賊屢出窺村拒戰輒勝久而力不支乃語村人亟徙於是老弱盡遷惟以瑞督

壯丁留守越日賊大舉圍之以瑞率衆突圍殺傷甚多卒不得出遂死子蕙疇蕙馥同殉

湯學洙字魯泉爲文端公金釗從孫少負壯志好談經世學入貲爲候選知縣咸豐辛酉九月賊陷蕭山將東犯郡城學洙集團勇截擊於錢清鎭戰敗死之賊平有司以聞詔贈雲騎尉學洙能詩有自如軒遺稿子彬爲刋行於世

賀傳曾字南頻咸豐辛酉粤軍竄浙輸貲辦團同治癸亥紹興克復賊西竄傳曾糾衆拒戰於湘湖跨湖橋之涼亭殉焉䘏雲騎尉入忠義祠

田文烱字友濤道光己酉副貢累世居山陰之歡潭至九世某贅於蕭山諸墅翁氏子孫因襲其姓文烱懼忘祖童試卽以田著籍入邑庠後族人有從而復姓者父宗耀以服賈起遷城中遭歲歉折閱遂棄去爲豫游文烱文名噪甚弟子從游以百數修脯所入遞償宿負而外以養母授室爲弟妹畢婚嫁是時父亦自豫歸文烱色養備至咸豐辛酉之難文烱聞警由館歸家繼妻單已前殉乃脫身走東鄉投戚高氏高

固豪姓丁壯千計文烱將謀保聚會同年生楊鳳藻奉檄起義招文烱因募勇歸之未旬日義師潰於錢清鎮文烱在軍被執詈賊以殉年四十有九實辛酉十一月二日卹雲騎尉入忠義祠單氏亦得旌

瞿董元字伯鼇別字小山以舉人選授桐鄉教諭丁母憂歸值髮逆闌入浙境連陷郡邑諸暨包村有建義者蕭山民亦遙應之董元集閭左驍勇與賊戰不勝乃退保包村賊長圍困之拒守一年有餘壬戌七月村陷董元死焉同殉者子邑庠生謙邑廩生以豐以復媳戴氏田氏謝氏女園姑孫乃誠乃庚孫女纏姑蕭姑僕陳友曾事聞詔予雲騎尉世職董元博學洽聞邃於經術謂漢易以虞氏義爲優嘗以己意闡明消息足補惠氏定宇張氏惠言所未逮惜未成書其成者有四書句解典制備考經史策案等書燬於兵

范棣字震聲號宗憲監生候選布政使理問世居城中壇基衕咸豐十一年九月二十四日城陷被執至比鄰趙祠門閫以刀脅之降棣罵賊不絕口遂刺其左右腰際疊

呼好男子豈降汝鼠輩爰怒益甚駡益厲被連刺胸間而死然尸猶僵立不仆適賊蟻聚而過推之倒地而去光緒八年巡撫陳士杰奏旌

來嗣尹字淞庭道光戊子舉人幼承家學多所覽識其學務根抵爲文必本六經諸史會試凡十二應雖不第而聲稱益著其間薄游大江南北貴人達官若寶應朱文定常熟翁文端皆爭相引重某年授國子監學錄未滿俸以年老辭歸復授經鄉里居恆不事干謁以名節自勵洪楊之亂賊至長河嗣尹不爲屈自出朝服示之而駡不絶口遂遇害年七十有三著有周易折中經四卷眉林書屋詩存八卷冠山逸事二卷

來其鑑原名其鏗字子鯨號寶山道光甲辰舉人爲人恂恂循矩矱杜門不預外事西興開龍口一案力持不可然見義勇爲在常山教諭任捐俸倡修學宫繼因軍事日棘不得已回里日惟坐樓著書同治癸亥蕭山克復賊西竄掠其子福禧以去其鑑喟然曰吾安事草間偷活哉遂整衣冠投河而死

林繼聲字振之性至孝咸豐辛酉粤軍陷蕭山時繼聲母周氏年已八十臥病在牀繼聲侍疾不離左右里人走告曰寇至矣盍避諸繼聲曰吾母危在旦夕吾安忍獨去不逾時賊入門其母一驚而絶繼聲號慟猶思掩埋賊以刃刺其頸延至夜半而逝賊退繼聲子梯青徧覓遺骸不得具衣冠以葬

瞿丙山字嘉倫邑庠生粤軍之亂與胞叔思維起義兵悉力拒守要隘賊畏而退越一年匪陷蕭城丙山思維率義勇直入小南門旋至史村曹地方午餐賊突出丙山思維力戰死之同殉者瞿嘉肴瞿嘉美瞿順鰲等共二百人

胡金軾少倜儻有志節因感世變棄文習武咸豐辛酉九月粤軍自桐廬踰石板嶺攻陷蕭邑金軾與姪樹森等集義勇圖克復戰不勝遂入諸暨包村及村陷殉焉

徐高井亭村人家貧尚俠傭於上高殿李三家咸豐間粤兵二人入處李室徧汚其女媳徐高方患黄疸聞之叱咤不平私與李三謀曰吾病恨不能爲若除此賊若誠能殺之吾當任其咎決不令若與賊同死也李感其誠夜集衆殺二賊投尸於河後事

洩賊渠執李高高毅然赴難慷慨自陳賊殺之懸首於井亭至今李氏子孫世祀徐高不絶

俞伯稺字子登當洪楊之變募義勇轉戰小饅山漁浦西汪橋朱村橋等處屢勝乘勝攻城率衆直進小南門旋轉入史村曹地方寡不敵衆其叔子舫並義勇三十餘人死焉賊平收葬暴露變田三十餘畝資助貧民鄉里稱之

周師孔字宗聖來蘇鄉人父掄一官京師兵馬司副指揮道光初年同官獲盜七人寄禁掄一所盜盡逸部議以賂放論擬大辟師孔聞之星馳入都具呈刑部願以身代事上聞得允師孔遂代父受刑而掄一得釋焉

夏元吉字見山父時興蚤卒母徐遺腹生元吉艱貞顧復至於成立元吉既長有至性奉養惟謹徐衰老有疾醫藥弗能療顧元吉思得雪桃時方寒沍草木黄落元吉徑入會稽山中窮搜巖壑於某山之巔得一枚以歸奉母食之病良已

吳人紀字肇英弟希聖字再希皆諸生兄弟自相師友嘗讀書白鶴寺盜入其室所得

止衣襆盜怒縛之欲沈諸水既而曰盍舍其一兄弟爭死盜義而兩釋之希聖晚歲家計漸豐好行其德凡族里友朋之貧無養壯無室殁無歸者皆賙給之族弟彥聖字西美亦諸生諸暨饑流民至蕭山彥聖獨資賑給以壽終子楷餘杭訓導

湯樹棠字蔭森號竹軒性長厚而好施濟咸豐戊午夏大旱官紳發倉以賑貧民男婦老穉爭擁領穀致自相踐踏有傷者斃者樹棠聞之急率二子冒暑往救以半夏末偏敷其鼻救而蘇者數十人不可救者買櫬殮之親丁相失者招集而歸之生死受惠至今六十年猶嘖嘖人口甲戌以後老且聵矣惡聲不反償値解紛施及於行路細民生平多遠識庚申辛酉間賊氛漸偪急預縮累代遺容徧錄諸宗簿上俾輕而易攜故亂平後祀事如恆其族中棺無主者出資瘞之貧不娶者助資成之親親之誼昭昭耳目卒年七十餘子鼎熺舉人鼎烜翰林院庶吉士安徽江西知縣鼎熺自有傳

陳潤字遷補號潤齋少英敏博覽羣籍尤長於輿地河渠兵制算法鹽法漕政慨然有

經世之志道光丙午舉於鄉屢試不第遂絶意進取築小園於北幹山之南奉母讀書爲樂嘗游會稽蘭渚山與李慈銘周星譽輩讌集天章寺賦詩酒酣奮髯張目論天下大計既而曰世難方亟此非士大夫優游文讌之日也遂沓嗟罷會喜爲詩取裁王杜間入騷選淸夐絶倫著有潤齋詩集

黄瓚字顨莊邑諸生通虞氏易不假師授繩牀土銼兀兀窮年洞微發奥成漢易通義八卷附略例一卷於宋後之説槪屏不錄湯紀尙爲之序謂爲虞氏功臣其言足以匡翼惠棟張惠言所不逮今傳於世瓚又著有春秋長歷補正六卷凡十易稿迺成燬於洪楊之亂年七十餘卒

陸觀禮字仲瞻號愼吾雲樞嫡子家承經術補郡庠生後肄業省垣詁經精舍與伊樂堯齊名咸豐辛亥舉於鄉觀禮逾冠失怙恃兄弟皆庶出而友于綦篤壬子入都會試三場甫畢得家書知親兄寶琛歿於安徽河口司巡檢任所慟哭失聲出都赴皖取兄柩及遺孤以歸自是閉門著書無意進取居鄉恂恂片紙隻字不入公門擇交

尤愼同里中惟與王養壽林式恭友善時以道義相切劘所著有三禮通解小學說約及諸經解稿歿後遭粵軍之難燬於兵火孫鍾渭舉人

林式恭字藹人原名鳳輝道光丙午舉人咸豐癸丑進士世有陰德父霈尤以碩德稱式恭由翰林散館改刑曹擢御史出爲貴州銅仁府知府生平以志節自負持躬端謹有父風在刑部日每秋鞫必苦心平反有所得必爭爭不得必得乃已爲御史尙風厲畿輔豪猾聞聲斂迹奉查萬安倉宿弊一清出守銅仁政尙寬大而察吏綦嚴若定平準章程以均粮價飭東西兩關沓檢胥役不得任意需索商販違處重典並白黔東觀察使請永著爲令嗣以生母劉氏年老乞終養不得旣而因病乞休甫卸事遽卒道路皆泣下民思其德附前太守周公祠祀焉子國柱翰林院編修貴州學政

曹壽銘原名炳言字文孺南門外史村人少孤貧僑寄會稽補諸生咸豐戊午以優行貢成均教授八旗官學以勞授四川知縣貧不能赴同治中卒於里壽銘與山陰周

星譽王詒壽會稽李慈銘孫垓同歌蔡以瑺諸人爲詩酒之友其七言古體學昌黎如窆石歌象皮鼓歌等篇紀其山川故實皆氣象沈雄克揚前烈象皮鼓者尙書姚啓聖康熙中平臺灣故物也

韓欽字孟仙號螺山父鳳修嘉慶庚辰進士官至廣東潮州府知府欽從宦粤東旣以仁和籍廩生改歸原籍咸豐乙卯舉於鄉丙辰成進士授知縣以母老世亂艱於迎養改内閣中書乞假歸不復出闢二如草堂蒔花木娱親喜詩古文辭慕厲樊榭之爲人嘗以景樊顔其室辛酉賊陷紹興欽奉母挈家航海走廣州與粤之名宿陳澧譚瑩相友善入布政使李勤恪公瀚章幕府日必歸省以爲常同治甲子母卒乙丑亂平還鄉里故居盡燬遷寓城中或勸出仕欽笑不應性廉正人不敢干以私遇邑中大事若建學宫試館義塾倉厫無役不輸貲以倡南鄉塘圩亂後失修時有圮毁値歲饑欽創以工代賑法塘工成自己丑後十年無水患欽清虚澹泊與妻俞白首相莊不蓄姬侍年八十重游泮水詔加五品銜光緒戊戌十月卒年八十二著有閒

味軒詩稿十卷詞稿二卷行世子啓酉光緒壬午科舉人孫秉熙己丑恩科舉人河南候補知縣

蔡以瑺字季珪工詩文舉同治戊辰會試第一授刑部主事告歸主講慈湖書院以敦行導士未幾卒

郁崑字潄山姿稟瓌異文藻雋逸同里韓欽愛其才以第四女妻之既悼亡復以第五女爲之繼室同治辛未以一甲第三人成進士官翰林院編修光緒丙子典試廣東時稱得士雅擅書法以鼎甲自命果如志

湯鼎熺字章甫樹棠子天才俊拔有經世成物之志咸豐戊午優貢考取正藍旂教習粤軍犯浙奉檄辦團奮身請駐臨浦以遏賊衝因病不果同治初隨官軍復城獨居危城十七日辦理善後事務禮部傳補教習期滿到省署青田教諭請於令率隊擒小源莊匪渠十七人邑境以乂同治癸酉與弟鼎烜同舉於鄉明年署秀水教諭申雪諸生抗糧積案逋賦既淸保全士子尤夥卸任後佐江蘇學政夏同善幕兼擬摺

奏請援琉球一摺尤著惜未實行庚辰會試後上書獻海防諸策奉旨備覽同時欲從軍吉林以父年老中止晚年掌教筆花書院十餘載從學者踵接每科中式多鼎熺高弟子著有伴蟫吟草八卷求志居全集二十卷未刻卒年七十有四子在寬在容皆舉人

王齡字九亭性超曠幼讀書鄙舉子業中年與會稽孫垓李慈銘山陰周星譽星詒兄弟同邑陳潤丁文蔚諸名士結言社越中復與鄞姚燮海鹽黃憲清海甯蔣坦交益肆力於詩古文詞而名日益盛生平癖嗜金石書畫刻有小字本麻姑山仙壇記小竹里館集帖木本於越先賢傳二卷其像爲任熊繪小傳齡自撰藝林稱爲雙絕後入貲爲縣令需次江蘇以老

魯燮光字瑤仙晚號卓叟原籍山陰其先世自清初來蕭山居西河下燮光以廩貢生選授慈谿訓導俸滿保陞知縣歷署山西和順等縣令光緒時晉省洊饑辦賑頗力巡撫李秉衡大器之性好學手不釋卷初選輯永興集一百數十卷遭亂殘缺晚年

著蕭山儒學志八卷湘湖水利志四卷西河志一卷均未刻在山西著有山右訪碑錄一卷重游泮水壽九十餘

韓第梧字韻坪咸豐間由東城兵馬司副指揮授廣西南丹州同知署鎮安府通判鎮安隔府治七百里其間蠻獠雜處控馭爲難第梧繩以法撫以恩民以不擾旋丁母憂大吏奏留時逆賊嘯聚第梧調度有方民以無事越五年歸田亟輸俸餘以建宗祊卹窮嫠設義塾築試館省垣以庇寒士之應試失寓者性好吟咏凡生平閲歷悉寄之詩著有瘦吟閣詩鈔四卷卒年七十有三

王載堯字蓂生號岳崧先世居城中車里莊明嘉靖間遷東郭外文里遂爲文里村人載堯好詩書性曠達不問家人生産結廬附郭之中田爲甜息所每吟詠至夜闌以爲常嘗於重九日邀一二詩人登北幹玉頂峯賦詩爲樂咸豐辛酉之變烽火滿郊野次子廷植被脅殉難家無儋石甚至采藿爲食猶課四子廷謙讀書不輟晚年自營生壙於山陰之馬社山邀老友陳五昌預題神主邑之人傳爲軼事光緒庚辰及

見廷謙偕孫誦熙游庠逾年誦熙食餼載堯乃曰詩書敦夙好子孫繼起吾願足矣壬午冬卒年六十有八卒後二十年誦熙登鄉薦仕直隸文安令貤贈如例

韓佩金字亞琴有幹濟才家富好施咸豐初年入貲爲江蘇候補知縣庚申辛酉間全浙淪陷鄉人士避難至滬者綦衆佩金適司上海大東門譏察覩其兇瘁捐金濟困靡有闕遺浙省既復又各贈資斧以歸同治甲子權奉賢縣事奉賢壤地濱海又値殘破百廢待舉佩金下車卽招集流亡勸農耕作收買軍械助給牛種且疏濬南梁等河以通商旅淸釐畝稅杜絕包戶之弊咸豐初年軍興運道艱阻應徵漕糧改折錢蘇省由承包之戶彙收繳納每石米徵制錢十千有奇包戶侵漁民益困又設常平倉恤嫠局撫孤局創建書院立社學舉行鄉約百端咸理民乃有生聚之樂三載卸事戊辰再權奉賢益踵未竟之緒任滿去光緒丁丑補授奉賢令蓋至是凡三宰奉賢益竟厥施癸未六載秩滿解組歸士民傾巷出祖既歸逾年思有以惠及鄉里獨修南門外至西山一帶大路費金七百有奇丁亥又獨修義橋對渡南嘴埠費金三百戊子又倡修義橋至峽山一帶大路首捐三百金以

爲倡凡修路八百數十丈其他如重建縣署試院等事靡役不助又於族中建宗祠捐祭產設恤嫠會助養蒙義塾經費其耄而篤義多類此年垂八十卒

汪坤厚原名坤元字漁垞家貧無恆產弱冠補弟子員常以館穀奉甘旨太常寺卿湯修薦其才於淮海道特赫納幕中尋應河南提督庚某之聘掌章奏值捻匪竄擾軍書旁午擘畫之力爲多保至知縣分發江蘇己未冬回籍省親團練大臣邵燦奏調軍前癸亥隨藩司蔣益澧克復省城辦理善後事宜巡撫左宗棠奏獎藍翎五品銜咨回原省儘先補用署江陰甫下車即剪除閭里之爲民害者縣舊有運河年久淤塞民藉海水灌田漲落不常難以救旱坤厚集議開浚運河躬自監督越三月而工竣是歲大熟萬姓歡騰勒石紀頌焉越年調丹徒旋補婁縣署常熟清釐漕弊巡撫丁日昌奏獎升銜回婁縣任未幾以病致仕築仰鑑樓養痾其中本邑地濱江海全恃西北兩塘以爲保障坤厚董理塘務不辭勞瘁工堅費省人無間言其餘辦平糶建試館莫不捐助籌畫以爲之倡焉卒年八十有一

林鳳岐字鳴山幼失恃事母劉至孝寇亂奉母避居鄉間乏食繼妻張氏母家時貽以米鳳岐與妻忍饑不食悉以供母已已冬劉年已七十病劇鳳岐刲股以進病遂愈晚歲家計稍豐遇邑中公益事靡不捐助如修造文廟建築義倉用循環簿訂立積穀章程請示諭革除陳粮加利皆有碑記可考至於立義田建宗祠修譜牒表節孝皆所樂爲晚年潛心内典著有心經注一卷

屠淦字曜象號曉樓性篤於義同治甲子粤軍勘定縣境收復積尸盈野淦鬻産掩骼婦潘亦典釵釧助之不足則偕士紳集會爲持久計今同仁會是也淦無子五十始生男年八十卒子佩環光緒戊戌進士

施文臺字盈齋先世號素封迨父紹基當道光季年江水溢沙田被齧略盡家驟貧文臺樵蘇負任以養二親父殁奉母蔡依外家於濮院從習米賈會粤軍犯浙所至屠掠蔡氏舉家避匿徒侶星散文臺獨斂貨物簿籍善藏之賊退歸諸蔡氏無所私以此見重於鄉里未幾里人朱鳳梯爲上海令文臺依之遂家焉旋爲上海郁氏主計

操贏制餘經營積年益精其業未學而有儒行居父母喪哀毁骨立事伯兄文星必以誠周人之急垂橐無少吝教子鳳翔以義方以光緒庚寅卒年五十有五臨殁屬鳳翔他日必彊爲善以亢吾宗及鳳翔官民政部郎中封贈如例

周詩觀字信鑑同治初年匪甫平尸骸横野饑民轉壑詩觀施粥賑饑市棺掩埋躬親其事者數月每歲杪輒遺介以粟米給人不留姓氏其他修砌道路建築橋梁靡不倡捐巨款力任其難一鄉咸目爲善士

陳光煦字萩原性靜穆日惟手一編若飲食饑渴同治甲戌成進士散館以庶常改授廣西思恩令引疾未赴入貲爲福建候補道以葬親歸遘疾卒詩學晚唐有游仙詩八首云三疊琴心道已成瓊漿一勺見雲英偶然乞與游仙枕兩度崎嶇上玉京赫蹏小字寫黄庭更染麟毫記洞冥别有長生眞訣在畢烏房兔總無靈徑寸明珠飾佩璫羽衣親見舞錢塘風鬟霧鬢無顔色謫向人間去牧羊爐火光青證九還枕中瓊秘悟元關舐鐺鷄犬都仙去莫問淮南大小山安期巨棗大如瓜曾致仙人貫月

槎見說蓬萊水淸淺天風吹散玉塵沙一舸凌風指日邊紫泥海外隔雲泉便教折得瓊枝去不戴金莖未是仙手執芙蓉別帝鄉蘂珠舊侶餞霞觴分明天半雙鳧影履憲猶應識上方自築崇壇禮玉京便從丹竈得傳薪上池未敢偷靈藥瞬息流珠已去人述古抒情善於寫怨乃改官思恩時作也子大昀副貢候選知府大俊諸生候補道員

胡燏棻字芸楣父豫少孤貧精會計咸豐中佐桃源幕捻賊據衆興集以瞰城豫佐令固守都司陳國瑞率援軍至復勸紳士輸粟饟軍既捷以勞授候選按察司經歷年七十卒燏棻幼隨父居淮安質敏嗜學以貧故兼習法家言佐幕自給同治甲子以泗州籍舉江南鄉試旋入貲爲郎甲戌成進士改翰林院庶吉士光緒丙子散館授廣西靈川令未赴直督李文忠公鴻章招致幕府援例爲候補道分發直隸己卯攝大順廣道甲申授天津兵備道辛卯擢廣西按察使署布政使甲午慈禧皇太后六旬萬壽入都祝嘏時中日兵事起命辦東征糧臺暨教練新軍事明年和議成朝議

創築京榆鐵路起京師直達榆關以燏棻嫻其事簡爲順天府府尹兼董其役戊戌疏請命神機營兵改習德操允之旋解職以侍郎候補仍督築榆關至奉天鐵路庚子乘輿西幸命留京偕王大臣辦理京畿善後事宜困處危城周旋壇坫畫區巡邏誅鉏盜賊使市廛無改舊觀遺黎漸得蘇息聯軍既撤命收回關內外鐵路旋又督築京張鐵路歷刑禮工三部侍郎丙午初設郵傳部以燏棻達於新政特簡爲副未赴病卒弟家楨字芸臺官江南鹽巡道子翊林舉人官河南候補道希林江蘇邳州知州

顧鴻逵字璜谿歲貢生道光己亥北闈舉人乙巳成進士以知縣分發江寧權如皋縣事即迎養父母於署旋補蕭縣知縣地濱大河父母未習其水土命子侍回籍任事兩載念二親已老遽乞養歸其權如皋也有仲姓故巨室嫡長某欺庶弟弱吞其貲因之速訟某夤緣內幕餽數千金求直立郤之庭訊時理諭勢禁某感服願出所吞以給庶弟訟乃解其宰蕭縣也三省接境奸宄出沒其間捐廉選幹四路巡緝盜風

以戢俗刁狡每訟必牽連多人以報宿怨鴻逵細心詳察凡無故株累者立釋之銅蕭之水由靈壁縣境南下入江土豪築隄壅水以鄰爲壑大吏委淮徐廬鳳兩道督同三縣會勘各執一是日旰不决鴻逵爭言水稱就下二邑之水不順流入江乃逆流入河耶兩道韙其言立命剷去私隄水患以平生平不苟言笑自幼至老手不釋卷家故貧服官後自奉甚薄不改寒素所餘廉俸悉以修宗祠築鷺棲塘給族人鄉試費傾其資不稍靳卒年八十有四子覲宸光緒壬午科副貢

陳萃賢字鶴亭官江西奉新靖安等縣告歸後浦陽江盛漲臨浦鎮之東南隅有民塘曰火神塘一名陳塘坍瀉數丈塘内田廬盡沒水退鄉民無力修築時臬司段光清奉命監修西江官塘道經臨浦萃賢面陳修西江官塘尤以修火神民塘爲得力請改民塘爲官塘段偉其議惜詳請不果時段先捐助椿木五百株萃賢亦捐銀以助且親赴四鄉竭力勸募卒蕆其事

瞿生瑞字尙芝道光壬辰舉人父病嘗糞以驗吉凶父歿哀毁幾乎滅性援例以州同

知官江西旋改廣東咸豐辛亥任虎門同知壬子分校鄉闈稱得士後兼署廣州糧捕通判以母老乞養旋里並營祖塋凡族中貧不能讀苦不能給者生瑞皆贍之近地向有中堰經匪亂就圮同治辛未倡義修築不時告竣田之獲其利者不下千百畝卒年七十有五

蔣春桂字湘舟咸豐壬子舉人官戶部主事同治甲子乞養歸乙丑大水西江塘決大吏檄春桂督築臨浦戴家橋一段春桂賦性廉慎累月日必歸食於家不食公膳又助椿木爲鄉人倡工既竣有欲造報銷册請奬敘者春桂阻之曰某爲京曹十年部中積弊知之稔矣此次塘工費款頗鉅若造報銷戶工二部必各索加費一成不審從何取給若加攤畝捐則鋒鏑遺黎詎能堪此至於奬敘若給捐戶則瑣屑難稽若給督工之人則乞鄰之舉實所深愧事乃寢里人高其行誼

蔣孝先字橋仙臨浦人同治初紹興克復歸至臨浦見巷無居人尸骸狼籍乃捐金市槥具斂之買泥橋孫村山一區爲叢冢以葬又續買孫村山一區築四十八穴葬族

人之殉難者人高其義同治甲子拔貢官戶部四川司主事子志圻志型皆舉人

黃中耀字斯馨南鄉埭上人父道之讀書不仕著有遜敏軒詩集弟中理光緒丁丑翰林中耀七歲能五言詩嗣因無力讀書年十五賈于杭旋列肆能操奇贏家賴以養然未嘗廢書尤喜讀孫吳兵法咸豐庚申嘗見知於巡撫羅壯節遵殿使募勇佐城守省城陷壯節殉焉中耀與瑞將軍來傑二都統合守旂營連戰七晝夜江南提督張玉良援師至內外夾擊賊棄城遁當城破之前一日中耀預與皖人羅黼庭脫壯節家屬數十口於難黼庭者壯節之弟稔與中耀交且力薦之壯節以謂可獨當一面者也壯節既死王壯愍公有齡繼撫浙將軍瑞公以中耀功告壯愍謀大用趣具履歷以聞中耀堅辭之將軍從其意如尋常彙案奏請以縣丞用賞戴藍翎加五品銜杭城初復殉難士女尸塡衢巷中耀檢舊設兩米肆窖銀出以雇民夫親自督收尋見戴文節熙忠骸爲覘其子孫禮葬之闢地萬松嶺爲義塚在山北三百三十有六塚山南二百五十二塚尸十倍之又襄采訪殉難局搜忠義事蹟彙爲巨册請大

吏上於部辛酉九月賊再犯浙由諸暨渡江入蕭山中耀在省聞警急歸而母韓已罵賊死兄中誠弟中理皆被虜老幼竄匿家闃無人痛憤躍于河村人救之得不死會諸暨包立身結民團禦賊出隊攻蕭山行抵埭上中耀集村民數百以應率先攻城奈某村奸民斷橋助賊全軍以陷中耀力殺賊數人時已昏黑不辨路失足墮黃閣河幾死若有人曳之出從溪頭黃循山徑而歸由是無意人世隱居不再出時蔣果敏公益澧隨左文襄公宗棠平浙駐師義橋遣員弁招議軍事謝不往獨好爲鄉里義舉同治乙丑江水溢平地水逾丈中耀收獲浮棺以千計瘞於村東西廟前黃浦兩山其他督修西江塘三十年無決口整理湘湖堤閘設閘家堰之救生船重建豫大倉以儲穀更立施棺會掩埋會以助殮葬以收暴露光緒辛卯浙撫崧駿彙其先後辦賑并一切義舉奏給有功桑梓匾額旌於閭生平無疾言遽色重然諾不較利害嘗解邑人譚某一家于厄而足不及其里譚某將死以不得報爲恨老而手不釋卷事苟有益于公雖年邁必先人爲之壬子正月卒年八十有九子元壽同壽皆

舉人同壽自有傳彭壽江蘇府經歷

何慶咸字研香屢試不售棄舉業游幕保定清河道某賓禮甚隆名益盛家亦稍裕時同鄉落魄保定者皆仰賴焉首出資創浙紹會館使就棲止計居幕二十餘年依然寒畯人咸義之

瞿澤字秉兌捐金築風車石堰

徐粲佐字塏元世居西興賈杭州省城爲某米肆友咸豐辛酉挾鉅貲爲肆主赴寗波購糧千餘石抵餘姚界聞寇擾省城蕭山已陷勢難前進急回寗波鄉村暫儲以待是時寗郡亦騷動覬覦者衆粲佐募民防守同治初寇退乃獲運省訪求肆主歸其米顆粒無隱主人喜出望外重整舊業獲利數倍歸功粲佐分半以酬粲佐固辭常俸外竟一無所受子謹之字蘭塍亦業米肆洪楊亂後收失路幼童盧少嵐入肆習業教養婚娶皆謹之任之今盧氏子孫蕃衍咸感謹之不置子光烈光緒己丑舉人西安教諭

任春煦字藹如號小松少孤服賈養母以孝稱好義舉助義塋祭田五畝餘創元元會專辦矜恤孤寡捨藥施棺等事重修西門外跨湖橋築三眼橋修東門外河隄數里事母尤以孝聞卒年五十有八

朱遇良錢清人修崇福寺曹娥廟馬湯戴三公祠建宗祠修宗譜其他修橋築路助賑濟貧不可殫述

王震元字篔圃寄籍仁和庠貢生官嘉興訓導素居新發莊運河東隄自新發莊起至丁村莊止道路傾欹行人爲病光緒二十二年由震元一人獨修共捐工料一千六百餘金子維涵舉人

陳光照字時敏以商籍補錢塘諸生納粟貢成均父以晉素急公凡邑中義舉無不捐貲提倡董養老堂事者多年至今頌聲未泯光照幼嗜學自奉儉而好施與光緒廿一二年嘗承父遺志暨嫡母金氏面命獨修運河西隄自嶽廟以西起至西興板橋止約五里許計捐五千二百餘金其地爲自邑至省孔道行人如織往來稱便

張鳳池字儀甫讀書識大義以不利於小試棄而習吏事家素窶後稍贍居澇湖慕陳氏之多義田也起而曰丈夫不當如是耶爰置義田二百畝以周張氏闔族之貧乏者輕財任恤人以爲難

朱汝鑑字維明桃源鄉安山村人太學生家裁中人孳孳爲善光緒乙丑歲饑汝鑑爲糜以食餓者病者療之死者斂之凡築橋修路悉捐貲以倡里人高其義卒年七十三

湯紀尙字伯述原名學彬祖金釗吏部尙書協辦大學士父修太常寺卿紀尙少隨父避亂湘中亂定僑居吳下劬學砥行弱冠知名父卒既除喪入貲爲同知分發江蘇於時左文襄公宗棠方督兩江喜嶔崎磊落之士召掌記室文檄多出其手性嗜洞庭山茶嘗曰西山茶味清耿汲黯少戇終非漫無骨鯁若張禹輩爾又曰人生麕置嗜欲中任擇一術默歆以天養空泠然若遠若近凡以捲性均可嗜也其命意恢奇大率類此作說楛一篇通物類情言辯而确爲德淸俞樾所賞稱其語近墨子淮南

文襄既歿去爲直隸知府直隸總督李文忠公鴻章器之召爲幕僚一權易州牧大名府知府卒年逾五十著有槃薖集四卷行世其言深博類柳柳州又撰先友言行記廣學甄微二書未刊紀尙居吳友湖口高心夔居燕友平陽宋恕二人皆負才不偶時人謂紀尙取友必以其類云子三邦直邦達邦彥

朱啓連字跂惠漢錢塘侯雋六十四世孫也父某仕粵不歸故啓連始終於粵游番禺汪瑔之門於書無不窺惟不喜近世漢學者之說嶺南自阮文達公開府後士治經守博士法獨古文學衰絶且數百年未有興者啓連自以意求得之凡唐宋以來數十家爲文之術絜其純駁而趨舍之必一於道性介特恥隨衆向背平居推人之善不忍人之惡所言皆當世偷佞便己者之所畏而士之自爲者皆察其意歆其誠既久游諸公間概不快意嘗一試不第遂棄去啓連雖不得志於時然能外毀譽以義自勝義寧陳中丞寶箴偉君之業歎爲異材廣東提刑使長白額勒精額儒者也尤賓敬逾恆爲文章淸宕潔約類昌黎工五七言善草隸書好雅琴妙達聲律能以琴

音辨人浮沈闤闠光緒二十五年大疫卒於廣州年四十七子二大符大猷妻汪氏琭之女也所著棣垞集四卷外集三卷琴說二卷琴譜若干卷惟棣垞集其妻弟汪兆銓爲刊之

黄同壽字新莊生五歲能辨四聲七歲能爲詩十八補縣學生光緒戊子舉於鄉從妻兄富陽夏震武講學於里山手近思錄一編端坐終日足不易處相見未嘗有一戲言惰容及就試禮部故禮部侍郎宗室寶廷寶廷子壽富長汀黄藻軒皆折節與交相與登西山飲玉泉披荊席草上下古今論及時事邪說横流學絶道喪則相與欷歔泣下命酒賦詩酣醉謳吟笑呼見者皆以爲狂既鬱鬱不得志以歸十七年辛卯病卒年二十八同壽一門科第叔父中理入詞林同壽兄弟咸舉於鄉未幾相繼逝同壽妻夏祥字季祥震武妹也嫻習經史勤敏有婦德撫遺孤祖洛且教且育至於成立祖洛以高等學校畢業

來鴻瑨字珄渠號雪珊本生父其浩嗣父煦翰林院庶吉士幼岐嶷好學八九歲時腹

患脹如鼓猶鈔書不輟家貧十五爲童子師粤軍且至送妹之山西就嫁因館交城者有年同治丁卯旋里踰年補紹興府學生旋以優等食餼光緒己丑舉於鄉年已四十矣性耿介不喜干進自門弟子修贄外一介未嘗取諸人方其在山西也本生父卒不逮視含斂以爲終身疚戊戌冬本生母傅卒鴻瑨年將五十哀毁逾恆自此絶意進取杜門著書來氏族譜自萬歷斯行康熙集之修後未有成書鴻瑨起而續之體例完善無愧紹述冠山逸韻爲來氏闔族總集鴻瑨爲旁搜而續輯之歲餘告竣鬚髮盡白家益貧不得已復館他邑以疾歸一身行誼以居敬爲主衣冠必正至死弗渝宣統己酉卒年六十著有緑香山館全集久行於世其古文二十卷四書典解新義十六卷緑香山館叢考隨筆蓮花夢傳奇各若干卷未刊

胡肇蘭郵傳部右侍郎燏棻之孫河南候補道翙林子也官候選郎中性至孝幼得大父教誨以至於成年二十三省父於汴聞祖訃慟哭嘔血卒時距祖之殁僅六日也光緒三十三年河南巡撫張人駿疏請以順孫旌允之

李家敦字厚甫其先自山陰遷錢塘祖元椿遷蕭山所前鎮家敦遇人無町畦而義有不可仡立不少動咸豐辛酉粵軍竄蕭山賊欲執充僞官其黨脅以見酋家敦以計脫山民之奪賊舟者並以計自脫難後昆季凋零孤寡傫然周恤備至如是二十年復以歲比不登諸無賴或聚刼或竊家敦直發其贓約同志列狀於縣而其燄始熄所居曰凝翠山房鑿池畜魚藝菊其上月夜獨酌且飲且吟又嘗歲暮大雪痛飲過夜半瓶罄矣而擁鑪如故不自知鑪灰之久燼也其風致如此光緒丁亥五月卒子稷諸生

陸叙釗字磐之納粟爲國子監生遂爲大興人以軍功授知縣分發山西光緒辛卯補靈邱令歷權臨晉應州壺關猗氏各州縣宣統辛亥擢忻州牧蒞任數月秦中兵變亟上書大府扼守風陵渡要隘俄得宗人文烈公鍾琦殉難太原之耗亟聚丁壯備城守而革軍已至內應猝發知事無可爲乃衣冠坐堂皇不屈死之子文治字小磐初官山西縣丞旋以勞擢直隸州知州分發河南權陝州牧辛亥在汴治軍儲聞晉

難奔赴父已歿爲營渴葬還豫嘔血卒

陸鍾琦字申甫蕭山人順天府宛平縣籍祖心鑑善李虛中術父春榮歲貢生授徒京師副都御史宗室恆恩嘗延課其子祭酒盛昱讀故鍾琦少即與盛昱學行相砥礪同治癸酉拔貢選撫寧縣教諭光緒十一年順天鄉試舉人十五年進士改庶吉士授職編修歷官江蘇督粮道湖南按察使江蘇按察使布政使宣統辛亥巡撫山西九月初八日兵變殉節年六十有四予謚文烈贈太子少保銜賞給二等輕車都尉世職妻唐氏子光熙同日殉難於太原節署時同殉者爲協統譚振德營官熊國斌僕馬八牛萬春李升等光熙字亮臣從盛昱游講經世之學光緒癸卯甲辰聯捷成進士游學日本畢業授翰林院檢討遷侍講謚文節追贈三品京堂鍾琦厚重端謹當官有執持光熙習陸軍有志用世變起倉卒忠孝一門爲世所敬亦其師友之間素所講習者然也孫鼎亨欽賜主事

人物之有列傳傳鄉賢也十室之邑必有忠信稱述前烈數典不忘作方志者所宜爾

矣蕭之肇邑歷年久遠其間卓犖可傳槩豈乏人乃明以前輒屈指可數則知載籍之疏脱當在不細明以來雖紀載稍廣然猶或遺佚失采今爲旁及諸家雜紀之可徵信者以補之至於有清一代則自名公鉅卿以至閭里獨行之士凡忠孝大節經師人師足以昭示來許者罔不加詳焉先民典型流風未沫讀是篇者其亦有聞風而興起者乎

蕭山縣志稿卷二十

人物

洪楊之亂殉節紳民表 凡家屬婦女注同殉字男子不注

來其鑑 舉人候選教諭賊至投河死
來嗣尹 舉人國子監學錄罵賊死
來嗣煓 附生
來炳照 附生
來桷 舉人
來福禧 八品銜
來琇 監生從子鎬堂
來卜元
來寶林
來以觀 從九品銜
來秀 監生
來思議
來方庭 附生
來承恩 廣東補用巡檢
來楚珩
來祖培
來蒓 從九品
來衡 候選從九品

來錫疇附生　來德耀監生子地益地謙地觀
來廷梁　來金鼎從九品銜咸豐十一年十月與賊戰死
來金簡從九品銜　來雲鑑候選教諭
來福來生員　來鳳詔武生
來守忠　來守信
來友賢　來榮茂
來榮豪　來蓮江蘇候補縣丞
來廷槐　來肇津附生
來榮標一作彪　來祖周庠生
來玉衡　來祖繩八品銜
來洗高　來先坊
來瑞隆　來培慶

來歲春	來炳
來泗奎	來曼生
來毓彭	來金章 縣學生同治二年殉卹雲騎尉
來金誥 同治二年四月殉	
陳培昌	陳華卿 在朱村橋殉
陳其昌 江西龍泉縣北鄉巡檢子師凱	陳恩紱 候選從九品卹雲騎尉
陳理堂 監生	陳立園 附生
陳麗中 附生子乙蓮乙峯從孫祥林福林	陳光和 附生
陳丙煊 附生	陳蘭 附生
陳慶萱 從九品銜	陳元芬 江蘇候補知縣
陳元文 從九品銜	陳慶雲 舉人淳安縣教諭
陳以瑞 舉人揀選知縣	陳松 從九品銜

陳丹桂 附生　陳筠 附生

陳西滢 附生　陳兆熊 附生

陳文言 監生　陳蓉臺 監生

陳步瀛 安徽候補縣丞　陳益堂 監生

陳元方 監生　陳光燦 佾生

陳廷照 監生　陳福申 舉人

陳樹聲 生員　陳萬鎰 武生

陳探虎 武生　陳元 監生

陳慶祿 邑庠生在山陰縣賓蜡鄉被執不屈死　陳登瀛 安徽候補縣丞卹雲騎尉世職

陳其昌 邑庠生在包村殉卹雲騎尉　陳佳 附生

陳恭壽 附生　陳寶綸 廩生

陳先珍 監生弟席珍從弟釆珍子恆增良增兌增僕陳富昌陳夢祿　陳履中 郡庠生殺賊陣亡恤雲騎尉世襲入忠義祠

陳乙蓮 咸豐辛酉年殉旌恤忠孝　陳松 入忠義祠

陳福林 咸豐辛酉年隨母吳氏投河殉　陳啓朝 殉於諸暨包村

陳富春 殉於諸暨包村　陳采春 殉於諸暨包村

陳五法 殉於諸暨包村　陳秉林 殉於諸暨包村

陳惠堂　陳景星

陳兆溶 候選府照磨　陳奕餘

陳奕惠　陳茂蘭

陳奕恩　陳祥熊

陳人甫 候選巡檢　陳元康 武生

陳五經 拔補守備平汛千總　陳阿森

陳春風　陳春蘭

陳阿堂　陳運昭

陳大吉　陳慶全
陳祭祖　陳士奇
陳宏全　陳應元八品銜
陳錫璋　陳禮堂
陳華慶　陳　高
陳岳廷　陳德興
陳家德　陳寶林
陳瑞豐　陳德富
陳士芳　陳鳳裕
陳竹香　陳阿良
陳鳳鳴　陳石金
陳初十　陳石山

陳慶裕	陳慶惠
陳南英	陳良宰
陳　倘	陳培青
陳文元	陳阿九
陳樓林	陳蘭田
陳師浩	陳上彬
陳嘉塗	陳正心
陳錦茂	陳履洲
陳鳳來	陳幸昌
陳啓龍	陳君望
陳師凱	陳福皆
陳方周	陳才仁

陳兆龍　陳松蘭
陳公望　陳長清
陳應蘭　陳虎林
陳廷漂　陳廷南
陳鳳和　陳上尊
陳有興　陳耀升
陳鴻業　陳永瑞
陳永高　陳在潆
陳大煥　陳景揚
陳聯奎　陳傳運
陳廷燾　陳學濤
陳克昌　陳鳳詔

陳順豐　陳桂林
陳茂楓　陳茂燦
陳茂卓　陳茂達
陳茂忠　陳士松
陳景源　陳玉濤
陳師章　陳繼洙
陳万鑑　陳煥詔
陳錦章　陳理鈞
陳維然　陳維久
陳維祥　陳烜江蘇震澤縣縣丞
陳茂盛　陳茂廷
陳梅林　陳茂芝

陳　馨附生子明鑑　陳四九
陳炳永　陳在京
陳南音　陳召友
陳應驤　陳應驥
陳竹村　陳應章
陳慶榮　陳全五
陳齊福　陳堯楷
陳大昌　陳大官
陳鴻初　陳　祺
陳兆溶　陳士堯
陳在瀛　陳耀邦
陳在堂　陳立元

陳在林

王光禧 監生 王載賡 監生

王曾焨 監生子藹人 王松茂 監生

王端恆 監生 王鶴亭 監生

王馥亭 監生子保貞 王選三 監生

王錦繡 監生 王冕藻 紹興府學廩生

王德明 附生 王宜銓 都察院都事

王春榮 候選巡檢 王雲飛 從九品銜

王湘澐 從九品銜 王汝賓 六品銜

王烺 從九品銜 王之鎮 從九品銜

王鳳詒 從九品銜 王鳳詔 從九品銜

王運嘉 從九品銜 王日藻 試用訓導

王自堂 候選刑部司獄　王紹曾 候選從九品

王思鼇 候選從九品　王東陽 候選縣丞

王敬典 教諭　王式金 從九品

王嘉芝 監生　王一麒 監生

王一桂 監生　王殿麟 監生

王澧庭 歲貢　王金臺 附生

王大恩 附生　王錫堂 監生

王清禂 監生　王正芳 監生

王占鰲 武生　王應鰲 武生

王樹棠 武生　王桂庭 監生

王槐蓀 監生子雙喜雙貴孫金蓉金稷金眞金順　王廷植 咸豐辛酉十一月臨浦對渡石塔下殉

王有穰 監生　王延齡 武生

王文耀武生	王燮彪武生
王錦榮佾生	王鳳祥同治二年正月殉子才保庸保
王孝術	王思甯咸豐十一年殉
王宏廉咸豐十一年殉	王景松咸豐十一年殉
王宏川咸豐十一年殉	王宏標咸豐十一年殉
王麟襄	王大官
王阿王	王寶山
王金榮	王鴻茂
王彰富	王阿明
王大	王全榮
王文連	王槐茂
王景岳	王念四

王阿鳳　王炳賢

王海　王釗

王虬　王章桂

王林相監生　王林桂監生

王鳳珍監生　王紀泰監生

王大勤生員　王炳南生員

王崇智　王汝舟廩生

王藹人　王介如

王鳳　王應煒敕授迪功郎

王木山　王禮庭

王維藻　王鑑

王蛟　王純

王緒　王祥
王阿八　王錦先
王六朝　王茂坤
王成法　王紹唐
王阿二　王德潤
王賀凱　王清遠
王聖揚　王福傳
王盈川　王之其
王傳茂　王朝臨
王體鉦　王鳳山
王以遷　王二
王寅　王浩然

王再振　王元杰
王體照　王廷梅
王體倫　王體豊
王學仙　王　萊
王繼鈞　王大海
王　綖　王　紳
王兆發　王開先
王德茂　王加洪
王文浩　王茂芳
王茂高　王兆基
王兆賢　王家瑞
王大毛　王景高

王蘭	王達尊
王錦宮生員	王福寶
王福恩	王貽雲
王二官	王會汾卹雲騎尉
王廷植罵賊死	王蘭芬
王才保	王庸保
王文聰	王景玉
王可增	王履祥
王丙寅	王嘉熺
王宗英同治二年正月粵軍殘兵過黃嶺與妻陳氏同殉入祀忠義祠	王宗美
王宗國妻樓氏同殉	王宗禮
王宗孝妻俞氏同殉	王宗信妻潘氏同殉

王世位 妻俞氏同殉

王世昌

王世行 妻樓氏同殉

王世隆 妻俞氏同殉

王聚珍 妻周氏同殉

王周瑞 妻朱氏同殉

王周元 妻周氏同殉

王惠霖 妻樓氏同殉

王周富

王春渠 候選布政司理問弟春榮監生

王亮衡 江蘇候補巡檢

王慶湖 從九品銜

王元佐 從九品銜妻史氏同殉

王以川

王阿四

王文其

王槐 附生

王肖術

王曾明

王鑑南 祖籍鎮海咸豐十一年十一月二十八日杭州城陷殉同治間卹雲騎尉世職祀杭之昭忠祠

湯浩 從九品銜女正姑同殉

湯學厚 廩生

湯仁 從九品銜

湯學洙 監生候選巡檢賜卹雲騎尉

湯夢庚 妻瞿氏同殉子福多

湯立中

湯敏 文童咸豐十一年十一月殉於錢塘縣治

湯克容 入祀忠義祠

湯泰益

湯如何

湯增浩

湯春康

湯大昌

湯杏香

湯福萃 監生妻林氏同殉子智英

湯森 監生

湯綬 媳來氏同殉子用中

湯學臣 文童

湯其天

湯克炳 入祀忠義祠一家殉難

湯元俊

湯日祥

湯秀春

湯紹銓

湯克孝

湯阿毛

湯召友

湯日增

湯韶景

湯學棟 文童妻章氏妹翠姑同殉

湯阿狗

湯阿義

湯東福

樓沛清 同治元年充義兵七月初一諸暨包村殉

樓潤清

樓照清

樓聖清

樓逵清

樓漢清

樓德輝 太學生咸豐十年二月杭州省城殉祀忠義祠

樓周封 廩膳生咸豐十一年九月念五日罵賊死賜卹雲騎尉世職

樓孝封

樓峻標 同治二年殉

樓雲 太學生咸豐十一年十一月十五日妻朱氏同殉入忠義祠

樓士能 咸豐十一年九月念四日妻某氏同殉入祀忠義祠

樓治濟 女適童氏咸豐十年同殉入忠義祠

樓士升 太學生咸豐十一年殉入忠義祠

樓永森 同治二年正月二十三日殉入祀忠義祠

樓寶書 妻包氏女一同殉包村

樓寶昌　同治元年七月初一日妻俞氏同殉子光耀

樓連福　同治二年正月在宜興殉

樓峻雲　諸暨包村殉

樓新雷　太學生同治二年正月二十二日殉給恩騎尉世襲祀忠義祠

樓以楹　國學生咸豐十一年九月二十八日妻顏氏同殉入祀忠義祠卹雲騎尉

樓以桂　咸豐十一年九月念四日殉

樓邦源　恩賜登仕郎同治二年被脅不屈殉

樓有潤　同治元年七月初一日包村殉與父兄同入包村忠義祠

樓韞堂　四川三台縣縣丞咸豐十一年九月念五日殉兄卓如弟浩如瑞如均卹雲騎尉世職入祀忠義祠

樓景陽　同治元年三月集鄉兵殺賊殉於小南門外

樓叫高　同治二年充樓炳謙鄉團拒賊殉子莘田書田春田

樓章瑞

樓右相

樓師法

樓鶴朝

樓漢亭　妻朱氏同殉

樓東高

樓鶴潤

樓鶴冲

樓景山

樓佩璋

樓鶴來　樓鶴信

樓鶴軒　樓允元

樓吉昌　樓錦芳

樓汝岑　樓佩瑤

樓允千　樓德潤監生

樓峻天監生包村陣亡妻孟氏及幼女同殉賜恩騎尉　樓漢封監生

樓廷燮廩生　樓世昌

樓文德監生　樓鳳翽附生

樓簡書監生　樓鳳廷武生

樓鳳翥武生　樓柏清

樓竹亭監生　樓正清

樓堂清　樓寶藩

樓彥升 監生	樓祖寬
樓寶清	樓阿庚
樓瞿發	樓元宏 同治元年三月拒賊陣亡入祀忠義祠
樓玉茂	樓耀文
樓棠清	樓阿瑞
樓五豐	樓泰鰲
樓志剛 同治元年三月小南門陣亡	樓正興
樓維奎 同治元年四月小南門陣亡入祀忠義祠	樓邦仁
樓漢昌	樓虞
樓和慶 包村陣亡	樓國法
樓禮位	樓國祥
樓禮善	樓祖仁

樓禮邦

樓紹禮

樓渭涇

樓寶田

樓永占

樓寶華

樓德潤

樓元明

樓振奎　同治元年七月初一日包村陣亡

樓望賢　守備同治元年十月二十五日陣亡

樓繼成　監生

樓禮會　包村陣亡

樓鰲　杭協錢塘水師經營部廳在杭禦賊陣亡

樓聚茂

樓廷鶴

樓志删

樓禮紹

樓文福

樓松順

樓阿聖

樓履和　武生同治元年二月廿二日包村陣亡給世襲恩騎尉入忠義祠

樓五封　同治元年三月初五日小南門陣亡

樓漢昌　同治元年三月東門外陣亡

樓爾昌

樓禮紹　樓禮邦

樓正興同治元年包村陣亡入忠義祠　樓寶田小南門陣亡

樓震議敘從九品銜同治元年五月十九包村陣亡　樓春元小南門陣亡

樓友全同治元年七月包村陣亡　樓炳堂

樓紹曾福建仙遊縣知縣咸豐七年賊攻城拒守力絕城陷遇害賜恩騎尉世職入祀昭忠祠

樓迎清　樓炳釗

樓雲堂　樓長清

樓邦順　樓增三

樓濟人　樓宗誥

樓元鰲包村殉　樓川

樓恆秀同治元年三月十九日陣亡　樓文魁同治元年三月初四日小南門陣亡

俞寶善　俞阿林

俞生富　　俞渭封

俞渭周　　俞春楗

俞餘富　　俞江富

俞洋富　　俞小富

俞友恩　　俞錫藩附生

俞繼芳附生　　俞步青候選從九品

俞公田監生弟圭田井田　　俞伯言附生

俞登瀛恩貢　　俞維宗同治元年三月十一日朱村橋殉

俞岳榮同治元年三月十一日朱村橋殉　　俞松

俞標　　俞柳

俞渭同　　俞鳳飛

俞熊飛監生　　俞福生

俞福順　俞彙順
俞維宏　俞錫順
俞增榮　俞　允
俞萬茂　俞小福
俞元桂　俞尊容
俞小來　俞繼連
俞厚生修職郎　俞聖璣
俞阿江　俞樓川
俞有思　俞楊富
俞聯奎　俞春連
俞在生　俞子秀
俞嘉正　俞嘉玉

俞大通　俞周南
俞阿茂　俞士瑞
俞清玉　俞清穀
俞庠生　俞清道
俞阿慶　俞啓順
俞槐慶　俞錦榮
俞增貴　俞槐安
俞汝瑞　俞阿榮
俞維金　俞夏富
俞啓彪充白頭鄉軍小南門陣亡　俞彭飛
俞周鼎　俞孫祥
俞周鑑　俞作聖小南門陣亡

俞周任	俞周忠
俞孫寶	俞周釗
俞唐封	俞錦效
俞禮求 從九品銜同治元年四月十六日率鄉團禦賊陣亡卹雲騎尉世職	俞鶴鳴 監生
俞鳳德 監生	俞阿全
俞永保	俞禮賓
俞炳銓	俞殿揚 生員
俞彬	俞公和 監生
俞球 妻方氏子媳楊氏同殉	俞公安 弟婦陳氏子媳王氏女珠姑同殉弟公正子禮文
俞景芳 被擄至金陵司烹飪謀毒賊事洩被割舌死	
章錫祺	章錫椿
章禹舟	章湯烈

章周廷　章國蘭同治二年正月殉

章慶邦　章維標

章桂林　章宗學同治元年殉

章小瑞喜入忠義祠　章秀本

章十一　章阿燮

章小璜　章泩

章秀林　章朝玉

章阿鼎　章阿超

章小瑞　章阿福

章通明　章如周

章周廷　章咸

章益新　章世正

章炳和 從九品
章世楨
章財喜
章小篁 破腹死
謝銃秀 候選從九品同治元年罵賊殉卹雲騎尉世職
謝世恩 太學生候選縣丞在菖蒲漊罵賊殉卹雲騎尉世職
謝樹椿 候選從九品寓錢塘杭州城陷時集團禦賊陣亡卹雲騎尉世職
謝一峯 監生子彪孫杜
謝永瑞
謝漁門
謝肇嘉
謝觀富
謝鳳樓
謝肖梁
謝晉釗
謝瑟甫 以上諸人起義敗死有一門皆殉者
謝濱 母俞氏同殉
謝金釗
謝初石
謝遠輝
謝福生
謝貴尊
謝魯章
謝錫名

謝丙南　　謝光鉅廩生

謝鼎藻監生子光照光暐光昕從子光煦　　謝高來

謝鼎魁增生子光鉅廩生次子光普光弼　　謝阿桂

謝鵬飛　　謝冠富

謝茂興　　謝錫勇

謝阿彪　　謝永才

謝小良　　謝阿大

謝受祐　　謝大官

謝瑞麟　　謝瑞蘭

謝洪　　謝維慓

謝瑞書　　謝元

謝元棟監生　　謝丙熙同治二年率四子闔家餓斃

謝洛　謝煒從九品

蔣信榮辦團殉　蔣遠源

蔣垚　蔣芳春監生子炳華

蔣家瑍監生　蔣春森監生卹雲騎尉

蔣家瓚監生　蔣祖乾附生

蔣獻芝附生　蔣浩從九品銜

蔣慶颺從九品銜　蔣學漣候選從九品

蔣坤附貢生辦團殺賊死從弟春煦監生　蔣應樑武監生

蔣尊飛監生子立朝　蔣尊廷監生

蔣尊澐監生　蔣鳳山武生

蔣尊謙同治元年七月初二日入包村殺賊報父仇陣亡卹雲騎尉世職　蔣尊傑咸豐十一年九月廿四日隨父殉妻吳氏同殉

蔣尊義咸豐十一年九月殉七日繼妻何氏同廿　蔣尊癸咸豐十一年九月廿七日妻賈氏同殉

蔣尊三咸豐十一年九月廿七日妻孔氏同殉　蔣尊仁咸豐十一年殉

蔣尊鏞　蔣尊斐

蔣尊先　蔣尊梅

蔣尊安　蔣尊烈

蔣尊普　蔣尊聞

蔣尊夔　蔣柳亭

蔣金亭　蔣松春

蔣松秋　蔣福年

蔣天生　蔣金生

蔣癸生　蔣春煦

蔣立身　蔣立綱

蔣立言　蔣立朝

蔣立漽	蔣立賢
蔣立銓	蔣立生
蔣立成	蔣家璠
蔣洽金戶部主事	蔣秀元監生卹雲騎尉
蔣松福武生	蔣戾天生員
蔣秀良	蔣敬熙
蔣尊發	蔣尊龍
蔣立秋	蔣阿如
蔣念義	蔣金照
蔣松	蔣家興監生
蔣秀王	蔣貴生
蔣家瑞	蔣家璥

蔣家森　蔣珪蘭

蔣茂林　蔣大官

蔣立豫　蔣立傳

蔣立相　蔣　釗

蔣周生　蔣立鑣

蔣立標　蔣一經 監生

蔣　淦 子應癸應煊　蔣　鈺

黃宇宙 拒賊史村曹殉　黃宇衍

黃絹書 辦團起義爲賊所執釘其手足死事極慘　黃師堂 同治元年進攻小南門陣亡

黃振輝　黃宇盛

黃慶珍 咸豐己未進士工部主事　黃　桂 監生

黃士高 監生　黃德生 監生

黄象炎附生　黄五敦附生子錫端
黄維聖五品衔　黄紹金從九品衔
黄寶璋從九品衔　黄傑候選從九品
黄開俊候選同知　黄仁育監生
黄建揚貢生　黄中誠被擄不屈死
黄照發　黄介行
黄普周同治元年充白頭軍起義陣亡　黄桂芬
黄思古　黄永臯
黄鳳臺　黄介富
黄介英　黄文瀾
黄企順　黄阿六
黄上尊　黄東川

黃志和　黃起朝
黃廷魁　黃寶進
黃鳳翔　黃文忠
黃善高　黃本立
黃阿毛　黃紹龍
黃公甫　黃阿大
黃發升　黃文炳
黃瑞賓　黃宇甸
黃宇甸　黃澍監生
黃繼賢　黃五美
黃錫增　黃雅玉
黃錦章　黃春泉從九品銜

黄金簡　黄厚培生員
黄茂林　黄通六品頂戴督團禦賊聞家堰殉
金大年　金東海
金宏道　金徐順
金阿讓　金松發
金雲貴　金起明
金朝宗　金允祥
金思綱監生　金春桂
金鑫從九品　金維章
金阿茂　金石珊
金晉階　金壽榮
金壽昌　金蘭汀

金永保　金永貴

金如茂　金瑞奎

金武安　金繼章

金繼皋　金朝宗

金讓　金鳳樓

金淦從九品　金士宗

金十一　金文煒

金佩　金小來

金宏道　金宗稌

金六　金阿全

金榮貴　金士義

金元英　金大城

金世豪　金仁初
金壽昌　金壽榮
金　星　金安伯附生
金瑞富　金石益
徐天助起義陣亡　徐福慶
徐永松　徐沛良
徐振祥監生子炳文　徐　燦武生
徐廷輔候選從九品　徐金梅候選從九品
徐一鶴候選從九品　徐　賡布政司理問銜
徐鳳來　徐鳳池
徐天明　徐天譽
徐國麟　徐禹清

徐鯉亭	徐啓榮
徐二毛	徐小高
徐　高	徐鳳楸
徐應喜監生	徐炳文監生
徐　涇生員	徐　岑
徐位國	徐學鳳
徐世能	徐天祥
徐　英	徐積玉
徐應春從九品	徐佩衡從九品
徐祖延從九品	徐開文
徐小春	徐辛源
徐燦源	徐大官

徐阿森	徐九位
徐宗修	徐永鳳
徐建邦	徐光策
徐光範	徐起鳳　包村禦賊殉
徐汝金　起義禦賊殉	徐燦源
陸鳳墀　光祿寺署正銜弟翔墀子葆恆從子英恆	陸鴻賓　布政司經歷銜子邦枚州同銜
陸邦翰　從九品銜	陸望功　監生
陸鏡蓉　附生子貴倫	陸寶書　附生
陸正廷　附生	陸汝弼　中書科中書銜
陸邦樹　從九品銜	陸鼎耀　從九品銜
陸耀辰　監生	陸松巖　監生
陸履坤　監生	陸啓雲　監生

陸沛霖舉人　陸翰庭火藥焚死
陸天錫軍功九品　陸如玉
陸垂　陸午橋
陸翙墀　陸正廷
陸簡春　陸尙元
陸馬卿　陸金
陸錫疇桐鄉縣訓導　陸墉
陸和鈺　陸慶縠
陸慶梧　陸士毅
陸士恭　陸燧弟炳子璋瑜瑤
陸聚豐
楊鳳藻舉人國子監學正賜卹雲騎尉入祀忠義祠子宗誠　楊淸科八品銜弟明科富科子景春夢甲祖憲祖烈孫大昌順昌

楊棠從九品銜
楊廷佐從九品銜
楊珍豐從九品銜
楊履端監生子誦芬開春
楊炳元附生
楊功舜候選從九品
楊金鋆從九品銜
楊舟監生
楊竹亭監生
楊天義
楊文炳
楊世義

楊功堯從九品銜
楊廷侯從九品銜
楊簡書監生弟彥升
楊際春監生
楊誦芬從九品銜弟開春
楊鳳源從九品銜
楊紹源從九品銜
楊天祿武生
楊天喜
楊天良
楊開慶
楊翰藻鳳藻弟

楊思典　楊學聖

楊瑜　楊阿慶

楊小黄　楊阿東

楊聚源　楊思興

楊會元　楊兆其

楊永高　何福滋舉人揀選知縣

何其輝福建泉州府經歷弟其墀子增鈞　何福銘廩生候選訓導

何佩欽從九品銜　何芹從九品銜兄宗詢

何麗陽監生　何允之監生子大官

何福純監生　何懋通從九品銜

何維堯候選從九品　何鋆監生

何炳南貢生　何以權生員

何綬滋同治元年正月初十日殉　何兆新咸豐十一年殉

何震同治元年殉　何永泰咸豐十一年九月二十八日殉

何錦林　何松林

何家鈞　何樟

何杲同治元年殉　何棻

何標　何楨

何祖淮咸豐十一年九月二十六日殉　何鳳鰲咸豐十一年十一月殉

何鳳誥同治元年三月殉　何學泰咸豐十一年殉

何學應　何學煥

何燾　何炘

何煃　何炤

何燦然　何斐然

何顯德　何鎬泉
何經貴同治元年八月十九日殉　何增達咸豐十一年殉
何暹　何尙庚
何宗位同治元年殉　何錞咸豐十一年殉入忠義祠
何肇蠡　何祿銘咸豐十一年九月二十六日邑城橋下開殉入忠義祠
何文伯咸豐十一年九月二十六日殉　何五增
何品金　何子照
何明甫　何曉暄
何渭麟　何如傭
何廉甫　何師達
何文相　何護眞
何三泉　何執璋監生

何萬茂　何二官

何麗陽監生　何復菴

何似菴　何潮

何蓉生　何炳仁

何三江　何義

何六老　何張

何子奇　何某官

何穀生　何秉仁

何𤞑湖北蒲圻縣典史　何福諄候選巡檢

何鹿鳴　何嘯茅

何宗玉

瞿董元舉人候選訓導子以謙附生以豐廩生從子定酉孫乃成　瞿崙源候選從九品同治元年包村殉

瞿惇元 監生子寶森　瞿炳南 附生
瞿大焱 附生　瞿望奎 附生
瞿星耀 附生　瞿鉅鑫 附生
瞿炳賢 附生　瞿琳 監生
瞿兆晉 監生　瞿以豐 廩生
瞿祁元 廩生　瞿謙 附生
瞿兆恆 附生　瞿兆觀 附生
瞿兆孚 附生　瞿炳炎 附生一作丙炎
瞿也逸 監生　瞿嘉祥
瞿增　瞿鳳祥
瞿銓　瞿定南 同治元年殉
瞿以復　瞿文熙

瞿宏相	瞿炳南 附生同治二年殉
瞿林魁	瞿嘉猷 附生咸豐十一年九月殉
瞿學熙 廪生	瞿泩 咸豐十一年九月二十三日殉
瞿寶森 咸豐十一年十一月初一日殉	瞿瑞曾 同治元年禦賊殉
瞿天錫 同治元年起義攻賊殉	瞿召棠 同治元年包村殺賊殉
瞿如天 同治元年包村殺賊殉	瞿名揚 同治元年包村殺賊殉
瞿禮周 同治元年包村殺賊殉	
沈秉銓 鴻臚寺序班子受震候選縣丞	沈汝霖 從九品銜
沈世榮 從九品銜子文寶	沈錫沅 監生
沈成材 附生子大官	沈錫祉 附生
沈良璧 聖廟齋奏廳	沈岐鳴
沈成義	沈易懷

沈成祥　沈紀生

沈阿忠　沈竹軒

沈硯山　沈昌懷六品軍功

沈之耀　沈明法

沈大永　沈東江

沈榮　沈竹蓀

沈師晴　沈學初

沈桂發　沈錦湖

沈大宗　沈思來

沈湧潮　沈瑞生

沈德春咸豐十一年殉　沈鶴鳴

沈德豐　沈正山監生

沈賢
沈受祺候選刑部司獄
沈福德
沈丙
沈世祿
沈阿得
周世恩五品衔
周溶從九品衔
周沛豐監生子鳳生震名
周兆元監生
周毓瑞監生
周錯布政司理問衔
周文治候選府經歷
周玉安監生
周峻明監生
周鳳孫監生
周震監生
周世永
周永林
周大俊
周萬清
周小潮
周友元
周宏順

周宏茂　周宏寶

周天順　周長生

周啓祥　周長春

周朝秀　周文友

周朝俊　周囘義

周汝忠　周鎬京

周大方　周式金

周兆泰　周榮富

周安　周國燦

周瑞茂　周龍鱗

周文燵妻張氏聞文燵死亦絕粒以殉　周阿毛

周樹棠咸豐十一年率鄉團拒賊殉　周祖德

周美棠	周明和
周經寶	周阿堂
周以瑞 咸豐十一年殉	周家農
周源方	周文高
周繼瑞 同治元年預白頭軍陣亡	周瑞康
周萬春	周阿短
周炳森	周友德
周元發	周學詩
周萬裕	周百茂
周永發	周三尊
周兆正	周忠孝
周岐高	周亮

周學林　周十三

周克勤　周憲友

周繼賢　周福貴

周嘉樂監生子蓮身　周孝友

周宗頤江西興安縣知縣咸豐十一年十月守城陣亡

韓廷榮　韓蘭柱

韓山龍　韓伍明

韓炳初　韓守藩

韓慶麟　韓福麟

韓經五　韓鼎新

韓敦福　韓鳳華

韓阿大　韓載鰲

韓維聖	韓瑞高
韓載邦	韓茂元
韓鹿門	韓丙奎
韓浩川	韓亞香
韓阿芝	韓阿煥
韓阿英	韓大苟
韓石宜	韓桂堂
韓福生	韓寶山
韓之麟入祀昭忠祠	韓錫麒入祀昭忠祠
韓桂森入祀節烈祠	韓應篪入祠忠義祠
韓勝境	韓斌治
韓方治	韓郅治

韓駿堂

韓鑑堂

韓國藩候選從九品同治元年三月包村陣亡

韓文標監生

韓慶衡附生

韓桐附生

韓鳳春附生

韓序鏞附貢生候選訓導卹雲騎尉

韓耀金光祿寺署正銜

韓國瑞四品銜

韓洪壽候選訓導

韓鳳義從九品銜

韓經邦候選從九品銜

韓士沂從九品銜

韓經文從九品銜

韓昫江蘇候補縣丞

韓勝境從九品銜子佐唐附生

韓蘭沼從九品銜

韓鏡蓉監生候選從九品

韓坊候選從九品

韓克孝從九品銜

韓賡揚監生

韓慶榮舉人

韓愬棠監生

韓廷槐 監生　　韓維德 監生
韓維賢 監生　　韓維建 監生
韓湘華 監生　　韓敦瞿 監生
韓錫瓚 監生　　韓譽棠 附生
韓麒 附生　　韓燮 附生
韓清標 監生　　韓鴻謨 監生
韓景瀛 武舉人　　韓師孟 監生子丙生炎生金生
韓棪 舉人　　韓生 佾生
韓鴻烈　　韓介堂 登仕郎
韓紀堂　　韓蔚堂
韓芝堂　　韓樞 全家殉
韓廷耀　　韓廷鳳

韓鳳篆　韓藹堂

韓阿毛　韓小倌

韓大彪監生候選從九品　韓培妻陳氏投水同殉

韓廷順　韓翽

韓績　韓遇春

韓子楨附生　韓炎候選從九品

韓雲龍舉人咸豐十一年殉

汪金水從九品銜　汪榮慶從九品同治元年殉卹雲騎尉世職

汪楠椿候選從九品　汪立仁從九品同治元年殉卹雲騎尉世職

汪士懷從九品銜　汪榮昌從九品銜

汪榮槎監生　汪德明附生

汪景瀾監生　汪景元監生子樹榮附生

汪樹彪監生　汪天鑑監生
汪寶善監生　汪寶森附生
汪世鉉附生　汪炳華監生
汪高福　汪高松
汪瑞麟　汪維純
汪有德　汪元禮
汪鳳鎮　汪士輿
汪士德　汪志福
汪起九　汪阿六
汪阿貴　汪小法
汪宗四　汪茂貴
汪小化　汪有富

汪聖章　汪聖鳳
汪小六　汪應元
汪丙春　汪南林
汪世鎮妻姚氏投井殉　汪思成
汪湘邑增生同治元年殉卹雲騎尉世職　汪思濂
汪廷凱咸豐間粵軍入城隨團殺敵陣亡子椿桂潛入敵中負父屍歸　汪宗章咸豐十一年殉
汪宗陽　汪榮瀛
汪榮洲　汪榮祖
汪如灝　汪如鏞
汪振衡　汪振松
汪振隨　汪振鎬
汪金炤　汪元順

汪思璋　汪佩珏生員
汪有良　汪椿監生
汪奇竹　汪有裕
汪總清　汪一深妻黃氏同殉
汪序欽妻沈氏同殉　汪維賢
汪景華　汪元仁
曹鏞從九品銜　曹德成監生
曹世熿監生　曹錦坤監生
曹鳳山監生　曹鳳林監生
曹定國布政司理問銜　曹宗洛候選布政司經歷
曹廷燕職員　曹觀凱監生
曹杰監生　曹守貽監生

曹名玉 監生弟名賢子久齡久鏞久鋼從子錦文水金孫世昌從孫才源　曹顯泗
曹小毛　曹廷源 妻張氏同殉
曹廷標　曹榮
曹廷建 邑庠生入祀忠義祠　曹廷熛
曹敬夫　曹師謙
曹恬齋　曹師忠
曹雨香　曹師全
曹師惠　曹魯莊
曹維彬　曹陟
曹聲揚　曹轂辰
曹增鈺　曹寀亮
曹巳發　曹廣浩

曹廣照	曹樹棠
曹樹梅	曹紹猷 監生議叙按察使照磨
曹琱之 文童	曹克誠
曹勝臻	曹時炳
張鳳揚 舉人揀選知縣	張鑑 監生子文豪文耀孫綱附生
張在燊 監生	張柳 附生
張星橋 附生父詩東子大官	張鳳飛 副貢國子監典簿銜子聰監生
張楠 從九品銜咸豐十一年殉子上德上賢從姪上達	張百椿 候選從九品
張鑫 從九品銜	張曾德 從九品銜子廣生
張起 安徽涇縣典史	張錡 從九品銜
張鎔 監生嫂來氏同殉	張懷德 監生妻周氏女元姑咸豐十一年同殉子嗣元
張鳳藻 副貢咸豐十一年殉	張采南 監生

張翼堂監生　張名枏生員係張兆科子

張廷榮　張洪慶

張雙林　張繼祥

張福英　張三三

張阿六　張石寶

張德先　張景運

張來順　張福林

張福興　張士達

張夢祥　張徐甫

張華林　張啓富

張阿大　張長松

張廷茂　張元章

張廷良　張元聖
張王榮　張明德
張慶安　張巽齋
張心田　張錦田
張阿仁　張新開
張榮慶　張聰監生
張名涇文童妻韓氏咸豐十一年九月同殉　張世仁
張世義　張鳴岡咸豐十一年殉
張東保咸豐十一年殉　張金酉
張文耀　張三二
張隆繼　張文豪
張國朝　張明先

張阿造　張阿林

張小馬　張斯來

張如華　張春芳

張文華　張聖達咸豐十一年九月廿七日殉子鳳飛

張名達文童妻王氏咸豐十一年遇賊不辱殉　張錫戌

張紹恆生員　張景和咸豐十一年十月殉

孔廣詢附生　孔繼華

孔廣金從九品子昭英昭蓉昭傑　孔繼葵候選從九品

孔阿四　孔廣恩監生

孔繼夏　孔昭榮監生子憲明憲浩孫慶瑞

孔廣政監生子昭容昭全　孔廣興

孔繼裘　孔廣揚

孔昭明　孔繼香
孔昭炘　孔繼英
孔廣源　孔昭德
孔廣佩　孔昭元
孔廣雲　孔廣貞
孔繼鑑　孔廣茂
孔廣效　孔廣和
孔廣琛　孔廣鈞
孔繼鈺　孔昭馨
孔廣明咸豐十一年殉　孔昭智
孔廣祥　孔廣運
孔繼蘭　孔昭森

孔昭春　孔昭友
孔繼苗　孔憲源
孔繼洲　孔啓本
孔廣谷　孔初五
孔廣富　孔繼根
孔昭佯　孔昭度
孔廣楨　孔廣木
孔昭倫　孔富潤
孔芝蘭　孔憲朝
孔仁永　孔廣慶
孔憲忠　孔繼蛟
孔阿復　孔昭訓

孔廣福	孔廣連
孔廣增	孔繼權
孔繼衡	孔繼恆
孔廣燾	孔繼剛
林寶綸 邑庠生	林繼孝 國學生入忠義祠賜卹雲騎尉子勳
林勳 候選從九品衔隨父繼孝殉	林景川 恩貢候選直隸州州判卹雲騎尉子烺
林雨春 咸豐十一年殉	林繼聲 增生
林燧 咸豐十一年殉	林復春 咸豐十一年九月二十四日殉
林福	林源 國學生五品封職咸豐十一年全家殉
林繼高 從九品衔	林振聲 八品衔
朱維聖 布政司理問衔	朱燮善 知縣
朱球 揀選知縣	朱新豐 從九品衔

朱　斌從九品銜　朱　琇監生

朱宣墀監生　朱凌霄監生

朱如俊監生　朱巨釗監生

朱士棻廩生　朱　冕增生

朱慶全生員　朱慶雲附生

朱錫章監生　朱炳熙附生

朱　軒生員　朱定山生員

朱金有　朱永林

朱桂清　朱世傳

朱　高　朱德清

朱連正　朱聖賢

朱福增　朱鳳林

朱阿諸　朱小增
朱蘭寶　朱廣義
朱廷彥　朱望松監生女生姑同殉
朱金龍　朱廷國
朱寶文　朱永錫
朱德劭　朱啓占
朱月半　朱永藩
朱申言　朱鰲富
朱茂林　朱永義
朱廣文　朱祖繩從九品銜
朱鳳麟從九品銜　朱巨劍
朱邦國　朱老巨咸豐十一年時年十九代父榮慶就戮死

朱小狗
蔡恩綬 從九品銜　蔡夢齊 舉人
蔡爾經 監生　蔡思忠 監生
蔡　恕 監生　蔡寅奇 監生
蔡維藩 監生　蔡　淞 監生
蔡智炆 監生子雨春　蔡紹襄 監生
蔡　潮 廩生　蔡桂芳 附生
蔡一龍 附生　蔡詠桂 附生子寶源
蔡應鳳 詹事府主簿銜　蔡葆善 諸生候選訓導僕沈鶴
蔡承恩 五品軍功候選縣丞　蔡燮元 候選從九品
蔡　壬 舉人　蔡振孫 附生
蔡袞傳 廩生母王氏妻鄭氏弟媳吳氏同殉弟乃成子春華春榮　蔡桂芬 附生

蔡祜孫 附生　蔡乾 舉人

蔡耀葵 監生　蔡景軾 係舉人蔡以瑩子

蔡殿揚 監生　蔡鉅源

蔡增龍 監生係蔡烇子　蔡森茂

蔡純茂　蔡福康

蔡玉琮　蔡晉 咸豐十一年殉

蔡大官　蔡以青

蔡立　蔡潮金 廩生咸豐十一年城陷殉卹雲騎尉入忠義祠

蔡以琮 妻莫氏女仙姑恬姑小姑咸豐十一年九月同殉　蔡祖廷

蔡桂林　蔡阿毛

蔡春榮　蔡阿渭

蔡春華　蔡鳳

蔡阿金　蔡阿四
蔡家全　蔡應元
蔡聘三　蔡震占
蔡阿夏　蔡如棠
蔡阿六　蔡震林
蔡寶源　蔡之震
蔡日暄　蔡七老
蔡炳春　蔡保松
蔡桂森
倪蘊良從九品銜　倪錦佩監生
倪正釗監生弟正銘監生子樹葵武生樹梅監生孫明德監生　倪承焯增生
倪金鎔增生　倪　玠附生

倪望奎　附生	倪燧標　附生子錦官
倪承志　舉人	倪樹滋　監生
倪國樑　武生	倪竹生　附生
倪鳳岡　附生	倪金輅　監生
倪錦璋　監生子小德從子桂福從孫大官	倪振源　監生子小汀
倪學惇　監生	倪鳳池　武生
倪樹森　武生	倪邦寅
倪邦達	倪翰秀
倪振玉	倪阿福
倪麗生	倪三官
倪四官	倪開享
倪振葵	倪在南

倪文瀾　倪阿魁

倪文雲　倪蘭珍

倪文海　倪文錦

倪有興　倪慶山

倪阿毛　倪嶺梅

倪志賢　倪志豪

倪水西　倪阿保

倪祖彬　倪文炳

倪定坤　倪三桂

倪小傳　倪文法

倪寶山　倪闕名

倪日永　倪四觀

倪三觀　倪南林
倪小保　倪和福
倪聚奎　倪福坤
倪谷香　倪爽坪仁和縣學生
孫榮福　孫阿福
孫正邦　孫大亮
孫正瑞　孫阿廷
孫大貴　孫天貴
孫鶴鳴　孫成祿
孫正桂咸豐十一年殉　孫正奎
孫昕　孫萬年
孫昭德　孫貴泰

孫廷忠　孫大位

孫桂生　孫廉

孫潮咸豐十一年城陷殉　孫百川附生弟百河

孫大

趙桾從九品銜　趙燮均附生罵賊殉子爾忠

趙杰附生　趙煤監生

趙紀高　趙二毛

趙祥富　趙成金

趙國章　趙埅咸豐十一年殉

趙傳宗咸豐十一年殉　趙元圻妻沈氏咸豐十一年同殉子廷蘭

趙奕照同治元年殉　趙奕茂

趙元標妻王氏咸豐十一年同殉子王炳　趙貞咸豐十一年殉

趙起濱 監生	趙傳寶
趙華 咸豐十一年殉	趙塄
趙慶 咸豐十一年殉	趙有法 咸豐十一年殉
趙大經 軍功保舉五品銜咸豐十一年十一月二十八日杭州城陷殉	趙榮
趙傳壽	趙牖東
趙正榮	趙茂連
趙茂文	趙茂家
趙茂槐	趙敬中
趙慶亭	趙永林
趙均 從九品	趙廷蘭
趙成奎	趙炳
魯恩溥 六品銜子姓	魯錀 從九品銜子笑髦

魯汝瑛監生　魯純德

魯如恩　魯鏞

魯銈　魯小毛

魯元和　魯兆康

魯榮春　魯寶龍

魯秉禮　魯清源

魯廣信咸豐十一年殉　魯序東妻女同殉子闕名

高其藻候選通判　高勳監生

高祖培監生　高敬情從九品銜

高貳山監生六品銜　高蕃監生六品銜

高煜監生　高小山

高尙寧　高萬巨

丁翼史八品銜候選從九品
丁　渠監生
丁　培監生
丁鏡仁監生
丁蘭生附貢
丁光愷貢生
丁林祥
丁阿四
丁明華
丁明恩
丁思美
丁小本
丁錦璜
丁春榮
丁齊元
丁鴻勛
丁大官
丁阿焕
丁聚茂
丁昭華
丁玉寶
丁起賓
丁阿二
丁鴻恩

丁衍發　丁錦濤廩生

丁名立　丁人鏡文童

丁國恩松江府知府咸豐辛酉勦粵軍陣亡　單寶田監生

單巽江蘇候補巡檢　單阿八

單立成候選從九品　單耀生

單耀奎　單大庸

單升望　單瑤田監

單杏洲

單乾

董正之附生　董文保

董阿傳　董言

董步青　董茂楠

董萬剛	董維芳
董錦康	董文寶
戴仁溥 候選從九品	戴鳴鶴
戴德生	戴德裕
戴朝景	戴仁華
戴小五	戴維瑞
戴永賢	戴朝俊
戴錦城	戴維慧
戴福生	戴延生
戴二官	戴大官
戴連珍	戴連鑣
戴聚金	戴永修

戴瑞茂　戴孝豐

戴國華咸豐十一年殉入忠義祠卹恩騎尉　戴松盛候選布政司理問子德治

譚永周　譚大生

譚阿困　譚鼎順

譚大毛　譚金釗

譚燧榮　譚阿桂

譚鼎富　譚永康

譚阿朝　譚長松

譚來德　譚宗文

譚十七　譚阿巨

譚大昌　譚金章

譚應選　譚廷貴

譚宗貴

繆大岳　繆啓榮

繆啓聖　繆金瑞

繆禮法　繆禮順

繆蘭林　繆秉煌

繆企忠

施阿八　施阿祥

施阿茂　施正泰

施維明　施鉞監生

施金聲監生叔傳家阿五家田從子鎔文漢文　施永新咸豐十一年殉

裘振坤都司係裘兆鏞子　裘美亭

勞謙附生同治二年二月殉子秉輝秉陶

屠沛和監生　屠光羽從九品銜

屠心田　屠馬春

屠錫華　屠正義

屠家福　屠家祐

屠廿六　屠光沐

屠光第

傅唐　傅庚

傅楫國學生咸豐十年殉入忠義祠　傅訓國學生同治二年二月殉入忠義祠

傅廷弼邑庠生咸豐十一年殉卹雲騎尉世職　傅梅亭

傅阿二　傅有禮

傅道福　傅嘉秀

傅通先　傅桂仙

傅林	傅榮祿 從九品銜
傅阿榮	傅沛霖
傅桂芳	傅錫旂 儒士
傅硯香	傅廷發
傅棠	傅嘉渭
傅履謙 咸豐十一年殉	傅梅 附生
傅永	傅廣孝 廣春弟
傅士珍 舉人寄籍雲南昆明咸豐三年代理山東冠縣知縣四年三月禦寇被執不屈死妻楊氏妾朱氏姊王傅氏及二女同殉	
傅錦標 咸豐十一年十月殉	傅應求 原名炳南咸豐十一年妻陳氏同殉
任淦 邑庠生	任起翙 附生
任煦 候選從九品	任淇 候選巡檢
任祖模 從九品銜	任國柱 監生

任式膺副貢生子駿堂　任炎監生
任克培　任廷棟
任增壽　任阿寶
任錫沅　任照福
任汝賢　任瑞秀
胡兆源　胡勷從九品銜
胡錦淥生員卹雲騎尉　胡大英
胡英傑　胡爕元
胡須友卹雲騎尉　胡引年卹雲騎尉
胡金山　胡沅仁和縣學貢生候選訓導
胡中元　胡憲綱
胡南培　胡增壽

胡邦貴	胡克照 廩生
胡濬源 江蘇候選從九品署呂城司巡檢妻唐氏同殉子福山蘭官梅官	胡壽康 附生
胡壽泰 附生	
葉阿正	葉阿榮
葉永年	葉士言
葉慶辰	葉廷芳
葉阿八	葉鳳春
葉瑞春	葉　珅 從九品銜
葉樹玉 從九品銜	葉聽濤 從九品銜
葉大高	
柴思榮	柴芳春
柴　茂	柴玉堂

柴阿朝　柴錢珍

郁汝源附生　郁恩藻

郁芹兒係舉人郁樹滋子　郁大官

郁二官　郁三官

郁企鰲　郁士林

郁汝淇　郁　端

郁八斤

於三毛　於丙暄監生

於冀來監生　於應鵬監生

於鎮南監生　於東來從九品銜

於緼山安徽蒙城縣典史　於濬源監生

於慶培候選從九品　於憲臣監生

於第從九品銜　於佐廷
於元德　於年民舉人
郭鏕從九品銜　郭淇從九品銜
郭靖藩附生　郭念三
郭有年六品藍翎
邵貴　邵登高
邵茂蘭　邵連華
邵王和　邵翰
邵馨金　邵增金
邵連魁　邵有倫
邵有榮　邵毓旗
田文炯辦團被執不屈死妻單氏先殉䘏雲騎尉入忠義祠　田人熙署江蘇吳江縣知縣帶兵防勦咸豐十年在金山衞禦賊陣亡旌䘏如例

田再生　田會生
田裕昌　田子貴
田康榮　田十三
田身發
莫崐候選從九品　莫天元咸豐十一年殉
莫岑候選從九品　莫炳魁
莫文玉妻施氏同殉
鍾體仁從九品銜　鍾鳴聞
鍾志仁　鍾鴻慶
鍾湘庭　鍾慶
鍾釗在杭州城防守城陷殉同治五年給雲騎尉世職　鍾寶樹咸豐十一年臨浦辦團殉卹雲騎尉世職
鍾佑堂　鍾長齡

嚴履榮監生	嚴錫功六品銜
嚴寅恭監生	嚴大官
嚴壽莊	嚴吉生
嚴敬熙	嚴逢輝
富彪	富茂發
富南葆武生	富清咸監生
富培	
許肇修監生六品軍功	許萬仁
許景茂	許以成
許乃襄咸豐十一年九月二十四日殉	許景梅
許明杲	許肇沂
許乃準江西南城巡檢同治元年家居殉給雲騎尉世職	許肇修文童咸豐十一年殉贈修職郎祀忠義祠

魏鼎達　魏阿大父子同往攻匪遭擒遇害

魏周大同治元年三月初五日小南門外陣亡入忠義祠　魏阿三

魏清元　魏廣清

魏敬宗

余增貴　余元祥

余永敬　余阿榮

余文貴　余文高

余廷照

杜繼祥　杜大全

童奇雲　童奇浩

童安邦　童思順

童阿六　童繼增

童師惠	童思茂
阮阿奇	阮阿齊
唐阿七	唐錦高
唐其瀾	唐有功
戚文茂	戚元富
鄭位行 從九品銜	鄭廷煊 廩生弟廷準子蔭松蔭堂
鄭一齊 監生	鄭以增 咸豐十一年陣亡給雲騎尉世職
鄭希賢 監生	鄭伯賢 附生咸豐十一年冬禦賊殉
鄭毓琛 咸豐十一年殉	鄭信貴
鄭錫恩 國學生咸豐十一年在富陽殉妻王氏絕粒自盡女四人均殉同治六年旌卹	
鄭錫爵 錫恩胞弟咸豐十一年在本邑殉妻廖氏同殉子德欽德昌德旌錫蕃同治六年均旌卹	
姚雄 監生	姚鏞 監生

姚學德布政使理問銜　姚學純從九品銜
姚慶延從九品銜監生星衡子　姚元金
姚敬銘同治元年三月十六日在山陰山頭埠殉　姚錦賢
姚文聰
范棣監生從九品銜　范朝元從九品銜
范耀清從九品銜
洪鐘監生子炳炎　洪有才
洪三　洪大
洪阿三　洪思堯
洪雙喜　洪大官
洪傳宗　洪德華
洪鳳鳴

吳觀駿 監生　吳世恩 從九品銜
吳永興　吳吟翠
吳阿召　吳振美
吳三毛　吳瑞茂
吳山毛
賀傳本 監生　賀倍 從九品銜
賀傳英 監生　賀大川
賀大順　賀阿二
賀傳曾 同治元年拒賊湘湖跨湖橋殉卹雲騎尉祀忠義祠
祝林春 監生　祝以文 附生
祝廣漢 從九品銜子慶甡監生慶瑤卹雲騎尉　祝樹泉 生員學名壽嵩
祝以莊 監生　祝帝茂

祝廣同　祝景秀

祝景雲　祝錦章生員卹雲騎尉

祝啓鰲　祝是行

華顯茂監生　華以銜

華兆南咸豐十一年九月殉　華兆東

華兆祥　華韶成咸豐十一年殉

華藴芳咸豐十一年殉同治六年卹雲騎尉入忠義祠　華松發咸豐十一年殉

華寶興　華武標

華正倫　華汝賢

華王貴　華錦龍

華繼發　華明奇

華小安　華正富

華瑞貴　華慶辰

華阿正　華士毅

華書巢　華獻茂

華安邦

虞煥文 監生　虞俊 從九品銜

虞阿炳　虞汝珍 咸豐十一年率鄉丁拒賊殉

虞拱成 庠生寄籍仁和咸豐十一年杭州城陷殉給雲騎尉世職

駱慶琛 附生咸豐十一年殉卹雲騎尉　駱慶禧 附生

駱炳　駱丙

涂涇 附生

李春華 附生咸豐十一年十月十五日殉　李鑑 候選從九品

李翊書 監生　李成龍

李文通　李大紀

李林照　李亞白

李明德　李學堂

李樹嘉光緒二十八年卹雲騎尉　李如龍

李永奎

潘鑑江蘇候補知縣　潘效江國子監典籍銜

潘永秀　潘周林

潘維富　潘順七

潘加彩　潘大興

夏晉從九品銜　夏鳳墀

夏詒孫候選從九品　夏時廣西永福縣縣丞

夏雲龍　夏檢書生員咸豐十一年殉

夏福德	夏和尚
夏寶銘咸豐十一年殉卹世襲雲騎尉兼襲恩騎尉	
宋世恭從九品銜	宋守恭從九品銜
宋雙貴	宋祥麟
鮑藜照從九品銜	
呂瑞堂從九品銜	呂祖輿
呂朝賢	呂朝華
呂成甫	
盛　清從九品銜	盛丹墀副貢候選訓導
盛賈華	盛　昇知府銜候選同知
史　書布政司理問銜	史學忠候選從九品
史濟源監生	史乃身監生

史小元　史阿聖

史美洲

陶守賡議敘從九品　陶雅風

陶疊軒　陶鳳儀

陶紫蘧　陶紫淵

陶紫衡　陶紫城

顧梅職員　顧鼎鍾監生同治十年旌

顧啓盛　顧兆俊

顧斌渭

諸成吳附生　諸廣福

諸小毛

項楚珩監生

姜應堯監生

劉彥升監生　劉紀鳳

劉二

方應鵬附生　方志孝

方正祥　方泰

方兆鎔

桑大倫附貢

卓安邦附生

秦鋒監生

錢茂蔡　錢茂產

錢阿南　錢萬朝倡議滅賊闔門殉

錢傳鼇辦鄉團殉　錢啓元藍翎把總

錢釗　錢鳳岐
馮如樞　馮士杞
梅茂孝
翁克秀　翁明榮
熊懷德
婁天元　婁豊山
葛廷賢　葛法雲
葛兆吉　葛毛豆
葛顯鰲　葛殿揚
葛阿順　葛鳳山
葛廷高　葛阿民
葛阿明

卜文貴	
喻阿桂	喻鵬飛
喻阿林	喻錦潮 從九品罵賊殉
孟來福	孟應仙
孟廷秀	
席毛頭	
江　修	
茅蔭仁	茅　蔭
邱宏章	邱天生
邱廣照	邱桂茂
邱元義	邱桂松
邱如焜	邱學友

邱宏禧　邱如成
衛斌元
郎德裕
于慶豐
賈阿元　賈沛華
柳兆瑞　柳鶴文
柳棟馨　柳濟祀忠義祠
柳景昭　柳廣元咸豐十一年所前陣亡
蕭憲章文童
詹明富
尚長清武生
時阿毛　時阿炳

全春桂

沃有貴 附生

包名釗 從九品銜母錢氏妻陸氏同殉

包金釗 從九品

柯家義

毛宗黼

大亂之世士民横被兵禍而名氏翳如者衆矣今猶幸得著有姓名者若干人或臨陣捐軀或盡室同殉雖事蹟詳略不能無所異要之皆忠義之民也列表以傳之以示成仁取義英烈終不可泯沒云

蕭山縣志稿卷二十一

人物

寓賢

三國

鍾離牧字子幹會稽山陰人漢魯相意七世孫也少爰居永興躬自墾田種稻二十餘畝臨熟縣民有識認之者牧曰本以田荒故墾之耳悉以稻與縣人縣長聞之召民繫於獄欲繩以法牧爲之請長曰君慕承宮自行義事僕爲民主當以法率下何得寢公憲而從君耶牧曰此是郡界緣君意顧故來暫住今以少稻而殺此民何心復留遂出裝還山陰長自往止之爲釋繫民民慙懼率妻子舂所取稻得六十斛米送還牧牧閉門不受民輸置道旁莫有取者牧由此發名見三國吳志

晉

許詢字元度高陽人魏領軍將軍允玄孫世說新語劉孝標註元度隱在永興南幽穴中每致四

方諸侯之遺或謂許曰嘗聞箕山人似不爾耳許曰筐篚苞苴故嘗輕於天下之寶耳見世說新語

乾隆志按語晉書詢無傳附孫綽傳云綽少與高陽許詢居於會稽放浪山水間陶潛孟嘉傳云嘉將赴會稽路由永興高陽許詢客居縣界嘗乘船近行適與嘉遇是元度所寓之地史雖概稱會稽而參考世說及陶集已入永興界中引據古籍足爲流寓確證若舊志所載築室西山捨宅祇園煉丹許巖建塔感應層見疊出班布諸門多係里巷相傳之語其可爲左證者惟世說新語陶淵明傳二條而已

宋

高陽許瑤之居在永興罷建安郡丞還家以縣一勈遺原平原平不受送而復反者前後數十瑤之乃自往曰今歲過寒而建安縣好以此奉尊上下耳原平乃拜而受之見宋書郭世道傳原平世道子也

唐

秦系字公緒越州會稽人天寶末避亂剡溪北都留守薛兼訓奏爲右衛率府倉曹參軍不就客泉州南安張建封聞系不可致請就加校書郎與劉長卿善以詩相贈答其後東度秣陵年八十餘卒見新唐書本傳萬歷府志載有戴叔倫贈秦系詩北人歸欲盡猶自住蕭山閉戶不曾出詩名滿世間

乾隆志按語唐書秦系本傳但云寓剡溪南安秣陵不及蕭山舊志古跡坊里內有亭有里不足爲據惟叔倫一詩可爲流寓左證舊志乃仍世俗相傳之誤謂隱居北幹山陽西倉衖秦君巷外誤已甚

宋

來廷紹字繼先號平山開封鄢陵縣人宋紹興癸丑進士授朝散郎歷龍圖閣學士進階宣奉大夫嘉泰壬戌出知紹興府道經蕭山度西陵病急卒于祇園僧舍葬湘湖南麓長子師安字仲仁遂居蕭山

陸德輿字載之建炎時登第官至吏部尚書賜爵開國侯賜田三十七頃以蕭山山川明麗卜居昭名鄉其後裔遷于陸家河

張賢字哲之江西新淦人嘉定四年解元官至兩浙廉訪使皆以廉明著致仕僑居錢塘復移蕭山子鳳字岐瑞遊魏了翁先生門學得其要廷臣屢薦不起自號泉石有詩集及卒秘書監裴益之志其墓子孫世居邑之蘇潭

陳守迎字賓之金華東陽人紹興間知會稽郡有惠政民甚德之致仕寓蕭山唐里子孫因世居焉

韓膺胄字勉夫相州人忠獻公琦曾孫累仕至朝請大夫左司員外郎直秘閣知饒州宋高宗時扈駕南渡致政東還營寓於蕭山之峽山下

元

戴時才字仲文鄱陽人至正間薄遊兩淮買舟南下渡錢塘觀胥濤直抵蕭山探五洩之奇遂忘身世卜居湘湖之濱以登涉吟咏自娛人稱爲南坡老人

張興甫字起隆別號兩浙居士世居錢塘東花園前元大定間詔輸粟遙授提領文宗時詔遙授官能增粟賑濟者與實授興甫應制除文林郎兩淮眞州批驗鹽引所提領後四方變起致仕歸常居錢塘西湖南遠祖句曲外史張天雨墓側以歌咏自適至正十二年寇陷杭州以蕭山多佳山水又介江阪遂移家於北山衡河里繇此似續繁殷爲邑名家

周副字元贊諸暨人元至正間因兵燹徙邑之來蘇鄉結茅數楹精研易理爲蕭山周氏始祖

明

劉基字伯温青田人封誠意伯元季避亂居蕭山嘗館於邑人戴宗魯任榮家遺翰尙存凡邑中山川景物及名流墨客題詠贈答甚多以上乾隆志

高啓字季迪姑蘇人以詩名元季避地蕭山後還吳仕至戶部侍郎有大全集十八卷鳧藻集五卷行世康熙劉志

高明字則誠永嘉人博學善詩文元季寓居蕭山與邑人戴宗魯爲莫逆交任原禮延館於家詞翰猶存世傳樂府琵琶記時在原禮家所編姑存其說康熙劉志

王褘字子充元季僑居蕭山與任原禮交最厚後爲翰林待制奉使雲南不屈死贈學士謚忠文康熙劉志

蘇伯衡字平仲金華人流寓蕭山仕至翰林學士有文集康熙劉志

按以上四人乾隆志憑臆删去今補

清

張杉字南士山陰白魚潭人少負才名明崇禎己卯贅蕭山年始十九邑令羅明祖集文士於河陽館課文其題爲德行顏淵三十字課畢復揭一籤於卷末曰漢有諸賢名曰顏子曰曾子曰仲弓曰子路子游子夏者何人也座中無應者杉從容書其下曰顏子黄憲也仲弓陳實也張曾子張伯饒也城頭子路者東平爰曾也子游張騫之孫猛也漢同時有兩子夏一杜欽一杜鄴也明祖避席揖之杉與蔡仲光毛奇齡

單隆周爲莫逆交詩筒往來歲時無間子燧山陰籍康熙庚辰進士乾隆志

祁豸佳字止祥山陰人天啓丁卯舉人屢試不第授吏部司務不赴妙解音律自譜新曲教諸童子度之以抒其抑塞不平之氣迨兄彪佳殉節遂隱于梅市嘗來寓居竹林寺以書畫自給邑人周行素蔡琳從之游周傳其書蔡傳其畫俱有聲于時新纂

陳洪綬字章侯號老蓮又號老遲其稱悔遲則甲申後自號也諸暨人幼工山水人物出于天授既壯聲譽騰溢崇禎中懷宗聞其名召爲供奉不拜弘光中待詔南都南都覆歸里清師下浙東固山額眞某得洪綬大喜令畫不畫刃迫之又不畫以酒與婦人誘之畫久之請彙所畫署名日狂飲不休夜抱畫寢旦伺之遯矣嘗主邑人來風季家今其畫猶有存者新纂

張英號圃翁江南桐城人嘗寓江寺邑人陳新延之家盤桓久之新子甫讀書請英命名英曰如善吾言卽名至言後至言成進士翰林院編修英仕至大學士乾隆志別本

陶師孟會稽人寓蕭山性孝友撫幼弟弱妹親愛倍至祖遺世產悉讓從兄概不析取

嘗居通城幕中會山賊聚衆肆刼營弁請勦師孟謂令曰此饑民也激則負固撫則易散令從其議全活數百人深悉河工事宜著治河明鏡四卷贈奉政大夫乾隆志別本

張際龍山陰人蕭山籍由貢生知湖南新化縣善撫綏民苗安之歷刑部江南司郎中多所平反出守江寧釐剔奸蠹上官知其能嘗護司道篆所在無廢事

按陶師孟張際龍二人應入寓賢類乾隆志羼列本貫今從乾隆志別本將陶師孟更正張際龍亦移入

劉翬字霱堂南徐人乾隆間遂安縣知縣既而罷官寄居西興二十餘年素性恬淡敦古道精藝事終身徜徉山水間卒葬驛東莊風車六畝田中新纂

李瑤字子玉蘇州人博學多聞淹貫諸史於明史尤究心道光八年戊子冬以訪舊來浙寓吳山偶得吳興温睿臨南疆佚史鈔本若干卷更定其名爲繹史從事刋謬補闕時邑名士蔡聘珍游西湖與訂交歲將闌聘珍邀瑤渡江來家專葺一樓以居之瑤覃精研思不輟寒暑聘珍并購聚珍板助之排印成書道光十年庚寅歲李瑤南

疆繹史勘本三十卷繹史摭遺十八卷繹史卹謚考八卷遂傳行於蕭山蔡氏之城

南草堂新纂

高望曾字稺顏號茶盦仁和人文章清麗尤長詩詞咸豐庚申寇警日亟是夏望曾避地桃源鄉主邑人王經秋聲館與經及韓欽祝阜輩相倡和明年寇偪諸暨望曾挈家返省垣無何全家死難望曾孑身脱走後官福建知縣卒於福州著有茶夢盦詩稿附詞稿新纂

沈人俊字鳳士嘉興人績學有聞言爲世範咸豐時歷佐戎幕同治中官宣平訓導來居蕭山城中光緒間卒著有喜聞過齋詩文集新纂

補遺

宋

孔靈符位丹陽尹會稽太守尋加豫章王子尙撫軍長史靈符家本豐富產業甚廣又於永興立墅周回三十三里水陸地二百六十五頃含帶二山又有果園九處見南

按靈符會稽山陰人孔靖之子惟墅址無考

蕭處吳越之交有山水之勝四方賓旅流寓往往有高人韻士棲遲其間流俗相傳或多附會然記載疏略莫得而定其從違也宋明以來士大夫僑寓茲土多有置田廬長子孫者嘉賓至止遂存佳話亦復不鮮列舉以書之幸君子之至斯數典不可忘而已

人物

方技

明

樓英一名公爽字全善夙出儒家長于易洞陰陽消息之宜知元室將亂不求仕進平居尋繹內經及諸方藥妙究其藴醫大有名又與金華戴思恭原禮友善戴得名醫朱丹溪之傳英與講論忻合無間名益著聞洪武中臨淮丞孟恪薦之太祖召見以老賜歸所著有醫學綱目四十卷內經運氣類注四卷仙巖文集二卷及參同契藥

物火候論釋仙巖日錄雜效若干篇洪武二十二年卒年七十更纂

王尙明成化時避徭雁蕩遇異人秘授精醫術爲淮王府良醫正著有仙巖集四卷兒科雜證良方二卷行世居母喪廬墓三年服除隱居獏㺜湖新纂

樓宗望精醫術永樂間召至京賜紗衣寶鈔

來應山字仁甫以孝廉選故城令挂冠歸後晏飲博奕奕爲國手有諱膺錫號文巖者方髫年從牕隙中窺奕應山曰孺子欲學奕乎稍指示攻守不旬日遂與爲敵

魏直字廷豹能詩以醫聞吳越間治痘疹奇驗所著有博愛心鑑一書

王應華字武橋父仁遇高士授以醫術尤精幼科至應華名益著爲人恂恂然有長者風所著醫案子孫秘之以世其業迄今四方求治者如市焉

錢穀字府卿號龍泓以詩畫名邑中善書者宋時稱張卽之而畫則近推穀

來呂禧字西老斯行季子工詩善繪事遊于京無所遇借丹青自給名稍稍四馳然性懶家稍有贏餘不復肯措筆絹素疊積閲列肆中覓青田凍石之佳者市以歸摩挲

玩弄少焉和墨伸紙點染數筆成一木一石則旋卷而庋之閣曰可飲酒矣以故人病其簡慢索畫不可即得必閱月踰時求者稍闌珊矣

來悦字繹之少遇有道術者授以異書一卷能呼召風雨飛走沙石口誦密語瞬息暝晦探取兩腋間如拳如盂如盤如鍾釜者塡塞衢道摧破屋壁見者錯怖益延禮方士虛心搜討值一丐於門呵叱之丐色慍口刺刺不休悦急追之不能及欲出飛石擲丐丐以杖指悦悦帽幘盡脱足旋轉欲仆遂長跪請教丐曰汝術鳥足用吾憐爾專盡示爾悦以此益嫻習秘技嘗著油鞾舞槊於閣簷上槊運如風而簷瓦無損有廣座坐數十人悦以一指承之繞庭數匝四明邊城以絶力聞遇悦欲與角邊能躍起數丈而悦躍倍之邊持雙棓踊而前悦張空拳取頭上簪佯投其面邊目瞬悦遂奪其棓邊乃伏沙中薙草者用鉅刀鋒利甚悦有所忤合數十人執鉅刀圍悦悦得童子擲蟛蜞小鉤自衛無能近者悦父素庵有負逋奴狡甚竄穴山中捕索之登層樓去梯悦騰而上若鷹隼猱猿竟縛奴以歸名傾一時求受術者輒拒不與時從宴

坐中試小解以爲歡笑有兩人强欲得之懇事良久悦稍爲指引不旬日而一抉人陰一髣人面悦怒曰豎子果不足教遂焚其書後無傳焉

來復字伯陽寄籍三原萬歷間進士官陽州觀察使性通慧詩文之外書法琴奕百工技藝下及女紅刺繡無不通曉畫山水格力極勝見會稽徐沁明畫錄 新纂

清

樓仝號仝山人嘗藥山中如兔翻物嘗自謂能仝因名仝康熙癸巳夏某母病瘵執不得捧乞山人藥儼販竹篾者剔刮煎漱病愈因是人知山人善醫門如市

俞在茲字文起縣學生精岐黄術名播江浙間諸曁蔣四張忽病昏不能語者三日及醒問誰爲醫者家人以文起對張曰吾生矣詰其故答曰魂遊冥府見先人引至判官前查簿云蔣四張暴疾腸已七斷醫生俞文起能續之後果愈在茲年八十卒著作甚夥無子其書不傳

沈麟字天石善譜琴四方過訪者無虚日梅花三弄浙以東無出其右

蔡琳字子佩工畫精於山水暮年以詩畫謁王阮亭王賞異之採入藝苑記
陳基字我白善風鑑吳江金文通之俊生時其母夢神告曰與汝子龍睛將來位極人臣之俊相後蕭山瞽者陳生善相人試令相之曰乞兒相也衆駭笑已而至目大驚曰此龍睛也當貴極人臣衆乃服事見濟南王文簡士禛池北偶談
釋紹鐘號卽空爲竹林寺僧得產科傳頗神效名播吳越間至今授受勿替
王良明字爾榮王應華子也世習岐黃尤精幼科年九十有七舉鄉飲子君屏亦世其業以上乾隆志
黃恆字岳山號石洲明末以畫名尤善鍾馗當時善人物如顧升董旭輩皆弗及也順治中山陰令劉鳴玉以母壽須繪壽圖遣使具幣延致恆時已衰老既至畫訖病卒客邸劉葬之臥龍山麓署碣曰蕭山黃岳山墓又有王起高者字羽豐永高兄也善寫眞爲會稽陶炳南入室弟子行止坐臥能具衆妙起高卒後門人無能傳其業者
以下新纂

包呂和順治布衣猿臂善射工書能詩善畫墨竹受畫法于僧如曉而青出於藍人謂爲包家竹呂和與里人毛甡爲畫友甡亦山水人物花卉兼善者也後有張德繼蔣艮皆善墨竹德繼字北堂其寫竹風枝雨葉陰晴萬態艮字兼山爲常熟潘是稷弟子能紹其傳性嗜酒醉後畫竹尤奇肆又善畫墨牡丹者推毛遠公陸巡時人至稱巡爲陸牡丹善畫松鷹者嘉道間推湯元裕字清泉文端公金釗父也

宋錫蘭字德交少穎悟於方術諸書靡不窮覽明季隱士王震澤精天文兵法從之學益有所得康熙中客閩中永春縣幕見飛魚懸署後槐樹上驚曰此兵象也不數日昏夜賊兵數千臨城錫蘭募壯士突圍告急援兵至內外夾擊破賊當事上其功薦爲縣令以親老辭後客鎮國將軍馬三奇帳中偶步舍外見白氣自西南來曰不數月當有兵變未幾果有大嵐山妖僧一念之亂性嗜游覽足跡徧歷秦粤黔燕蜀之郊又精星學謂太歲在申當死遂歸里果以是年卒能詩著有素菴詩草

張振嶽字嵩高工藝多能雅善鼓琴尤精繪事順治中隱居與藍瑛爲友瑛嘗稱其畫

得詞人難狀之景氣韻生動世罕其儔振岳多見前人名畫訂正元夏文彦圖繪寶鑑五卷世稱善本振岳之後康熙雍正乾隆間善山水者有蔡琳沃叔奕王永高林霖諸人蔡琳字子佩畫學董巨二家峯石用雨點皴及芝蔴皴法樹喜渲染葱蘢彌望生意盎然亦善詩晚年以詩謁王文簡公士禛文簡異之爲采入藝苑記沃叔奕號春山其畫長于疊嶂崔巍長河澎湃多用劈斧皴法王永高字聖依其畫峯巒類燕仲穆林木法曹雲西尋丈巨幅孤嶂撑霄喬柯三兩微雲乍起似黄大癡林霖字榮木號潤菴縣學生霖於昆季間行次第五軀幹巋然長七尺時人戲以林五長呼之霖喜卽鐫五長小印自鈐于畫其畫多臨摹元四家傅色以輕淺爲工水墨以疎淡爲勝子炎孫仁玉能世其業又有汪永祚王述蔣惟燮皆善山水小景汪永祚字昌年輝祖族子以孝稱寫秋山景物最佳詩學徐渭著有蕉籟集王述字薪傳號琴山山水尺幅得倪雲林董北苑小景遺意能詩工書妙解音律亦嫻鐵筆蔣惟燮字理園縣學生山水以簡淡爲宗

丁克揆字敍之善花卉翎毛多淸峭之致不事姸媚天然幽豔非世俗可比

樓邦源字雲巢號芝巖英之十六世孫也少事儒業弱冠猶沈淪偶發篋得遠祖英所著醫學綱目內經運氣類注諸書心悅其術尋究積年洞其蘊奧爲人療疾神明變化應手輒瘳著有臨證寶鑑十二卷行世後燬于洪楊之亂邦源從弟宗謙族人友貞皆嫻醫術宗謙善療婦女嬰兒之疾友貞研習衆方備極其妙家貧富有施藥拯貧人以爲難云三人者生當雍乾之世優游林壑以終

方魯字望山性質直無城府善醫視人之疾若在厥躬有求治者雖蓽門窮巷盛暑祁寒必赴其論醫術以理氣爲主謂人之疾病大率起于氣滯故處劑多主逍遙散以加減之恆有效時人號爲方逍遙乾隆中卒子孔昭能嗣其業又有蔡鶴字松汀乾嘉諸生博學多通屢愈人疾著有催生驗方行於世

張應椿字樹堂精賞鑒工篆刻內足於財廣儲古今醫書靡弗披覽乾嘉間以醫名里人汪輝祖患風痺積年羣醫狃於治風先治血之說重用地黃痰濕轉增應椿獨主

補氣重用參耆附子每劑重逾一斤見者駭然病亦漸瘥應椿又言中風中字當讀平聲中虛則氣虧血熱風自內生與外感不同惟猝中之中讀去聲其風乃由外入法不可治人服其持論精確云後有孔傳熊者繼中父也嘉道間以善醫聞

何榕字竹圃諸生屢試不第游都下以畫爲鄭親王客彌善白描尤工人物鄭邸嘉之稱薦于高宗命繪農書圖稱旨授廣東廉州府經歷一權合浦令而歸晚與陶元藻爲至友元藻撰越畫見聞錄榕助其采輯爲多榕畫有五十三參圖百美圖畫舫齋畫譜行于世

陸璣字次山道光中以通判官蜀權萬縣令性敏贍詩詞鐵筆山水靡弗精絕間及金石仕蜀中手拓漢唐諸碑碣而歸賃廡杭州與戴文節公熙爲畫友文節稱其山水得元人礬頭皴法璣嘗輯莊子注名曰莊子雪行于世所著有鐵園詩集

陳錫燦字星占原籍諸暨咸豐間以醫來蕭山遂家焉錫燦本儒家者流隱於醫家長外科治瘡瘍皆奇中嘗與韓鵬論醫以外科不讀靈樞素問不究司天氣運何可問

世著有靑囊準繩二卷癰疽虛實寒熱辨一卷未刻子翼亮舉人

韓鵬字鳳樓居搖家潭性好醫勝衣就塾時卽喜窺軒岐書爲諸生後益專心肆力於醫而藝日精名日噪求治者無不應手愈著有仲景傷寒論疏四卷察舌芻言一卷藏於家

來業界長河里人幼失怙恃依從兄業畝以居性好武不喜讀書兄誡之夜潛遯去越六七年自來歸曰吾藝成矣遂授室爲兄佐經紀甚勤謹一夕偷兒入室業界以術禁之使不能動旣而因家人請釋業界呵之曰起曰去賊乃應聲起去自是鄉人咸求指授然輒見拒後乃小試其術以示人人僉異之咸豐辛酉秋粤軍竄蕭山由臨浦西下業界擔釘石擲石擊賊于搗橋應手斃賊目數人賊大怒進茅家堰距長河二里許大肆焚掠來氏宗人大懼議具犒祈免賊酋堅欲得擲釘石者乃免焚掠宗人難之業界奮身出曰苟能保族某雖死猶生突入賊營自承賊衆簇擁渡江去不知所終同治中賊平子湘補縣學生亦善技擊人以爲有父風云

任熊字渭長弱冠警敏多能天懷夷曠賦詩涉筆成趣善畫仕女遠紹陳洪綬之傳咸豐初年以嘉興周閑薦入向忠武公榮金陵戎幕爲繪地圖羈居積年得江山之助筆法逾健既歸鬻畫蘇州以自給尺幅片楮人咸珍之光緒初年卒年六十許熊自訂畫譜有列仙傳高士傳於越先賢傳劍俠傳四種行世弟薰字阜長善人物著有十八應眞圖畫譜熊子豫字立凡善花鳥熊從子頤字伯年善人物頤女亦善人物花卉蓋得其家學云

孫藩字价人世居潭頭以恩貢生旁涉星學及堪輿家言兼曉奇門遁甲之術著有星學通考二卷地理通考四卷未梓行

汪謙字益壽輝祖六世孫也祖父皆業商謙獨工畫嘗游滬瀆廣州臺灣當世士大夫咸稱其畫名益著聞當是時孝欽太后耽繪事光緒甲午以承恩公桂祥薦特召入都謙獻所繪九老圖恭祝萬壽太后喜悅恩賚御書壽字及協氣翔和匾額謙繼游歐亞凡歷五國而歸著有六法大觀畫譜行世

補遺

清

湯元凱字辛陽成德子克敬孫性眞摯通岐黄疑難證醫輒效人求診無弗應也精卜筮善鼓琴書法鍾王尤擅著色畫花卉竹石小品色色精絕然不喜名不自收拾因幼抱廢疾不良於行遂託枯樹以自况號枯木道人新纂

瞿廣陵字銀濤夙精醫術存心濟世有延診者無論嚴寒酷暑必徒步往視並不受値受醫者每轉危爲安孫生瑞道光壬辰舉人任廣東虎門同知贈如其官新纂

孔子曰雖小道必有可觀者焉華陀扁鵲管輅君平見於載籍史不絕書術之精者能通神明自古稱之矣蕭多藝能之士明以前紀載疏脱無得而聞焉近世岐黄繪事以及風鑒奇門之術頗有作者一技之長殆由天授用以名世非盜虛聲是可傳也烏得以其爲小道而忽之

人物

釋老

宋

聖道者不知何許人紹興初居蕭山淨土寺日乞食於市口每吐一珠如彈丸大光奪琥珀出玩掌中人欲撲取則復吞之一日至山下指田中一穴語田父曰此有酒可飲田父飲之甚甘冽囑覆之無竊發田父思飲往取之皆水耳忽一日乞薪市邸謂市媼曰我將去矣叩所之不答乃於常臥處火薪自焚人即其地葬之後有見之於蜀者歸發其棺則尸解矣

武元照蕭山女子也方孩時母或食肉即終日不乳及菜食乃乳母異之後及笄議適人女不從忽夜夢神人命絕食及覺遂欲不食母强食之則夢神怒曰何違吾戒也剖腹滌之因授靈寶法自是不復食以符水療人疾如響應一日忽詣數十家聚話後往其家訪之云已死矣其死日正分詣之日也

大義徐氏子年十二薙染於山陰靈隱寺閱梵典開卷能悟歿時聞空中如有樂聲

大眼宋人晝夜不寐目睛愈光因以大眼名之

法華從朗居祇園寺年踰百歲門常晝掩每誦蓮經衆鳥銜花匝座有潘朗者謁之閉門不納留詩于門上云門掩多年上綠苔想師心地似寒灰勞生擾擾休來此我是閑人尚不開

佛智端裕禪師吳越王之族孫祝髮于大善寺得法於圜悟禪師狀貌瓌異鬚髮不受刀但以小剪去之不然則血出亦異事也

妙通廣福寺僧地多猿猱爲害禾稼僧誦咒遣之盡去民有疫亦以咒療之

義圓漁浦開善寺僧釋機敏捷事載傳燈錄

千巖上董人董元長號無名從諸父曇芳學佛于富陽法門院久之入武林嗣中峯禪師尋歸天龍東庵有蛇繞其座爲說法蛇去後卓錫于烏傷之伏龍山元至正間數遣使賜法衣號曰佛慧圓監大圓普濟大禪師

荷擔僧姓賀父名彪早亡母氏趙七歲爲僧後日擔其母念經乞食諺有荷擔僧歌今

來蘇鄉雲門寺即其宅

明

無爲心禪師來勵女也初字於湯未歸而夫夭遂矢不嫁持齋禮佛結庵於六和塔下老僧來度有隔竹眠之偈成化間宮中多妖疫詔求天下有道術者有司敦遣入宮時孝肅太后引見尼僧手擲金豆賜之師獨岸然不動凡宮人有疾病者以手摩挲之即愈孝肅喜賜無爲心師號及氅衣珠樹淨瓶金盃等物臨終占偈云八十六年活計今朝撒手歸宗受盡無邊三昧依然明月清風結趺而逝塔父康順墓側以上乾隆志

德禎字伯順號遜庵祇園寺僧官慕蘇潭蔡友名稱爲先生敬延而師之德禎慧敏而友又能善誘故詩翰與友齊美其題陶淵明歸來圖句云世上山河非典午山中甲子自春秋當時膾炙人口稱爲詩僧新纂

如曉字萍蹤別號萍蹤道人失其姓幼不知書年二十許游臨安山中獨棲古廟深山

月朗竹影在地豁然有省折桂枝畫鑪灰遂善書能詩初棲隱天台石梁下院晚居西湖往來嘉禾崇禎中結茅烏石峯側名曰巖艇處士朱廣原與爲友爲構巖艇于湖上時相倡酬康熙中示寂著有巖艇詩草 新纂

吳道士逸其名號萬十六住居吳家渡幼而貞敏稍長至江西信州張眞人處受籙眞人賜以鐵印木劍令牌術能驅除邪祟嘉靖間人其墓在山陰天樂鄉之金雞山 新纂

清

季奴禪師者來氏士人女幼工詩且有膂力出家海寧白衣菴爲尼順治初過周司檢橋遇土賊邀劫將肆狂暴哀祈不允季奴怒探襪中出五寸小刀直前奮擊刺殺二賊餘賊逃又追殺三人自首于官官爲搜捕餘黨盡殲之行旅以安又嘗偕女伴洵芳渡海賦詩云濁浪翻天地微軀付海風恨他精衞鳥銜石竟無功語有寄託非尋常方外所能也 新纂

蛤菴名本圜別號湘谿道人荆州江陵人崇禎末避兵隨母氏張之浙擇居蕭山之湘

湖十六謁隆興寺僧明然具戒行落染習經論後詣天目隨報恩通禪師赴世祖章
皇帝召問答之際稍稍及之還仍止于蕭山之湘湖題所著詩曰湘谿集將朝五臺
道京師和碩安親王延之住西山隆恩明年聖祖仁皇帝召見於玉泉行在命賦詩
問宗旨甚契語詳語錄尋禮五臺作二十偈還京病痢詔御醫診視賜參藥櫝食時
康熙乙丑十一月三日晨起沐浴更衣作辭疏謝恩更書偈微笑而逝年五十四蛤
菴歷龍安兜率凡三坐道場各有語錄所著詩有湘谿集湘谿別集朝臺二十偈乾隆志

女尼月明住長安鄉之鎮潮庵咸豐十一年粵軍入境念身入空門精修梵行恐受賊
汚躍江自盡新纂

永春和尚號柳溪台州人善拳技尤精傷科所積醫資以重興開明鄉之靜修庵設普
濟茶湯會以施茶置會田十餘畝以垂久遠新纂

補遺

明

王朝聘號蓉城外史嘉靖萬歷間跨湖橋人工舉業屢躓有司試於是涉江淮登泰岱經洙泗謁闕里母病爲煉藥所誤深自咎責里人多諒其孝晚年著識史要語道德心印諸書得道家修養之術或終日靜坐或狂走百里不飢不倦最後訪道名山不知所終新纂

二氏之學不入世法原爲儒者所不道然頗有卓行精進神異昭著者苦修力行不忘奉母如荷擔僧其人亦足以風矣

蕭山縣志稿 卷二十一

蕭山縣志稿勘誤表

卷數	頁數	行數	字數	正	誤
二〇	一七	一二	一一	廿殉	殉廿
	四二	一九	七		落一生字

蕭山縣志稿卷二十二

人物

列女上節烈傳貞孝附

南北朝

丁氏會稽永興吳翼之母丁氏少喪夫性仁愛遭年荒分衣食以貽里中飢者同里陳攘父母死孤單無親戚丁收養之及長爲營婚娶又同里王禮妻徐荒年客死丁爲買棺器自往斂葬元徽末大雪商旅斷行村里比室飢餓丁自出鹽米計口分賦同里左僑家露四喪無以葬丁爲辦冢槨有三調不登者代爲送丁長子婦王氏守寡執志不再醮州郡上言詔表門閭蠲租稅事附南史蕭矯妻羊淑禕傳中

王氏女永興概中里王氏女年五歲得毒病兩目皆盲性至孝年二十父死臨屍一叫眼皆血出小妹娥舐其血左目卽開時人稱爲孝感亦附見南史羊淑禕傳中

元

楊伯遠妻王氏西興人性聰敏善事夫至正間江塘决害稼伯遠充里正築堰不就曰受箠楚王氏痛之割股投水中沙忽漲堰隨築成因名曰股堰知縣尹性爲之記清乾隆六十年列入祀典其祠墓入阮元兩浙防護錄互見水利壇廟志

吳世澄繼室竇氏（徐一夔吳世澄墓誌云世澄初配余繼配孫末配竇）至正間世澄爲兩浙運司廣盈庫大使竇氏年二十八止生一子而世澄卒竇氏守節不移撫育前妻子如己出朝廷旌表其門子準仕至兵部主事即竇氏所生也

張鯨妻李氏（府志通志並作曹氏誤）幼嫻姆訓能詩歸於張生四子而寡時年二十有二家貧教子成立至正甲午縣尹衛應昂以節上聞後以兵亂道梗朝命不下壽八十六子孫衆多鄉里咸曰勤苦之報

顧應法妻余氏名守元幼讀書史二十而嫁未五載夫疾革謂守元曰我死子女幼汝能以節義自處乎守元嚙指誓曰君不幸妾志不他異請以未亡年育君子于成見汝地下也夫卒葬祭如禮至正三年邑令趙鎧上其事于朝表其閭

許孝鄉雙烈丁京妻吳氏名妙智桃源鄉吳安叔女也元季兵亂哨騎四出吳擕女仁奴倉皇逃避時吳年四十九女年十八遇兵于塗執吳將汚之義不辱厲聲大駡兵殺之又將汚其女亦不屈復殺之實至正己亥二月十三日事也里人稱爲雙烈同邑韓璡有雙烈女詩初瘞桃源鄉後遷兔沙嶺祠在許賢鄉以上乾隆志

王德政妻郭氏少孤事母以孝謹聞及笄富貴家募之爭求聘母不許時德政教授里中年四十餘貌古陋母以貧不能教二子欲納爲壻使教之宗族多不然其說郭慨然願順母志既婚與德政相敬如賓囑教二弟訖成婚四載德政卒時郭年二十餘生二子尚在襁褓卒撫孤成立勵節自矢大德間表其閭新纂

王瑞妻朱氏元貞間旌表節孝新纂

丁仲龍妻任氏宋亡仲龍自溺凌溪以徇國難時任年二十一慟哭曰吾夫盡忠吾當盡節散髮蒙面日事紡績年登耄耋臨終遺命戒勿受封明洪武間誥贈節孝新纂

明

丁岳妻汪氏名嗣貞年二十八夫歿服縞終身非父母兄弟未嘗得見其面訓遺孤極嚴祭祀必誠敬治紡績恆至夜分教子易產皆以布帛鄉人呼爲丁節婦家

鄭璽妻魏氏名德盛魏尙書驥女孫也幼有志操頗涉書史及笄贅儒士鄭璽于家夫歸忽遭暴疾德盛聞之急往視祖母與之偕往則夫已瞑目矣德盛驚殞良久方蘇至夕以帕自縊于尸側祖母解之及歸數欲死家人閑之斷髮爪面嚙無名指出血不止風中患處而死朝旌其門曰孝烈

毛京妻徐氏名靖端京嬰瘵疾死氏年十九或勸之他適泣而拒之守節六十餘年成化辛丑邑令陳瑤上其事

陳譻妻張氏受聘後夫家日貧不能娶誓不悔婚引刀以矢後卒歸陳未幾夫亡張哭之哀未三月即自縊寢所邑令朱栻上其事

葉棋聘妻孫氏名淑清許字未幾棋遘篤疾淑清潛製斂具一日方績而棋訃至淑清色變取斂具屬父母納棺中尋自盡時年十七也夫家迎其喪與棋合葬先是鄰有

沈氏女許聘汪鑑鑑死哭之慟欲往視斂父母不從將自經乃許泣告父母請終三年喪淑清聞之曰誤矣父母問故曰只死方好至是乃知其自矢云太守浮梁戴公珊躬臨其家以旌異之

張惟寬妻洪氏名福貞年二十四而寡家貧或諷再嫁洪矢以一死自是無敢道者以紡織奉舅姑操守清苦年八十三卒時其鄰有徐姓者其女亦寡徐臨終命其女曰汝之守節宜效張母其見稱里閈如此

王茂妻沃氏名淑虔年十八歸茂甫四月茂卒沃泣不已潛自縊于寢室家人覺而救之得甦躬自紡績孝養舅姑年八十卒有司上其事

徐翀妻李氏閩縣儒學教諭徐公翀繼妻泉州永寧衛指揮李正女也弘治元年婦年十八歸翀明年翀遷閩縣教諭領符忽遘重疾卒翀先有一子前妻周出翀既卒李慮父母不聽歸也乃盡出其篋告縣封識之而歸其鑰于縣父母偵其意大恨計誘之復不可奪乃置酒集宗黨紿氏别而扃諸室氏乘間自縊以救獲甦父母不得已

始聽之復集宗黨姑姊妹數十人送之上道故爲放聲哭牽衣而行十餘里李不爲動密呼舟子乘夜潛發歸蕭擇地葬夫子元方數歲延師訓之至成立已而子死撫其孫孫死又撫其曾孫皆身襁褓之女工晝夜不懈嘉靖十四年詔旌其門年八十有八天啓時邑令陳振豪復表其里曰貞節里

來志妻何氏年十八適來嘉靖二年九月夫溺于江何哀慟欲往尋屍因沉于江姑揣知止之氏號泣不已繼以血絶飲食時暴寒尙衣葛姑勸加衣曰夫在江尤寒也距夫亡六日沐浴更衣縊于床而死

王渭妻胡氏年十九歸王甫半載渭卒胡泣謂人曰吾分當死賴有遺腹幸得生男當與撫養否則不復生未幾生子坤舅以嘔血歿家業陵替勵志愈堅葬夫育孤抵于成立坤生三子而卒胡率婦守節以育其孫年八十餘猶勤紡績邑令施堯臣上其事

翁堯妻蕭氏年十六歸堯逾三載堯卒遺一子一女堯臨終邀以家貧守志蕭號泣以

死自誓斷髮垢面日夜紡績以膳舅姑教子五倫成進士授驍平宰仍紡績如故時挑野菜擣薑鹽以自贍尋受褒封卒年六十九邑令施堯臣上其事

徐堯卿妻李氏年十八夫遘危疾祈禱勿愈以一子在襁褓身强爲生制終母族欲奪其志嚙指斷髮以死自誓邑令施堯臣上其事

來仲康妻金氏年十九歸仲康農家子也有一子甫襁褓仲康死婦方妊及期又舉一子長曰五經次曰五倫族亡賴者利其他適使鄰姬誘之婦嚙指血噀姬面亡賴者恚甚夜縱火其舍婦掖姑起跪而祝天火熄亡賴益恚適溪水漲乃候兒出欲溺之婦夜夢神語勿令兒出亡賴者徙去婦始獲安郡邑上其節得旌表年八十四卒

丁露妻陳氏師宗州知州陳殷女也年十七歸露一年露卒遺腹生一子隨殀嫠居八十餘年至九十九卒嘉靖間知縣秦鎬表其閭

韓姓婦嘉靖間歲歉其夫鬻氏于販者氏守潔自沈販者索其値貧不能與衡河張山代償之爲衣棺以瘞其婦名其溪爲烈婦灘互見張山傳

張誼妻黃氏名淑貞誼舉進士迎眷之京而誼已不起黃氏年二十六欲從死左右以遺孤無倚止之稍進饘粥扶柩抵家足不履閾苦節四十年邑令歐陽一敬上其事

沈炳秀妻陳氏父遘疾贅炳秀于家時氏年十四甫四月炳秀死有富人倩一舉人爲媒氏大慟且哭且駡持溷水濺媒氏衣媒遑遽走遂歸夫家立夫兄子爲嗣煢然一室人罕覯其面

周大器妻徐氏名清源年十九歸大器七年而夫亡哭踊不食幾絕者再其母故餓其兒啼于前乃甦抱兒泣不已甃即並穿其壙以示不貳蓬垢蔬儌苦鞠遺孤手寫夫像懸于室每事必泣告諱日哭奠盡哀課子成樹卒年六十三玄孫之麟由翰林官至通政司清乾隆八年旌建坊西門外河干

丁令金妻瞿氏年十七歸令金夫患痼疾時怒擊人家人多避匿氏獨侍夫遭箠楚至傷肢碎首母念氏險楚諭氏歸寧氏泣謝不從踰三十載撫子紹曾輩成立

傅氏雙節徐氏傅承寵妻俞氏傅承宸妻承寵未娶得痼疾徐氏誓不悔婚卒歸傅調

護曲盡至六載承寵卒承宸方娶而病瘵距六月亦卒二氏守節並篤俞氏年少有欲奪其志者自刃幾死乃止

黄承元未婚妻丁氏名庚父龍溪丞幼字江夏知縣黄世厚子承元將嫁承元卒氏悲痛欲往視殮其父止之氏以死請乃往至喪所撫屍號慟絶髪納棺中既殮執喪如婦禮越數年姪可佺生立爲嗣年三十三卒

王廷相妻任氏進士辰旦祖姑也廷相早世子方彌月一日有族貴人來僕不知其爲主婦也誤呼廷相名氏以夫名爲人所指斥也勉其子以篤學成名孫先吉登進士先采舉人壽至七十三卒

徐鳳梧妻魏氏文靖公驥玄孫女鳳梧死氏年二十惟一子復被人略賣焭處一室突常無烟夜以藁秸自覆或勸之改適至以勢愓之氏曰我必不以窮餓故辱我祖及夫之祖也夫之祖故廣西僉事諱官以清白著者也後子長脱歸漁釣爲業以養其母

方逢泰繼妻錢氏山陰人逢泰聘時已病羸氏自斷其髮誓不改適十九歲歸方夫病日甚時舅謁選京邸氏同逢泰往至京而卒氏哭泣不食九日死詔賜建坊并郵送雙柩歸事在萬歷四十五年

包曾義妻孫氏曾義賈京師而卒氏年二十六晝夜勤劬養姑字幼姑亡喪殯盡禮邑令上其事

單之祥妻盛氏年十六適之祥夫病蠱日夜籲天請代衣不解帶者歲餘夫歿欲從死姑勸乃止茹荼四十餘年如一日邑令楊維喬上其事

王宗岱妻張氏讀書知禮于歸六載而宗岱歿子二紹充紹冕皆在孩提氏辛苦備嘗訓子讀書紹充爲文學有聲紹冕仕苑馬寺副玄孫婦徐氏胡氏亦以節著

陳夢蘭妻張氏歸陳生一子而夢蘭歿年十八撫孤守節十載不歸寧奩產盡鬻以奉舅姑衰麻不暫脱泰昌時邑令劉安行旌之年九十卒

王命正妻戴氏年十六歸命正未幾夫歿遺孤甫十月家貧甚氏勤十指以給養預爲

舅姑殮具艱苦四十餘年

吳馴妻蔡氏年十八而寡時萬歷十七年也人憐其苦諷之改適氏引刀自刺其臂泣曰若有他命吾頸視此耳一日同舍火起延及氏屋氏抱孤向天哀號須臾火熄夫葬即穿壙其旁以誓同穴守節五十六年清雍正十年題旌建坊

徐世道妻張氏事舅姑以孝聞年二十七世道歿不復茹葷衣帛懸像于室每飯必享每事必告凡五十餘年姑嘗病刲股作糜以進病乃瘳季子宗思亦以孝著年八十一卒

何之杞繼妻黃氏年十六適何十載夫歿止一女嗣子方娶婦又歿女亦殀復立姪文烇爲後守節三十年歿

王氏雙烈王延祚妻黃氏崇禎間延祚爲應天檢校過夏津遇兵夫婦被執擊延祚垂斃黃紿卒曰釋此我當與汝取寓中財物卒信之黃揣夫脫去乃曰我死即死矣何財之有遂被害後四年子令高爲臨清守城將陷妻黃氏赴井死

張芳春妻徐氏青州府判希龍女也二十三歲芳春歿無子孝養孀姑凡五十餘年撫繼子弘道歲荒傾家賑濟邑令羅旌之後弘道歿氏撫二孫長孫歿又撫二曾孫壽至九十六

黄方妻來氏年二十四寡子茂長時四歲守節三十載崇禎時大學士來宗道請于令上其事

張孫祥妻周氏年二十五而寡守節四十年弘光時邑侯蔣星煒匾旌

周邦儒妻張氏適周逾歲邦儒病卒年十八子一新方生氏事親育孤守節四十年萬歷乙未匾旌

張試妾陳氏年十八試卒撫州任所慟哭數絶以遺腹忍死扶柩歸里越二月生一子撫遺成立撫院旌奬

洪緒妻鄭氏于歸數年舅早喪夫隨逝姑兩目盲曲盡孝養子勳方在襁褓訓之有成學憲孫巡按徐給匾嘉奬

沈聖基妻施氏二十四歲夫歿遺腹三月生子發家貧苦節壽踰七十

蔡一亮妻史氏年十九亮故饔飧不繼志操益篤課子士驄等成人踰五十年卒邑令劉一匯以節厲清霜旌之

韓烈婦某氏夫以貿腐爲業耽酒好博醉輒毆婦無怨辭竟以負博鬻其妻屆期遣之氏潔服自經于房而死事在崇禎末年

張節婦韓氏夫張弘思住西河貞節里家素溫飽舅姑歿夫日事遊蕩竟至窮甚先鬻其子後計其妻氏僅三旬聞之投繯死

任立政妻周氏年十七而寡無子孝養舅姑苦節五十餘年以壽終

徐中孚妻戴氏寡居二十餘年鄰火延至族黨勸之避不從遂焚死署令羅明祖旌之

余本通聘妻周氏周來蘇女也本通山陰人周未嫁而本通死聞訃即往守制嘗自誓曰妾貞如竹異日墓上當令枯竹復生及葬送者以杖植之皆抽葉如其誓

趙汝成妻湯氏汝成歿氏年二十三姑老子幼氏守志不二紡績支三口之食邑令魏

堂憐其貧捐俸置田以助之

王欽妻周氏名淑榮于歸四年欽患疽氏口吮其血卒氏年二十有一遺孤王崙甫三歲上無舅姑夫之兄弟欲奪其志氏剖鏡誓曰鏡難再合志難再移自是足跡不履戶外萬曆二年邑令王公一乾上其事九十一歲卒

蔣昺或作日高妻曹氏年十九而寡長子瓊甫二齡次子璣生僅三月氏矢志守節鄰豪百計強媒懾舅姑以勢車且及門氏舉刀截髮斷指欲自刎毋姑急奪刀獲免嗣後甘淡素勤女紅易麻縷以奉舅姑姑爲蛇囓其臂爛及骨髓醫者刲肉殖地氏割臂補之始甦訓三子成立時大祲羣盜將掠其室氏叱曰二十餘年無男子及我室爾輩暴擁不留我貲我死矣盜驚曰此節義婦也遂去一日鄰火及垣跪祝之天爲反風享年九十五郡守湯邑令陸俱旌其門

來孟陽繼妻王氏年十七歸孟陽夫已病執婦道甚謹孟陽臨終王以死自誓孟陽與以簪一帕一王佩持終身家日貧苦節四十餘年

來端蒙妾丁氏雲南大理人端蒙官滇時納爲妾居半歲免歸病篤欲遣之丁泣曰吾從一終耳端蒙憐其志予以象梳具乃逝時丁年二十四布衣蔬食足不及戶四十年如一日

來嘉賓妻曹氏年二十三夫死遺二孤飢寒無倚咽粃糠勤女紅以給朝夕長孤歿遺一女一子又勤撫之年六十八卒

周紹元妻高氏賢淑勤劬生一子三孫訓督有方氏年百有一歲猶日茹粗糲拮据不已無疾而卒邑令陳教諭張皆旌其閭

方一山妻黄氏年十八歸方夫爲工部從事卒于京遺孤四歲家業凋零誓不他適紡績撫孤邑令秦表其閭

來朝宣妻韓氏年二十五朝宣歿以遺孤在不死哀號矢志家日落勤十指以供饘粥苦守六十年壽八十三卒

丁伯潮（朝或作潮）妾陳氏年十八歸伯潮甫三朞伯潮卒時長子在襁褓次子在腹所親勸

之他適氏以從一爲誓鄰嫗以微言嘗之氏唾其面復批其頰隣嫗驚遁夜燃膏寢室中左長孺右仲孺織紝課讀誨以德義孀居四十年

朱明遠妻許氏于歸未幾夫病篤不能語第瞪目視氏即瞑目氏痛絕家赤貧孝事舅姑課子孔貫甚嚴有二從子幼而孤偕母依氏同居及能自立乃還所遺產遺之

來萬象妻汪氏年二十四萬象卒遺孤兩歲姑染脾病臥床氏日夜調護無怠姑卒有逼之改適者截髮以示紡績勤劬撫孤成立年九十乃卒

來遇明妻陳氏侍御陳修女也年二十七遇明死撫姪爲嗣教訓如己出重帷端坐戶外無言笑聲卒年五十二

來清之妻周氏字貞姬少許字來叔有女病狂許字侍御子叔貪官家聘啇其父欲以姬易之將定期納侍御采姬操刃欲自殺母亟奪之已裂其右耳年十八來翁病篤遺輿促迎叔謀以狂女行女忽狂甚停輿三日待之姬聞別父母登輿以去甘貧奉姑勤瘁三十年清之入學後聞前事歸叩姬始執耳而泣

何之望妻王氏會稽王侍御以寧女年十九歸之望隨任山東經歷之望解糧累賠繫于獄氏親詣部及各衙門叩訴罄奩貲多方貸償抵獄餽食營救不已竟鬱鬱以死死時惟以不能事舅姑爲憾訃歸前夕父家猶夢求救其夫云

任夢祈妻陸氏及笄歸任孝事舅姑年二十六夢祈死教育遺孤足不出閫縣令上其事

來日南妻何氏夫亡時未及三十無嗣撫伯氏子爲子家貧役十指以供饔飧人莫覩其面卒年七十

來良賓妻孔氏年二十二良賓死或憐其貧諷之再適孔拒之甘以貧死役十指以給二孤數十年如一日

來學龍妻沈氏錢塘沈方伯孫女十九歸來五年學龍歿氏年二十有四生子韶甫三齡夫疾醫藥割股均不效氏痛絶欲與俱亡絶食七日又念遺孤在勉留餘息後延師訓督韶乃成立

項試妻陳氏年二十七夫亡哀毁幾絶爲老姑在堂二孤未離襁褓囓指自誓訓育遺孤奉盲姑朝夕不倦姑疾焚禱刲股以進獲愈署縣事通判王師契以節孝旌其閭

蔡應恭妻陸氏甫于歸而應恭病篤親調湯藥衣不解帶應恭沒絶粒數日以二孤幼强活躬紡績以給苦節四十年邑令林上其事

徐希馮妻田氏希馮故貧家子贅于田甫婚即勸夫出授書獨往養姑未幾姑與夫相繼殁時氏年二十餘力營兩喪撫藐孤堅忍飢寒辟纑不出閾苦節七十餘年

林氏二節任氏郡庠生林楠妻也夫亡子甫三歲苦守存孤臬司蕭譽旌之子鳴佩娶陸氏亦早寡子三歲煢煢姑息兩世全貞

汪欽妻周氏山陰周氏女年十九適汪欽欽兄弟五人俱夭殁獨父湛及母在夜有刼盜湛起禦之遇害盜盡掠其貲去周氏號泣誓不與俱生挺身訴于官不獲則走控京師三年竟獲盜三十人斬于市

賈萬策妻沈氏名雲英長巷里人父沈至緒武科進士雲英少隨父出入京師能馬射

通春秋胡氏傳崇禎間隨父任道州守備流賊寇道州父出戰爲賊所殺掠其屍去雲英年二十自率十騎束髮被革直趨賊砦乘賊未集伍連殺三十餘級負父屍而還湖撫王聚奎奏請降敕以雲英爲遊擊將軍使仍領父衆其夫賈萬策本蜀人方爲都司守荆洲南門流賊陷荆州被殺雲英號呼曰吾命絶矣因哭辭詔命扶父柩回籍清兵渡西興雲英赴水母王氏力救之免貧無食開塾于家祠之左訓其族中兒族中兒習胡氏傳者悉師之卒年三十八

搖烈女小名金哥參將志忠府志作士忠女也美姿容及笄李自成陷京師有僞權將軍者欲納之女不從辱其父母兄妹弟婦女大慟擬觸柱死爲衆抱持遂絶粒賊憤恨益加凌虐一日乘間同父及母鮑氏暨弟婦趙氏並自縊賊急救解女不得死好言求合女佯許曰瘞我父母弟妹弟婦當從汝賊信之促治葬事甫畢輒持刀哭駡將自刎賊怒奪刀亂刺死

來氏二節婦韓氏參軍來士官繼室也歸來不數載參軍卒無所出與其元配子婦金

朱二氏孀居一室煢煢相依四十餘年卒年六十有九

來道晟妻金氏山陰方伯諱應鳳之姊也年十八歸道晟夫卒于京金氏年二十九撫一子一女辛勤備至姑韓即士官繼室韓氏也甚剛嚴委曲承順不稍失婦道卒年八十有九

許闕名妻王氏早寡丙戌六月避兵攜女匿江岸蘆葦中日五六徙女泣曰如此圖生不如一死氏抱之慟共赴水死

來集之妻楊氏諸生楊雲門女兄雲門殉義氏亦慟哭沈水死

來斯行妾張氏山東東平州人父昌千戶母王氏遭白蓮妖之亂不屈死因鬻于來方伯斯行爲妾事女君沈夫人甚謹方伯卽世截髮守節明末避兵湘湖爲寇所執欲汚之氏豫縫衣帶堅不可解哭且駡寇怒以亂刃截之駡不絕口死

金玉鯨妻孫氏明末避兵湘湖遇邏者以刀砍玉鯨倒地執氏欲汚之氏怒駡復欲殺其子子奔啼乃自盡

庠生來冠朝妻何氏錢塘人年十九歸來冠朝明末兵亂冠朝外出未歸何與女伴避兵二僕利其貲伴以寇至恐之何以無一至親男子保護恐爲所汚遂呼僕引至蘆花墩相率赴水死閱十五日得屍瘞于山下明年具棺殮親族咸在啓視之如生衣裙襪履密紉如故族孫主事何裔雲爲之贊女伴者來逢盛妻黃氏來冠倫母俞氏妻任氏沈驤妻來氏本與來冠朝妻何氏相約以死者也聶志作五烈婦抽簪贈土人令導至水深處至長興鄉湯家井俱投水死

庠生周玉倫妻來氏逢會女丙戌兵亂與來冠朝妻何氏同舟避亂至蘆花墩赴水死

來春四十二妻方氏丙戌歲于湘湖遇寇投水死凡溺水女尸皆仰而氏獨偃時男婦死者數十百人其夫覓之不得翻視覆尸而後得之時暑月已四日顏如生

來毓元妻楊氏明末兵亂夫爲潰兵所執脅之荷擔氏以孑身不肯同衆出避值夫歸偕逃至蘆花墩其地四面皆水游騎過之見氏少艾欲掠之不可得遂隔岸叢射之氏以身蔽夫矢自背貫腹而斃

來儀之妻陸氏丙戌避兵湘湖夫至中途被刃七創幾斃遂相失氏攜其子婦徒步至石巖山見死傷橫道歎曰百年此身豈可令鋒刃加于我遂挾其子婦沉于水婦以救得免而氏竟卒

來象乾妻張氏年十九丙戌妯娌約同舟避兵氏獨不欲去曰夜夢殊惡恐終不免也强而後可至張家村遇游兵懼見辱遂自舟中躍出沈于河又有來今秀妻孫氏來樂生妻謝氏挾其十三歲幼女咸赴水死

趙逢原府志作逢元妻張氏聞變預紉衷衣抱幼子赴湘湖死

王九龍妻戴氏亦赴湘湖死

庠生胡光樞妻徐氏爲亂兵所執奪刃自剄死

來三錫妻王氏歲貢生來逢時母也聞變自縊于張家村楊梅樹

庠生來夢麟妾程氏被獲赴白馬湖死通志夢麟作夢齡

韓時雍妻來氏二十寡居逾二十載倉猝遇兵捽之使行前值深隍得閒躍入以死

庠生黄奇英妻於氏赴水死
庠生來裕之女與婢小春俱死于水
庠生楊守程妻湯氏度不免與守程並一子俱抱石投去虎村池水死
徐喬椿妻沈氏爲兵所逼乘間自縊于龍山嶺
翁氏二女長女年十六許適汪生幼女十四未字兵至鳳儀鄉二女被獲置馬上經珠墅渡橋長女跳水中幼女從之俱死
王國幹妻俞氏爲兵所執囑其夫速避去遂獨行抗詈不撓被臠斬死其地在西興鎭
王國生妻徐氏見兵氛甚急以幼子付國生即赴水死其地在傅家峙石池
庠生傅日新妻戴氏見兵至投横山寺前池死之
趙逢典妻蔣氏明末避寇湘湖寇欲汚之投水死
孫氏龍池姊與弟避兵湘湖爲亂兵所執不屈自盡
吳斗輝妻許氏明末兵亂赴水死

蕭君梁妻徐氏抱幼子避難遇兵殺子掠氏氏兩手抱木不放衆叢射之至死不屈

單人傑妾張氏避亂湘湖兵欲汚之氏不從赴水死

王茂生妻張氏明末兵亂茂生遠出氏年二十四赴搖家潭死孫洪琛登進士任四川長寧令

張道濟妻朱氏明末兵亂道濟外出未歸邑中男女皆奔竄或告曰兵入城矣盍早去氏泣曰吾夫適外將焉往遂自經于後園槐樹下

丁元勳妻潘氏元勳山陰人氏蕭山人年十九歸丁夫爲寇害氏識其屍慟哭殮之又爲立嗣苦節至五十五歲卒　以上乾隆志

王孟瑞妻王氏永樂時人守節七十餘年詔旌其門　新纂

張海妻嚴氏生子嶽海以景泰七年十二月三十日過錢塘溺焉嚴時年三十其子嶽以父溺母寡竭力奉養成化庚子爲商販布麻亦溺死錢江中妻改適嚴煢煢孤影依父住沙上紡績苦守卒年八十　新纂

王孟寧聘妻金氏景泰時人孟寧錢塘縣學生死後金在家望門守節新纂

來完妻孫氏完卒孫年二十九紡績課子讀嘗責子曰我未亡人耳苟延性命者爲汝二人也一日家被火衆莫能近孫入火抱姑戴氏出頭額焦爛不覺痛卒年八十一刑部尚書洪鐘爲之傳新纂

來汝賢妻錢氏汝賢卒錢年三十家無儋石錢佐以奩飾敦師禮友先爲夫庶弟納室乃及二子卒年八十二新纂

太醫院判王師課繼妻張氏縣學生朱東山女師課忤魏閹歸隱長山仙石巖年七十喪偶東山以女妻之生舜臣五年而師課卒朱年二十四明亡兵亂朱攜舜臣及前室子舜齡走避九里坳兵蹤跡得之脅以刃朱奪刃剺面且哭且駡兵欲殺之舜齡舜臣號慟求代得免遁入深山中亂平歸老于家清康熙間旌新纂

王龍山妻張氏魯王監國丙戌六月初一遇清兵抱女赴湘湖死與王國幹妻俞氏王國生妻徐氏同日殉難人稱一門三烈婦新纂

來宏勳繼妻方氏丙戌歲於湘湖遇寇投水死 新纂

沈大維妻何氏清兵渡江邑人俱鳥獸散何獨貧守兵迫投河死越三日出之面如生 新纂

象山婦爲亂兵所掠至錢清禹會橋赴水死居民獲屍衣皆縫紉具棺葬之歲時致祭題爲象山烈婦云 附

按象山婦被擄經境非蕭山人乾隆志原文雜羼邑人中今移附新纂後以示區別

王妙端王士謙女年及笄誓奉父母不嫁正統四年卒年四十四歲清康熙二十年旌列爲莩蘿六貞 新纂

清

趙應榜妻丁氏應榜元邑簿誠後裔也氏歸趙生三子夫死家無遺貲操作至耄未嘗怠長子之鼎中武科順治十三年旌

富時巽妻徐氏塘灣里徐寧長女年十八適長山富家埭農民富時巽甫四十日夫死將葬氏乞于姑營雙穴不允遂自經于墓側事在康熙三年一作順治十七年

周萬紀繼妻童氏夫歿一子方襁褓家貧備歷諸艱貞操愈勵康熙九年旌

何之楠妻黃氏歸六載而之楠歿子又早夭葬舅姑躬任拮据以節終康熙九年旌

賀國祚妻蔡氏年十八適賀生子昌圖甫七日夫歿家貧有嫠姑躬操作以奉菽水昌圖歿又撫五孫俱成立苦節五十載康熙十二年旌

翁大捷妻王氏年十七于歸甫三月而大捷遠去越三年大捷客死京邸氏安貧守節二十餘載康熙壬戌柩歸撫棺而哭矢以同穴遂于七月二十三日夜分縫聯衣履赴水死

王家棟妻張氏年二十三攜女往鄉路遭暴客欲汚之氏罵不絶口先拋弱女于河乘間投水自盡闔邑稱其烈行邑令姚旌曰節烈猶生

胡之樾妻來氏年二十五夫卒四月服滷救之甦越五月斷髮毀容及大祥自經遇救

得不死逾年夫仲弟生子彌月遂懽然曰承祧有人吾可報亡人于地下矣却飲食逾旬而卒

孫氏三烈孫四祿妻王氏年及笄歸孫生女二長曰關姑次曰美姑日夜爲其夫安貧厲行四祿家計日落不守閑檢氏恥食其粟自勤紡績易米奉姑夫後逼氏爲失節事氏誓不欲生夜半母女牽衣同赴蘇潭死康熙三十年郡守李以聞

蔡恂妻王氏年二十五而寡時舅姑亦病氏延醫調藥時時寬慰舅姑乃漸愈撫幼叔鞠孤子尤辛勤倍至歿年九十有六康熙三十年旌

胡節母沃氏諸生胡先春妻富順丞胡其廉之子婦也明崇禎間其廉由長樂簿陞富順丞以道遠僅挈子先春以行時羣盜四起家鄉隔絕沃謹事其姑任氏勤紡績供甘脆課其子肇新祿安成立康熙七年祿安至蜀遇富順舊役乃得其父祖殉張獻忠之難狀及詢遺骨安在遍訪之不得乃匍匐歸告諸母母一慟幾絕病十七年而卒葬于湘湖之青山繪爲孤墳圖康熙三十一年德清徐倬撰記

沈三台妻葛氏年十八夫死方懷妊及期生子之鳳毀容苦守子長娶婦夫諱日設薦語子曰吾事畢矣一哭仆地旬日而卒之鳳後任泰和縣主簿

烈女某不知姓氏康熙十三年爲亂兵掠次十四都九都界之前山麓躍入山池自盡土人見其髮髦知爲處女裳衣密縫顏色如生遂憐而葬之名其山曰烈女山（更纂）

按前山烈女山一則乾隆志原文嫌似古蹟并羼入明人中今更正列此

陳六姑（府志作六孤）嶼莊村陳顯揚長女生康熙乙亥至庚寅年十六未受聘有戚諸暨俞意誠者（本作裔臣）艷其色出言挑之六姑憤絕投繯自盡家屬鳴官置俞於法康熙五十三年欽旌完貞二字村人爲肖像於寶筏庵營墓庵側後改烈女祠（更纂）

沈秉倫妻楊氏年十四夫故日夜哀號越五月秉倫弟生子遵遺命立以爲嗣遂于靈右投繯自盡

瞿靜源妻鮑氏年二十五靜源亡親叔逼嫁自縊而死

陸道見妻徐氏陸守訓母也青年守志族人利其產一日誘孤至柳巷刃之忽後有呼

殺人者迴視則黃衣道貌者也因竄去孤傷左頰血蒙面仆地黃衣出藥塗之扶孤

叩母門母急訊故轉瞬不知所之乃以爲神于是謀所以遠害者僦母家居焉躬自

課讀長爲之婚復故居恢先業子姓繁昌苦節之報

張氏三節魏氏張堯仁妻年二十五夫亡子師賢方四齡堅志守節師賢娶李氏年二

十師賢亡三子方在襁褓李事姑育子孝慈備至邑令徐則敏姚文熊旌之師賢長

子效良娶楊氏年十有八而寡藩司蔣毓英旌之曰四世三貞魏氏歿年七十有六

李氏歿年八十三楊氏歿年七十六

張蘭莊妻王氏年十七適張明年蘭莊卒殯葬畢氏以杖植墓前曰吾能完節枯竹當

再生後竹果生以節終

胡氏二節胡恆妻金氏胡文熊妻金氏娣姒也俱二十二而寡恆妻無子文熊卒其妻

欲自縊姑以有遺孤勸之乃止二人事姑課子相依爲命恆妻守節四十九年文熊

妻守節亦數十年

來孫芝妻韓氏年二十二夫歿氏奉姑撫子子殀又撫其孫賢至成立

於奇玉妻徐氏年二十五奇玉歿無子氏謹奉衰姑姑忘其無子也距十年姑卒撫繼子始黄恩勤如已出

徐一曾妻黄氏明經黄三策孫女廣文徐希穀子婦氏歸徐數載而一曾卒于官舍年僅二十貞志不渝凡五十餘載

任氏二婦任元齡妻徐氏事舅姑以孝著舅朝諍官衡陽佐元齡隨任朝諍以藩工獲譴有司逮之急時元齡未歸氏挺身就逮久之事解子二雲蛟順治丙戌舉人雷蛟縣學生雷蛟早卒妻史氏僅二十一歲無子善事耄姑族里稱之

盛鳳鳴妻孫氏庠生之標母也年二十五而夫亡苦節訓子五十載邑令王司訓周並給匾旌之

黄岳齡妻倪氏岳齡爲寶豐縣典史卒於任氏聞訃哀號求死親長競勸之乃忍死撫孤苦節三十餘年

黄化龍妻蔡氏化龍既娶以痘亡氏年十九矢志靡他連値兵祲艱辛萬狀姑登九旬氏亦垂老朝夕奉養不倦鄉里稱曰孝節

施懷榮妻華氏懷榮早歿氏節操完潔育二子三女子成家女得所歸焉

任士進妻蔡氏孝廉蔡一鵷女嫁未十載而士進歿守節三十年

王德璋妻趙氏璋疾篤親侍湯藥衣不解帶歲餘璋卒氏年二十一立姪鏷爲嗣教育成立卒年六十有二雍正二年旌

孝子王鉽妻汪氏幼時父授以孝經内則列女傳皆通大義歸鉽五年而寡遺孤四歲崇儒闢釋僧尼不敢至其門延山陰之𧩙素以文字往來者曰金先生授子女讀又念鉽素耽書其在時嘗輯左國以下旁及子史與諸家別集未竟而卒乃命子洪源陸續積書遇秘本卽購之得數萬卷藏之一樓以竟夫志與鄞范氏天一閣山陰祁氏東書堂相輝映云雍正二年旌更纂

沈士瀾一作士蘭妻王氏年二十一而寡繼子承祧霜操不二雍正三年旌

戴嘉棠妻朱氏年二十一而寡事舅姑撫子成立守節三十年雍正三年旌

王圖鞏妻吳氏年二十一而寡事舅姑孝教子有成守節三十五年雍正三年旌

王奇勳妻金氏年二十四而寡立姪爲嗣守節四十六年雍正六年旌

王錞妻吳氏貢生吳楷女年二十七夫亡孝事翁姑喪葬盡禮撫遺腹子恩勤備至子婦早殁又撫二孫成立雍正六年旌建坊西門外

趙繼日妻黃氏年二十五夫亡撫遺孤守節至九十五歲事姑二十餘年紡績奉養自甘飢餓不使姑知雍正七年旌建坊西門外

倪潤妻金氏年二十九而寡守節七十六歲卒雍正七年旌

吳樞妻陳氏年二十三而寡事姑撫前妻子守節三十年雍正十年旌

陳日泰妻范氏年二十六而寡撫子守節二十六年雍正十年旌

丁君平妻鍾氏年二十六夫亡子幼氏紡績以給子長爲娶婦早殀遺一孫氏復撫之成立守節四十五年雍正十二年旌

楊文登妻何氏年二十一夫亡事姑孝撫遺孤守節三十二年雍正十二年旌

田氏二節田嘉時妻張氏子雲漢妻郎氏張年二十五而寡郎年二十七而寡紡績撫孤足不踰閾張守節三十一年郎守節三十二年俱雍正十三年旌

陸東妻王氏進士王先吉女孫年十五歸東東歿時氏年二十七事姑黄氏無疏節無子撫姪奕球爲嗣姑歿懸像臥寢奉之如生奕球讀書以咯血死媳陶氏早寡門內孤嫠三世相繼乾隆元年旌建坊東門外

王玢妻范氏年二十一歸玢甫三載夫卒生遺腹子志輅氏貧守教養凡五十載乾隆元年旌

鍾氏三節鍾萬定妻田氏年二十五夫卒撫孤銓銓妻田氏銓早逝有一子天呂姑媳共撫遺孤比長娶陳氏氏奉祖姑與姑曲盡孝道生子三元廣譽而天呂又亡家計中落陳氏勞紡績以供甘旨恩勤育子而教戒甚嚴人稱一門三節云乾隆元年旌

周茂臣妻富氏年十八歸茂臣六載夫亡家故貧以紡織養姑育子壽八十有四總督

嵇題旌建坊本里

王增輝妻來氏年二十八而寡閉戸紡績二十三年乾隆二年旌

鍾秉鈞聘妻高氏未娶而秉鈞亡氏甘心同穴於送死之時作于歸之日毀容縞素截髮矢貞年四十卒乾隆二年旌

陶鼎新妻黃氏年二十而寡懸夫像于內室朝夕焚香孝姑撫子守節四十八年乾隆二年旌

蔡文暘妻童氏結褵未久文暘以弱病不起遺孤作相甫三歲作楫方在抱氏年二十一含殮之夕以頭觸柩願以身殉母勸之乃勉强苟活家甚貧時有諷令改適者氏屢截髮毀面以誓撫子成立以疾終乾隆三年旌建坊東門外

陳宗惠妻胡氏二十二歲夫病歿家極貧事紡績以供饘粥朝夕飲食必薦其夫薦畢取以哺子有餘方自食艱苦終身乾隆三年旌

周肇烈妻吳氏年十八歸周肇烈歿絕粒者數日以姑命勉進饘粥家貧勤女紅以供

甘旨生養死葬守志二十四年乾隆三年旌

來朝俊妻王氏年二十九朝俊卒氏孝舅姑喪殯盡禮無子以姪鳴珂爲後鞠育備至未幾子婦俱夭遺二孫復撫育之

張璐妻嚴氏年二十四夫亡無子教育嗣子恩勤兼至乾隆四年旌

莫氏二節陸氏莫維翰妻陳氏莫維邁妻兄弟後先棄世陸氏年二十五陳氏年二十三翁姑垂暮兩氏勤紡績以佐膳均乏嗣各撫姪大綸大緯訓育成名壽皆逾八旬

來鋆之妻李氏年二十四夫故僅遺沙田七分收穀不過一石氏晨機夜績奉姑撫孤二十餘年葬舅姑如禮

吳氏二節吳人鑑妻王氏二十三歲夫故繼子佑婚娶二載又卒迺與子婦黄氏並守王守節三十六年家失火舅姑及夫像被焚赴火以殉黄二十二而寡守節三十年立姪爲嗣

吳宏遠繼妻沈氏未娶宏遠亡氏年二十六聞訃奔喪母族阻之引刀欲自刎乃聽之

舅已耄氏先意承志以孝謹稱遺孤允恭氏撫之成立兼撫其孫乾隆四年旌建坊西門外

吳允恭妾程氏府志作高氏允恭承節母沈氏之命以妻無所出娶程生子二當允恭亡時妻已先歿程年二十五事節母沈孝謹子克寬候選縣丞在寬貢生皆能纘承先業乾隆十年旌

瞿文雄妻張氏太守元功曾孫女也文雄故庶出歿時嫡母呂生母陳皆在堂遺孤廷望甫三歲氏孝慈兼至嫡姑病篤刲股療之疾乃瘳孀居數十年家政井井乾隆四年旌

王文旦妻蔡氏年二十六而寡孝養七旬祖姑慈撫四歲孤子守節三十一年乾隆四年旌

來一邦妻錢氏年二十五夫亡冰操凜然乾隆四年旌

王氏二節王序先妻陳氏二十四歲夫故奉事姑嫜百計承歡王亮賢妻楊氏二十三

歲夫故鞠育嗣子如已出乾隆四年旌

何錫朋妻毛氏人稱節孝乾隆四年旌

韓全斌妻王氏全斌早亡鄰里咸稱貞節乾隆四年旌

陳錕妻蔡氏夫故勵志歷終身如一日乾隆四年旌

何兆公妻葛氏年二十八而寡足不出閨雖至戚罕見其面乾隆四年旌

蔡如蘭妻俞氏如蘭弱冠遊庠以力學遘疾早亡氏年二十九紡績養姑撫孤子啓元

慈嚴並至邑令鈜文成門鈺疊旌其閭

蔡杏元妻陳氏杏元歿于京邸聞訃慟絕事孀姑以孝聞撫孤益謙甫成立旋逝氏隻

影無依苦節彌勁

徐氏二節徐家彪妻王氏徐家驥繼妻翁氏同堂妯娌也王年二十夫卒家無儋石以

悲泣失明年六十六而卒翁年十九守志視前妻子如已出請旌後建雙節坊於本

里

郁煜妻任氏十九歲歸郁郁故貧士氏紡績佐之姑歿哀毁逾禮年二十一夫歿氏方懷孕屆期生子轄辛勤訓育諸孫繁衍

蔡文治妻來氏歸二載文治歿家貧無子服除就食母家媒妁瞯者盈門氏大詈之遂還夫家盡鬻衣珥以營夫葬後瞽一目復損一足煢煢三十年

王氏二節曹氏王謙吉妻年二十四寡撫子成立時有曹姓贖女因缺價赴水氏知以土布助之使完聚人皆以爲難孫媳何氏癸未進士垣女太學生王錫田妻也夫卒斷髮毁容撫孤維杞教養兼至乾隆五年並旌

張應元妻沈氏夫歿守志兒女燕見未嘗少假言笑應元本祖籍錢塘赴杭應試已獲售寃被以冒籍擯斥憤懣成疾而卒氏教育遺孤每涕泣以勉其繼父志子豊能遵母訓纘序有聲乾隆五年旌

王森妻來氏年二十四寡遺孤週歲翁姑垂白矢志勤績孝養兼盡

張逸妻何氏幼時父君玉口授女誡甫入耳輒成誦父奇之年十七歸張張苦志立學

氏以女紅佐讀兼佐甘旨生子一逸遊粵西客死氏百計經營卒獲歸葬乾隆五年旌

曹王潮妻丁氏二十九歲夫亡矢志守貞事親撫孤終始不渝子銓中雍正壬子武科乾隆五年旌建坊史村

楊氏二節生員楊光斗妻趙氏年二十八夫亡子昇娶韓氏昇卒韓年二十一趙氏泣勉以三世單傳賴存一線以全宗祀韓遵命訓子國瀚食餼有聲乾隆五年姑婦並旌

任華妻胡氏大理寺丞辰旦次子婦也適任三載華歿姑疾氏刲股以進疾漸瘥子二長榮登縣學生次倫康熙甲午科副榜乾隆五年旌

曹一楠繼妻丁氏青年守貞撫前妻子節愛如己出乾隆五年旌建坊史村

黃千冠妻蔡氏幼習禮儀及笄適黃未十年而寡以義訓子守節三十年乾隆五年旌建坊西門外

陳宗禹妻王氏年十九夫亡家貧凡遇年節必垂淚祭奠乾隆五年旌

毛詩妻任氏年二十三歸詩五載夫故矢志守貞教子元會雍正己酉副貢乾隆五年旌

沈士標妻來氏年十九夫亡守節不移乾隆五年旌

孫應元妻婁氏年二十五夫故守節四十年乾隆五年旌

樓拱辰妻侯氏年二十八寡撫姪爲子教養兼至乾隆五年旌

葉繼惠妻蘇氏年二十七夫故閨門端肅人罕睹面守節四十六年乾隆五年旌

樓允元妻俞氏二十五歲而寡紡績教子足不踰閾乾隆五年旌

樓時若妻傅氏年二十二夫亡事姑撫子守節三十一年乾隆五年旌

楊瑞妻張氏年二十夫故以禮自閑內外雍肅乾隆五年旌

孫嶽鍾妻來氏年二十七夫亡事病姑竭盡心力姑歿歲哭見者惻然以義方教子成立六十七而終乾隆六年旌

蔡氏二節王氏年十九歸蔡際經婚十日而際經死氏苦節自矢孝養舅姑弟經緯娶來氏甫七載經緯死氏年二十七遺孤在襁褓欲以身殉王氏慰之曰若婚七載不猶多于予之十日乎若幸有子不更多于予之無子乎敬事二人死撫弱息以答死者於地下徒事涕泣何爲也二氏皆守節三十餘年乾隆六年旌建坊西門外

鍾煜妻周氏煜早亡奉姑撫子調護頗艱二十九歲而寡守節六十餘年乾隆六年旌

張美基妻傅氏年二十一夫卒氏慟哭欲絶家貧盡鬻奩貲以供殯葬遺腹生一女撫姪錦爲嗣守節三十餘年乾隆六年旌

吳應芳妻來氏年二十八而寡勤鞠二子事紡績以供膏火餘則貯之於囊積至數十金囑子文傑買地二十五畝爲義塚乾隆六年旌

王之嶽妻張氏夫早亡氏矢志數十年乾隆六年旌建坊西門外

汪烈妻孫氏年十六歸烈烈會試赴京遘疾旋里卒氏年二十八苦志守節撫姪宗周如己出乾隆六年旌

王增妻蔡氏年二十三夫亡赤貧乏嗣依胞弟昇爲活守節四十二年乾隆七年旌

王肇芳妻蔡氏年二十三夫亡終身茹素孝事翁姑守節二十三年乾隆七年旌

陳鋭妻來氏年十七而寡守節十七年乾隆七年旌

汪垣妻徐氏十七歸垣十九而寡閨門整肅雖童稚不聞嬉笑聲乾隆七年旌

蔡文芳妻任氏二十八歲夫亡五十九歲身故守節三十一年乾隆八年并妾楊氏同旌

單國瑨妻張氏年二十八夫故氏奉舅姑以孝訓遺孤以義守節二十九年乾隆八年旌

王廷櫟妻蔡氏年二十八夫歿守志自誓事舅姑撫稚子服縞終身乾隆八年旌

方文秀妻魏氏年二十四夫亡孝事舅姑撫遺孤日忠成立守節三十五年乾隆八年旌

周曾學繼妻金氏周溝異疾歿斷髮毀容敎子有成乾隆八年旌

朱氏三節何氏朱正已妻年未三十夫歿撫遺孤大典成立娶媳吳氏結褵未久典又病亡孫肇翰年弱冠娶史氏未幾翰又卒三世守貞乾隆八年旌

鍾鼎妻朱氏夫歿欲以身殉舅姑勸慰乃止姑亡哀毀過禮撫遺孤承祐訓以義方乾隆八年旌

鍾亮妻張氏夫亡哀號絕粒因翁姑年邁強進饘粥孝養篤摯立姪爲嗣尋又夭同子婦李氏共撫孤孫教誨成立乾隆八年旌訪冊作乾隆三年與媳李氏孫媳陳氏曾孫媳宋氏俱奉旨建坊額曰四世全貞

朱宏義妻吳氏二十九歲夫故守節二十四年乾隆八年旌

王文龍妻姚氏年二十七夫歿終身不華服不茹葷守節五十餘年乾隆八年旌

項子麟妻張氏夫歿厲志自守後偕姑與子僑杭州歷三十餘年不易其操乾隆八年旌

來維邦妾陳氏維邦任韶州司獄卒于官陳年二十二遺孤在襁褓尚逆之變欲歸不得撫遺孤相依爲命一日砲轟震天火丸落臥內陳驚起幸孤臥帳中得無恙後數

年扶櫬挈孤歸里艱苦備嘗守節四十年教子有法壽七十三而終孫瓏以節行聞乾隆九年旌

張涵妻趙氏年二十五夫亡舅姑相繼歿氏喪葬盡禮子二氏晝勤鍼黹以資修脯夜篝燈火以課誦讀長子集次子迨康熙丁卯同領鄉魁先後成進士贈宜人乾隆九年旌

方矢孝妾汪氏方疾氏日夜涕泣侍奉湯藥者數月及歿寢臥柩前事正室丁氏盡禮子兆熊五歲遣就學鄉塾常誨以積學成人克繼父志年五十五卒乾隆九年旌

來之煇妻趙氏總兵文璧女之煇隨文璧遊嶺南客死氏年二十九孝姑撫子冰操凜然乾隆九年旌建坊西門外

周官鈺妻方氏年十九歸周二十八夫亡氏悲痛絕粒舅姑慰之乃不死孝親訓孤無不盡禮終身不華服不茹葷不宴會乾隆九年旌

沈士渠妻于氏年二十八而寡勤苦紡績終身蔬布非喪祭不輕出乾隆九年旌

何憲章妻薛氏年二十一夫歿撫姪爲嗣守節三十八年乾隆九年旌

陳若羣妻丁氏年十七適陳姑韓逝世夫因哀毁相繼亡氏大慟死而復甦者再卒年五十有一乾隆十年旌

沈士蘭妾吳氏年二十九士蘭故女君楊氏雙瞽病臥氏躬調湯藥左右勿離日勤女紅撫遺孤乾隆十年旌

陳泰昌妻單氏二十七夫故歃血盟心歷五十六年如一日乾隆十年旌

鮑文謨妻丁氏二十五而寡屏絶鉛脂力勤紡績守節終身乾隆十年旌

黄氏二節黄象霖妻周氏年十六適黄時姑方病氏侍湯藥竟夕不寐及夫卒教子有法孫婦王氏年十八歸黄甫三載夫故矢志靡他乾隆十年與祖姑並旌

周範春妻陳氏夫卒毁容守志以織紝事姑年五十八卒乾隆十年旌

瞿佐妻單氏孝廉國球女年十七歸瞿夫卒氏年二十九事舅姑孝敬撫孤沛讀書成立乾隆十年旌

任燕占妻張氏年十九歸任未久夫故氏事翁姑撫子守節三十二年卒年五十有六

乾隆十年旌建坊東門外

于章宗妻周氏歸章未及二載夫疾革囑以母老而盲汝謹事之周泣受命及夫卒氏奉姑盡禮撫繼子成立守節二十七年乾隆十年旌

徐松妻陳氏松家貧贅于陳甫五日即遠館他鄉素患血症次年秋卒于館陳聞訃絕而復甦者三扶柩歸矢志以守爲立嗣子又早亡遺孫尚在抱躬自鞠育守節五十餘載乾隆十一年旌

陳克昌妻童氏年二十歸陳二十三夫歿立志守節遺腹一子辛勤鞠育訓以義方後舅姑相繼歿喪葬之費皆氏紡績所供乾隆十一年旌

孫氏二節孫方寧妻韓氏妾丁氏寧歿韓年二十九丁年二十五篝燈紡績同守三十餘年乾隆十一年旌

單國球妻周氏歸數載生一子夫歿孝事耄翁屢被族人凌侮氏百計彌縫俾得相安

以保其家遇庶妾以禮撫嫡子庶子極慈守節二十五年乾隆十一年旌

周元珍妻史氏年十八歸周元珍出繼于叔繼父母及本生父母俱在堂氏以一身周旋各得其歡心甫十載元珍卒誓欲身殉念所繼之舅姑雖歿本生舅姑尚存且三子俱幼乃以婦作子以母兼師守節二十二年而卒乾隆十一年旌

謝世煒繼妻丁氏年二十三夫亡勤儉撫孤守節三十年乾隆十一年旌

張大慶妻王氏二十七夫亡養親撫孤守節四十八年乾隆十一年旌

蔡廷燦妻來氏年二十歸蔡六載而寡家貧無子兩目俱瞽苦節三十餘年乾隆十二年旌

張其進妻華氏年十五適其進三載夫亡遺孤在襁褓苦節六十餘載乾隆十二年旌

張統遠妻王氏二十七而寡上失翁姑下無子女煢煢一身閉帷紡織者凡二十餘年乾隆十二年旌

來武聖妻湯氏十八歲適武聖七載而寡撫養遺腹俾得成立乾隆十二年旌

韓美中妻朱氏年二十五而寡守節五十三年奉邁姑撫弱子孝慈兼至績紡成家乾隆十三年旌

蔡集妻沈氏年及笄歸蔡孝事二人克循婦道夫歿哀毀矢志清操不渝乾隆十三年旌

何徵吉妻徐氏年十九歸何三歲夫歿年氏誓以身殉翁姑曲爲勸止遂繼伯子宏道爲嗣仰事俯育皆賴氏焉乾隆十三年旌

朱氏三節朱元正妻周氏結褵彌月元正遊京病卒無嗣氏年二十四訃聞大慟親詣京扶櫬歸撫姪王璋爲嗣孫紹衣娶繼室丁年二十四紹衣亡遺孤世隆在抱丁氏克儉克勤者數十年世隆娶王氏方兩月歿王年二十腹懷妊生子萬化奉姑守節沒世完貞乾隆十三年旌

湯鳳彩聘妻金氏年十五鳳彩亡氏卽過門守志事翁姑執婦道無疎節顧復猶子不啻己出乾隆十三年旌

韓廷獻妻蔡氏年二十八夫故言動不苟閨閫整肅守節二十五年乾隆十三年旌

張宏道妻章氏年二十七而寡苦節二十七年乾隆十三年旌

陳至言妾王氏女君韓早逝簉汪生子師亮汪卽亡氏隨任中州歲試未遍至言病劇母蔡垂邁師亮甫週家無次丁又鮮族屬至言歿目不瞑氏慨然力任乃瞑誓不負託後蔡母九十有四子師亮亦克成立皆氏節孝所致也乾隆十四年旌

夏惟炫妻施氏年二十三而寡零丁孤苦守節四十八年乾隆十四年旌

夏圻妻陳氏編修陳至言女年十六歸圻結褵七載夫歿氏苦節自誓乾隆十四年旌

莫恭瀓妻陳氏編修陳至言女年十四適瀓瀓早卒腹有遺子撫養成立奉事翁姑咸稱節孝乾隆十四年旌

韓國順妻王氏年十九夫亡孝養堂上撫育猶子苦節三十五年乾隆十四年旌

楊名試妻孟氏年十五歸楊二十四而寡苦節三十六年乾隆十四年旌

韓德章妻蔣氏年二十八而寡子湘生甫八月撫養成人課督諸孫恩勤交至守節三

十九年乾隆十四年旌

徐武承妻周氏年十八適徐二十九夫故遺孤二歲氏雖嚴寒祁暑不輟紡績撫孤成立守節二十九年乾隆十四年旌

童學伊妻王氏二十歲適童二十五而寡奉繼姑以孝聞子夭立從孫雙元爲後與嫠媳共撫之苦節二十餘年已旌

蕭山縣志稿卷二十三

人物

列女中 節烈傳貞孝附　末附賢媛一人

何之棟妻來氏之棟歿于京邸兩子俱幼氏辛苦食貧訓子益嚴子文炳中武科官山西潞澤營守備

周應明妻來氏婚未幾夫得瘵疾臥床八載臨終囑以未了事氏嚙指受命家故貧翁復久病生養死葬備極艱辛訓子夢熊如嚴師邑侯蔣星煒以聞旌曰完節

葛堯勳妻陸氏歸七日而夫病距三月而寡氏年十九事舅姑尤謹嘗曰吾爲死者完子道耳苦節三十餘年邑侯王吉人給匾旌獎

孫應訓妻單氏年十六適訓十年訓卒氏力作奉姑訓子以禮年七十邑令鄒上其事

張上甲妻朱氏事姑單氏極孝謹夫亡撫幼女繼子備嘗辛苦歷五十年以壽終臬司王廉其事旌之其女歸朱日高早亡守貞事姑撫育子女有法人稱雙節

張氏二節張邁妻韓氏年二十五邁故針黹紡績奉親撫孤三十餘年如一日邁從弟

文進娶妻陸氏夫亡貧甚陸守節無異于韓

王氏二節華氏王洪斑妻也斑亡矢志守節妾張氏斷指誓無二心家素封獨勤紡績

不倦子芝穎爲諸生恪遵母教邑令旌其門

王基妻蔡氏二十四歲基亡撫幼女嬰兒備嘗艱苦

徐世薦妻楊氏二十五歲夫歿子女皆幼家稍温飽外人嘗覬覦之氏事針指勤撫育

卒靖外擾人以爲難邑令姚文熊旌曰冰霜勁節

陸一隆妻沈氏二十喪夫遺孤鳴鳳教養成立臬憲張旌曰冰霜兢守卒年七十九

王氏二節王長祚妻沈氏生子公望而長祚卒子娶徐氏生子懋官而公望亦卒婦姑

相守沈壽八旬徐年六十邑令姚旌曰雙節

王承乾妻李氏年二十七而寡秉節育孤人無閒言

許同寅妻蔡氏年十九寅卒爲夫供子職撫季叔若孤兒備極艱辛

王承式妻來氏二十六而寡舅姑性嚴峻事之極謹訓誨遺孤織紝惟勤族里稱其節孝

戴萬象妻來氏早寡家貧撫二女一子以苦節終令聶世棠旌之

單匡周妻來氏早寡事舅姑以孝撫遺孤以慈持家政惟謹接姻族惠而有禮

朱大棟妻任氏十八歲適朱越十一年夫亡家貧事紡績有勸以他適者嚙血而誓教三子以德義聞年至八十而歿

任伍仁妻童氏二十有八夫亡盡瘁撫遺事翁姑以孝姑病晝備湯藥夜同寢臥年六十一先姑而卒祗以不能終事姑長號而逝聞者淚下

王之麟妻朱氏年二十夫亡毀容去飾晝夜勤劬以佐家計養親撫孤鄉黨推其節孝

何愈高妻王氏年二十二愈高客死冰操無玷

陳繼魁妻朱氏繼魁官守備卒于任訃至氏悲哀骨立訓子成人

韓麟妻蔡氏年甫二十夫亡事舅姑教孤子孝慈兼至邑令姚文熊旌之

蔡國治妻來氏早寡撫育遺孤守節織紝邑令姚文熊旌之

張全甲妻王氏事姑以孝相夫以禮姑病劇刲股進之愈後姑老臥床與全甲奉事晝夜不解衣帶者數十年邑令何璉旌曰淑孝

魯良襥（一作良驥）妻金氏甲辰良襥赴試卒于京上無舅姑下鮮子姪依母兄守節未幾母兄相繼歿嫂欲奪其志氏不爲動撥田數畝爲魯氏祀產而苦守愈堅

蔡良祐妻郎氏年二十二祐亡義方教子歷四十餘年推官王陛旌曰持行冰玉子安仁癸卯科武舉人任臨清衛贈宜人

蔡君球妻趙氏年十七君球亡事姑撫子誓不二志

單彝妻楊氏年十六于歸十載彝卒哀毁骨立衣素茹齋清操無玷

鄭龍章妻陳氏夫早歿事舅姑和妯娌持家訓子苦節終身臬憲金維藩旌曰四德完貞

王氏二節王鴻京妻蔡氏年二十六夫亡姑耄子幼養育辛勤子立朝娶蔡氏夫早亡

蔡與孀姑相依爲命姑卒柩停中堂鄰火將及撫棺大哭願以身殉倏風迴火滅知縣姚文熊旌之

張濬祥妻黄氏青年守節上事下撫子佩玉縣學生盡孝養焉

葛士俊妻陳氏年十七歸葛數年夫歿子方孩提家頗腴同室屢肆侵淩氏從容以禮接之曰吾爲夫存孤產乃身外物耳雖困吾何較焉子竟成立壽九十有六邑令姚文熊旌曰節壽

章國光妻樓氏年十八夫亡矢志四十年邑令劉儼旌曰共姜媲美

王圖昌妻倪氏二十有七孀居親老子幼孝慈無間

陸守舜妻陳氏二十三而寡矢志存孤以針黹自給鄉里憐而敬之

戴元簡妻沈氏十九歸戴期年元簡溺死貧甚苦節不貳六十年

王士驤妻郭氏年十九驤卒家貧子幼殯葬畢斷髪矢志守節終身

洪有度妻林氏順治十年有度以新城尉殉難林氏撫棺慟哭絶食死

胡心傳妻黃氏心傳進士胡昉四世孫早歿氏紡績撫孤歷四十餘載邑令鄒勷旌曰節壽

張文廣妻富氏年十八適文廣數年夫卒撫育子女以苦節終

王附翙妻楊氏十九歲附翙痘亡守志越五十載

張氏三節張大阡妻王氏二十有七阡亡庠生張錬妻郁氏二十有四錬亡庠生張振邦妻倪氏二十有四振邦亡俱有一子在襁褓各以苦節終

魯士升妻蔡氏年二十士升贅其家甫七月士升故氏歸魯守節遺腹生一女針指供食壽七十邑令鄒勷旌之

來彰妻童氏二十有六而寡二女一子數年子痘殤氏告廟繼姪兆榮慈孝克盡四十餘年次女適張能之二十有四而寡秉節不異于母

王延祉妻詹氏姑病瀕死氏籲天請代姑夢神許以延歲果愈延祉仗義好施皆氏佐之也邑令表其閭曰孝義流芳

周維京繼妻童氏年二十六夫亡勤苦撫孤自墓祭歸寧外勿越閫閾殯祭諸事靡不盡禮以壽終

錢士鵬妻張氏二十一歲夫亡堅志守貞邑令旌其閭

許學熹妻婁氏于歸五載夫亡苦節存孤學使周旌其閭

周應舉妻王氏年二十五而寡苦志守節紡績撫孤七十餘年如一日觀察龔如錫旌之曰撫孤守節

蔡士翹妻傅氏名以敬十九而寡無子姑亦早孀無叔伯之倚事姑孝言行不苟雖兄弟亦不同席五十年無少渝其祖母徐氏以節旌氏克繼徽音者也

王貞女行肅二及笄矢志不字不修容不苟笑不無故出入依弟肅六以終

徐夢旦妻王氏諸生廷樞女也名戒女歸井亭徐夢旦數年夫卒無子歷挫折操守益堅嘗聞父讀左氏傳至祭仲殺壻事有人盡夫也句戒曰此語狂悖不可爲訓其明理義如此

金玉鳳妻周氏年十七適鳳二十二鳳故垂白在堂遺孤在膝一身任之閱五十九載如一日

安行妻陳氏仁化知縣陳之晉女適安行順治初安行隨之晉涖任卒于署氏年二十七事姑撫子備嘗艱苦年逾六旬子孫繞膝督學張衡以節孝旌其閭

來樹妻洪氏二十有九夫亡矢志守貞家雖饒必躬紡績焚借券千餘金不信釋道以壽終

蔡引祥妻錢氏年二十九孀居育子成立子亡撫孤孫嫠居九十餘而卒邑令給匾旌焉

蔡如蕙妻鈕氏二十有八如蕙卒前妻遺女子四人視如己出守貞四十五年督學汪旌曰孤松晚翠

謝聖輔妻汪氏年二十七而寡事姑以孝訓子以義子孫濟美享年七旬郡守姚鈐給節孝撫孤匾旌之

蔡儀賓妻吳年氏二十三而寡撫孤娶媳子又亡乏嗣氏苦節四十六年

包肇蓼妻何氏年十八夫亡遺孤纔五月舅姑年邁氏晝夜艱辛以佐家計苦守三十年邑令趙題其門曰冰霜矢操

何國杞妻孫氏年二十而寡誓守四十年親戚罕見其面

黄聖功妻李氏年二十五聖功卒年逾五旬節操彌貞

蔡氏四節曹氏蔡惟忠妻單氏惟孝妻魯氏惟廉妻王氏惟節妻同胞妯娌也皆青年守志翁卒四氏以婦代子喪葬盡禮姑徐氏年六十餘兩目皆盲貧不能延醫四氏以次吮目後兩目忽明撫子皆克家孫枝甚盛雍正四年旌

俞廷棟妻孔氏廷棟早歿氏屏膏沐聲影不逾戶外紡績撫遺孤人稱賢節

張育增妻王氏年十九育增棄世氏紡績奉姑姑歿喪葬盡禮稱節孝焉

何宏埰妻徐氏年二十四夫以幕遊客死京邸聞訃慟絶者再姑解之氏泣勉承命事紡績以奉舅姑以姪肇鏊爲嗣二女俱擇配名家子壽至七十有二

王之稱妻吳氏年二十三夫卒無子年五十以完節終
蔡如芳妻陳氏年二十八而寡矢志艱貞二子又相繼歿年七十復繼孫以奉先祀
黃文炳妻韓氏養親教子守節四十二載享年六十五歲
張國寧妻徐氏年二十九夫故勤儉孝養年七十餘而卒
張開元妻陳氏嫁未三週夫歿室如懸罄心若冰霜邑宰旌之
沈三魁妻童氏年二十九夫亡長子二歲幼子在妊家極貧撫孤成立
蔡文渭妻鄭氏少寡家貧翁姑垂暮氏勤操作以奉甘旨族里稱其難
任元隆妻錢氏夫亡氏年二十六課子誦讀三十年始終如一
魏元化妻張氏年二十五而寡家貧子幼晝則辟績夜則課讀二十餘年不少懈
張越泉妻蔣氏年二十九夫亡紡績給衣食訓二子成立年七十三而終
胡起龍妻陳氏年二十三而夫歿子四歲常曰古人言餓死事小失節事大況吾有田足供饘粥可養舅姑育孤子者乎未幾舅姑病亡喪葬盡禮更以奩資遺嫁小姑年

荒出粟以賑貧民及卒有司上其事旌焉

許繼麟妻駱氏生子未踰月而夫卒年氏十九矢志守貞事舅姑盡孝教子大經成令器治家勤儉織紝身親年五十一而卒

許五臣妻來氏年十八生女未週而夫歿氏絕粒誓死舅姑以義止之斷髮毀容紡紝奉親翁姑歿喪葬盡禮撫繼子甫成立又殀遂不復繼年七十一而終

來維邦妻蔣氏來幼患弱症年十九贅於蔣明年疾亟迎氏歸而夫歿遺腹產一女又夭家貧糊楮鏹易食以奉舅姑日夕坐一小樓苦節三十餘年而卒

來鍔初妻華氏年十八適鍔初十載鍔初歿家貧督長子謙鳴力學紡績以供修脯撫養兩姪愛如己子卒年五十三以子貴贈恭人

王立德妻胡氏夫歿毀容自勵苦節數十年

韓成魁妻華氏年十六適韓生子甫三歲而寡家貧織紝撫孤成立守節四十七年

史氏二節河南禹州知州史書巖繼妻張氏夫亡子熄尚在襁褓守節撫孤以壽終熄

妻俞氏二十七而寡苦節二十年雍正二年彙報入節孝祠

王邇先妻屠氏年二十五夫故守節四十七年

陳日涵妻韓氏祖姑年耄氏乳養三年孝奉翁姑晨昏無間

蔣天如妻蔡氏年二十八夫卒家貧氏事上撫下二十餘年內外無間

王世培妻徐氏四世單傳夫死遺腹生男愛護成立

傅榮春妻洪氏榮春死氏年二十七艱難衣食訓子有方壽六十有九

何翙鳳妻傅氏贅翙十月翙亡遺腹生男又遭回祿境遇愈困節操彌勁

王廷經妻來氏二十有二廷經卒苦守三十餘年

陳茂如妻姚氏年二十五而孀孝舅姑和妯娌雖年邁猶親紡績

王開伯妻徐氏夫亡子女俱幼勤女紅以給饔飧贍婚娶年五十三卒

王倘文妻戴氏倘文死氏年二十六子幼家貧苦節終身

田瑞春妻徐氏夫卒子幼親老織草屨以餬口苦節四十餘年

屠起莘妻朱氏二十有七夫死日食一粥冬無棉絮處之恬如

孔瑞宇妻陳氏勤儉孝慈苦行四十二年歿享年七十有一

陳吳旦妻周氏二十有六而寡紡績苦守四十八年

張子章妻曾氏十八歲適張二十三歲夫歿紡績奉翁姑撫嗣子成立

李甲妻張氏年二十適李二年生一女夫歿事姑撫女苦守終身

朱錫嘉妻來氏年十七適朱二十有七夫故奉姑訓子賢孝冰潔

俞价垣妻戴氏針指供姑義方教子貧守三十年

郁靖公妻賀氏年十五適郁十七夫亡節操懍然

潘士寧妻汪氏年二十適士寧値合家染疫氏事夫無懈暨十月夫故守節終身

沈廷謨妻吳氏二十有八夫卒孝姑撫子矢志守節

韓經妻張氏適韓三年夫故上孝翁姑下撫幼子鹽院諾給匾旌之

來蘧年妻韓氏二十有八夫亡養姑字幼年六十七而歿

來聘妻韓氏一作張氏二十有五夫亡至七十歲身故守節四十五年
王廷鈴妻丁氏夫亡教子力學壽八十四孀守六十年
吳樸妻單氏樸病而性躁氏曲意承旨五年樸卒氏守節四十二年教子有成
陳麒妻胡氏年十九適麒三年麒卒氏毀容儆服刲股療姑守節五十七年
周至信妻金氏夫亡矢志守節事舅姑祗敬撫諸兒有成
蔡文琮妻張氏歸蔡五年琮故氏奉親撫孤三十年無間
金鱗先妻張氏及笄歸金夫卒織紝自給至老不輟
蔡朝佐妻曹氏年二十有八夫亡撫孤成立苦節五十餘載
曹斯盛妻俞氏家貧子幼矢節不變卒年七十
何孔錫妻郭氏年二十四夫亡晝夜紡績事舅姑不怠撫繼子以恩
吳子敬妻韓氏年二十七夫疫死子幼赤貧如洗紡績訓子苦節三十餘年
俞氏二節廷珪妻邵氏年二十九夫亡廷楫妻孫氏亦年二十九而寡同以節終

郎堯臣妻孫氏堯臣棹舟爲業結褵三年而歿夫叔逼氏他適氏閉戶以縊急救得甦以苦節終

王弘先妻陸氏二十有四夫歿壼範嚴肅里人敬之

任季侯妻周氏年二十七夫亡三月生遺腹子家貧資紡績以奉舅姑而私餍糠餅有欲奪其志者引刀將自殺乃止雍正三年邑令鉉文成給賢節表揚額

王承祥妻包氏年二十四而寡姑老子幼仰事俯育靡不周至

史廷俊妻呂氏十六于歸甫七載夫故矢節四十年孝姑和妯娌郡守旌之

沈大球妻徐氏年十八歸球及球死守志無二葬夫如禮制撫孤準典型壽九十四歲子孫繁衍而富貴莫不稱賢節云

來氏二節來一德及子承宣並娶于張本姑姪爲姑媳一德亡氏年二十有二苦節六十年卒年八十有二十指自給承宣亡氏年二十有五忍餓養姑苦節二十九年卒年六十有四

趙文璿妻汪氏文璿者總兵文璧胞弟也娶氏三載客京師家貧氏織紝事姑後文璧移鎮粵東汪奉侍偕往而文璿亦由都之粵遘危疾不起與母後先俱卒氏哀毀幾絕扶兩柩歸撫文清次子鋸爲嗣守節四十餘年如一日

曹國秀妻周氏年二十八而寡撫孤事親無不曲盡子亡撫孫曾灝輩三人苦守六十八載

林氏二節林彬妻張氏二十有二夫亡守志不二以青年嘔血老而目盲常在床褥其孫林文熊妻王氏週年喪夫諸伯叔相繼去世翁姑喪葬一身獨任晝夜紡績愛養諸孤充腹不過一餐禦寒不過半褐二氏之貞操苦節鄉里並憐念焉

張君揆妻蔡氏適君揆甫三年夫歿依兄蔡霖者八載君揆弟君玉昧心圖利暗囑媒氏再醮許姓氏聞之將自刎許不敢娶君玉計不遂復于次日令甥徐文煥假稱君玉悔心接嫂歸家又恐見疑遣妻鄭氏爲伴舟至蘇家潭路徑迴別氏知復墮奸計挺身躍入波心君玉黨與在岸護送者倉皇撈救幾斃氏兄霖訴于縣紳士亦具狀

上聞各憲給匾旌奬邑令姚嘉氏志節延醫調理置君玉等于法士民快之

傅以成妻陳氏年二十七夫故長子五歲幼子尚在腹氏矢志守貞敎遺孤理家計艱苦備嘗督學彭給坤貞昌後匾旌之

周曰篚妻單氏篚任常州靖江巡檢攜氏之任以解餉往京染病旋署遂歿氏歸八載遽寡扶柩歸里上奉翁姑下乏子嗣乾隆十三年學憲于旌曰苦節流徽

來象升妻程氏年二十歲歸來七年夫死無子家僅餘田數畝象升兄弟四人皆耄而無子象坤年雖六十尚可娶妻而力不逮氏盡鬻己產爲叔續娶及叔死得遺腹子一氏自鬻田後衣食惟賴針指晚年老病族人憐其義餉之四五年

沃壇妻楊氏年十九歸壇三年夫歿氏奉養舅姑送終追遠竭蹶支持以姪芹獻爲嗣守節四十六載

沈奇勳母朱氏妻倪氏妾董氏奇勳爲惠州守備殉難三氏皆以完節死

王克仁妻夏氏年二十二而寡家貧無嗣以姪有政爲子婚配未幾有政復逝氏撫孤

孫娶孫媳辛勤耕織者四十餘年

曹璉妻來氏年二十二而寡織紝自給撫遺腹子成立苦守二十六載

詹八姑詹懋昭女也年十六母染癱症日夜侍奉無倦容有媒氏執柯必峻拒之後母病疽八姑以口吮其毒孝養備至如是者四年母卒一慟幾絶以恐傷父心勉强存活然已成痼疾臨終流涕曰女應萬死將事吾母于地下矣遂卒邑人皆稱其孝

張雨先妻汪氏年二十于歸九載夫故事衰親撫遺孤備嘗辛苦年八十一歲

單家謨妻周氏年十九歸謨七載謨讀書以嘔血死越二十年舅姑歿氏爲營度入土未幾孤兒又死苦積紡績金終之日託族中賢者置薄産收微息以綿祀事

倪元俊妻朱氏年二十歸倪五載夫故日夜紡績上事耄姑下撫二子氏年六十姑年九十孝養無稍怠云

來氏二節來洙妻宋氏年二十七夫故翁姑老子樞方在襁褓樞娶湯氏未幾樞去世湯年二十七子承祖甫八歲承烈甫五歲煢煢姑媳共矢苦節

張之梧妻沈氏年十七歸張甫一載而之梧卒氏以死自誓紡績養親未嘗少虧足不及戶者四十年

張光祖妻徐氏光祖以諸生貢成均卒于京氏年二十五聞訃一慟幾絕翁姑慰諭之始勉强存活以紡績資養親撫孤苦節四十年

沈榮錫妻祁氏年二十一夫故願從死舅姑止之姑患鼻衄不止氏剪股和糜進疾愈守貞二十年而卒

王必昇妻徐氏年二十二而寡越數月舅姑相繼逝氏喪葬盡禮未幾妯娌又亡僅遺一女氏撫如己出守節四十二載氏將卒命子燵捐宗祠田產若干

丁同揆妻金氏舉人吉人女同揆歿時氏年二十七私製殮具以誓同死暨卒以首觸柩幾殞者再尋自縊姑覺之排闥以救翁姑皆泣勸留餘生以終養二老氏泣受命苦守三十年

吳燦妻蔡氏武進士龍驤女也夫卒于京撫遺孤泣血幾至喪明櫬歸親營窀窆朝夕

懸像于室焚香供茗與姑陳氏皆以節孝稱年八十猶課子讀書親自句讀

丁景龍妻吳氏年十六于歸二十九夫卒撫育諸孤家本素封好善樂施歲以爲常年八十三而卒

王道妻張氏年二十九夫故守節二十餘年邑令鄭世琇題其門曰貞比松筠

蔡際恆妻柳氏夫嗜書病瘵支離床簀者數年氏奉湯藥不少懈年二十八夫亡篝燈課子時有女僧以月米來請氏曰寡婦家豈宜此輩往來堅拒之卒年五十三督學帥念祖給匾旌之

王氏四節王士珪妻何氏年二十九夫故氏念親耄子幼忍死守志卒年六十有一長子家楨娶翁氏次子家祚娶曹氏皆得孀姑歡俱二十七而寡翁氏七十七而卒曹氏八十四而卒家楨子德新娶來氏年二十六德新亡矢志食貧孝姑鞠子苦節三十五年邑令姚仁昌以冰霜世守旌其閭

陳宗憲聘妻韓氏四歲字陳年十三歲宗憲亡韓誓在家守志乾隆四年宗憲弟又新

將請旌韓知之曰守貞分内事何敢遽邀曠典辭至再各憲嘉其志竟如所請乾隆十一年韓卒年六十八歲

單家模妻曹氏歸七載夫故長子顯祖甫六齡次子在襁褓幼子尚在腹氏遵姑命不死後數月產遺腹子教養三子皆成立

孔毓昭妻郭氏年十九適毓昭三載夫卒生遺腹子家貧守節撫孤娶媳生孫未幾子婦俱歿氏撫孫成立卒年七十有四其宗人金華博士毓垣顏其門曰櫱味松顏

張良佐妻陸氏年二十四而寡孝養翁姑喪葬盡禮又擇賢嗣以續夫脈年五十外卒

來氏二節之燈妻戴氏年二十八夫亡遺孤坤三歲氏撫之成立娶媳魏氏未幾坤又亡魏年二十五歲遺孤銓方二歲煢煢姑媳事針指以供饘粥人稱來氏二節

陳于祥妻葛氏年二十有九夫故遺孤二齡紡績自給撫孤成立年六十九而卒

曹東阜妻李氏年二十九夫亡食不葷衣不華無子撫姪錩以奉先祀年七十外卒

蔡兆琇妻何氏年十九歸蔡六載夫亡撫育猶子守節至六十餘歲

葉天源妻方氏年二十有九夫亡三子俱幼氏治家教子四十餘年孫贄乙丑進士

史翼麟妻趙氏及笄歸史舅姑早逝年二十四夫罹重疾而卒家貧躬紡績以育子女

金世傑妻單氏年十九歸金二十五夫故翁老子大貴尙幼翁歿喪葬盡禮以族無宗祠捐資獨建年六十二卒守節四十年

施學洙妻汪氏年十八歸施二十九夫故氏事上撫下内外肅然守節二十七年五十七歲卒

瞿蘭妻俞氏甫笄適蘭夫病瘵鬻奩調治二十八歲夫故上奉翁姑下撫子女苦節二十六年

徐珩妻蔡氏及笄于歸年二十六珩卒遺腹生光世朝夕敎誨弱冠遊庠

謝增八妻黃氏年十六歸謝謝長山鄉樵夫也期年謝亡家無立錐又無子女夫族無可承祧撫兄子黃某爲嗣比長不務恆業氏慟哭喪明織屨自食以終守節五十餘年

瞿元妻俞氏年二十三夫故孝事翁姑子女四人撫之成立守志五十年

史衞瞻妻陸氏年二十六而寡孝姑撫姪守節二十六年

施乾元妻蔡氏年十九歸施二十七而寡紡績撫孤子又夭無嗣苦節終身

王立采妻陸氏年二十于歸越三載夫歿茹苦勵節卒年七十一

任奇徵妻沈氏年十六適任七載夫故家貧矢志不移姑年邁久病侍奉不離教育遺孤子燋甲有聲黌序

王氏二節王琰妻任氏王珪妻蔡氏琰珪先後早夭二氏並青年守志貧而益堅其先世王茂生妻張氏明末兵亂殉節搖家潭貞節家風再世相繼云

蔡全儒妻周氏青年守志孝事姑翁教子嗣襄有成署縣事楊司馬給匾旌之

丁師堯妻史氏前令姚旌之曰節孝雙高

陳氏二節陳聖儀妻王氏年二十三夫歿守節三十一年歿年六十有二孫陳岳瞻娶邵氏年二十六岳瞻歿邵守節三十年而歿年五十有五邑令趙旌之

富克生妻裴氏年十七適克生二十七克生殁遺二子家貧以針黹自給長子又殁復撫二孫成立年八十一終族舉人啓英上其事

陳氏二節庠生陳啓周妻張氏二十三而寡嚙指矢節紡績以奉舅姑撫姪立大爲嗣娶媳許氏生二女立大又殁姑媳守節張殁年七十有四邑令姚旌之

史自雋妻何氏年二十八夫故苦節撫孤殁年六十有一守節三十三年

何祈錫妻俞氏年二十一而寡無子奉舅姑四十餘年以孝聞撫嗣子如己出家貧紡績爲事稍有餘蓄捐置祭田邑令孫旌其閭殁年七十有三

吳正傑妻余氏年十八歸吳二十四而正傑殁祖若父二老在堂家業不足給佐以針黹侍養無缺撫孤成立殁年八十有三苦節六十年邑令旌其閭

朱必逵妻黃氏年二十三夫亡上事下撫役十指自給逮稍贍置田捐祠竭力營之殁年五十有八守節三十六年

李子紅妻韓氏十六歸李二十五而寡事舅姑生養死葬皆盡禮撫二子有成守節五

十三年

史自瑜繼妻單氏年二十六夫亡忍死撫二孤苦節多年卒年五十以外

陳伯恆妻王氏年十九夫歿苦節二十六年歿年四十有四

潘星耀妻王氏十七于歸二十七夫故孝事舅姑壽皆八十撫二子成立歿年五十有三守節二十六年

蔡亨儒妻顏氏年二十六夫故撫孤完節年六十有三而歿

蔡爾文妻王氏二十八歲夫歿矢志撫孤歿年六十有四苦節三十九年

單松妻蔡氏姑疾呼天求代刲股和藥死而復甦姑病尋愈歷十二年而歿氏卒八十以外

蔡臨川妻王氏二十有九夫歿撫孤守節三十餘年而歿

何寧垛妻孔氏歸七載夫亡舅姑年邁撫姪肇鎣爲嗣苦節三十五載卒年六十有二

單紹周妻曹氏幼通書史兼善書法夫亡年二十毁容自矢人有賫金求書者懸夫像

于堂痛哭以應無子惟日勤紡績以給衣食

沈一泰妻李氏十九歲夫亡姑病不解衣帶七十餘日刲股和藥病遂愈

丁泰圻妻童氏甘貧守節人咸憫之

沈以淶妻王氏十七歲夫亡遺孤甫八月苦節終身

楊祖科妻來氏年未三十夫亡守節三十餘年葬五棺撫二女邑令劉勷旌其閭

韓燭之妻張氏二十有四夫故撫遺孤棟入學未幾又死氏苦守二十餘年

傅之巖妻許氏傅之岱妻陸氏之巖兄弟染疫癘亡二氏並以苦節終

柴君秀妻湯氏年二十一夫故守節六十餘年學使彭以松筠貞操旌其門

韓聖祥妻何氏年二十四夫亡守節三十九年邑令王楠以冰霜勁節旌其門

盛朝佐妻張氏苦志守節四十餘年邑令孫翼給匾優獎

周建泰妻陶氏孝事舅姑順相夫子綜內政處妯娌靡不精當其父僉事陶作楫爲之傳以上乾隆志

蕭山縣志稿卷二十四

人物

列女下 節烈傳貞孝附　後附賢媛才媛

來宗熹妻戴氏年二十一寡以姪沓治爲嗣守身甚嚴即從子從孫年長不許入其房順治丙戌江上兵潰資財盡失辛苦拮据者三十年卒年九十一 以下新纂

張弼服妻林氏奉姑沈氏極孝姑疾篤刲股以進姑疾遂愈又享年十載翰林院毛奇齡書節孝贈之

吳應龍妻羅氏應龍弱冠游庠成瘵疾卒逾周遺孤又殤氏以本支無可承祧勸翁納妾翁乃納李氏生二子氏年八十一卒

來有勛妻戴氏有勛父明諸生名嘉績督子甚嚴戒令弗與世事家貧父子舌耕餬口有勛游庠後爲人排解有擔禮以饋者嘉績大怒即抽擔上木擊之仆遂死嘉績亦悔恨氏雖痛夫非命而翁前無幾微流露翁姑卒哀毀盡禮無子不立嗣以勤劬之

積置田立翁姑祀產而夫與己祔焉卒年八十
徐在孝妻王氏年二十四而寡勤紡績以撫孤夫兄在仁亦無嗣病卒其妻楊氏赴水
殉妯娌節烈里黨稱之楊氏事已載紹興府志
仁和訓導王璣繼妻富氏隨夫之任與方夫人芳佩爲閨友時陳勾山杭董浦兩門閨
秀聯袂湖山雅有酬唱著焚餘詩稿朱珪視學兩浙爲撰王節婦傳
吳芝林妻柴氏曾于柴嶺下置山二十五畝捨爲義冢撫憲稽旌匾曰西伯遺風邑令
姚旌匾曰澤廣靈臺乾隆七年欽旌節孝
郭宏德妻傅氏郭倫作節婦行以紀其事有云婦年十九嫁郭郎四月新人慘死别又
云悍姒朝朝偪嫁夫婦入房中將髮截夫子無嗣死不得猶子續夫嘘成列
汪楷繼妻王氏會稽縣學生雍文女妾徐氏鄞縣人先生子輝祖五齡正室方早世遺
二女幼既期徐請於楷謂宗子不可無主婦楷乃聘王氏爲繼室王既歸字子若女
無異所生而以娣畜徐徐則恂恂下之加伯姒禮一等王操家秉徐拮据佐之晨夜

隨其嫡課子女已而楷以例除淇縣典史王與徐俱從之任楷在官清慎王與徐以織紝佐之楷既引疾歸故有田百畝以養父母爲弟鬻償博負懼傷父母心置不問無何楷父歿有逋不能償乃走謁所親于廣州不遇遂卒當是時王年二十有八徐年二十有九姑沈氏則七十餘矣王徐內奉衰姑力圖甘旨外則盡斥其餘產以償夙逋而索逋者猶課息不已王與徐亟鬻簪珥足之猶未饜則相率晝夜操作寸銖積累閱三年乃畢償焉初楷喪之自粵歸也厥弟先攜其子治生他所沈欲往就養王徐二婦泫然出涕長跪請留姑鑒其誠乃止厥後奉姑凡十餘年養生送死無不如禮徐後楷二十三年卒王後徐又十三年卒時乾隆四十年也王卒之年猶及見輝祖于是春成進士先時乾隆二十九年有司以王氏徐氏節孝事上于朝詔建坊旌其閭

駱廷宰妻彭氏年十六歸廷宰生一男殤生一女四歲廷宰以匠業客死青浦彭氏年纔二十七母族無人惟日夜紡績育其女未幾女又夭夫弟某素無賴利其改適金

陰導朱某劫之去彭氏毁容絶粒祈死朱故狡甚雖劫之未遽付金廷宰有族人廷元往拯之得返彭氏遂傭於富室操作勤謹二三十年屢蓄貲權子母欲歸夫骨輒爲人賺去晚年家居以親支無可繼嗣者乃出餘貲贖先世所遺沙田數畝充家祠本房祭產俾翁若夫春秋得血食道光二十六年年八十卒未旌

來毓春妻王氏夫病篤乞遺命囑草二十一則每朔望命子姪捧誦體行汪輝祖著越女表微錄徵節行於氏辭曰節吾分何文爲卒年五十二

張之梧妻沈氏年十七歸之梧甫一歲而之梧卒沈慟不欲生斷絶飲食父母苦勸之乃勉進食逾年不復茹葷日夜紡績足不出戶者四十年年五十八卒

王國賓妻陳氏早喪夫遺三子幼者未離襁褓家貧甚或利其身値迫之嫁至焚其居使無所依陳矢志彌厲依母家借一椽以居季子又殤歷經患難身染痼疾幸長次二子長成能自立孝養其母得終天年

來喻豔妻張氏年十八歸來甫七月而喻豔卒張欲以身殉餓五日將不起矣以姑勸

强起進食勉撫嗣子性端謹寡言笑持躬甚嚴人罕見其面卒年六十一計守節四十餘年

來元通妻霍氏元通卒霍年二十一遺雛女五歲孿生子步增步瀛僅一周土鏗糠燈傭工度日其母無所託亦迎養以終凡霍出外爲傭皆其母代撫二孤間日一往視馱薪米以給雖寒冬炎暑無稍間遺孤始得成立卒時年七十九已旌

孔魯達妻陳氏臨浦陳兆仁女年二十一夫卒無子生一女亦殤族黨中欲令再適事垂成矣陳聞大驚恚恐不得脫乃潛匿暗室中勺飲不入口者數日夫兄魯瞻嘉其志以三子太安嗣之太安方六歲陳撫如己出恃紡績爲活稍長使出就傅膳修皆出十指太安雅好讀書而悲母氏之劬遂改學賈營運輒倍息得備甘旨之養卒時年七十八及見孫慶華成名云

孔太瑞妻邵氏嫁未期年而夫死遺腹生子與叔大母共居叔大母亦年十九而孀者邵善事之未嘗少離人稱雙節卒時年六十五

黃承祖妻華氏年十七歸承祖越三年而寡無子華稟於姑盡斥賣嫁時衣飾爲舅士瞻置妾既而妾產女三歲舅病歿華不得已請於姑以已緦服弟後舅於是集族議擇承熊繼士瞻既授室三年承熊生子華之繼承祖爲後鞠之甚至姑年八十四而卒華侍之不離左右人歎其節尤敬其孝

黃大勳妻史氏年十九歸黃家貧甚夫病無醫藥資史質衣治之不效及卒史年二十四只一女無子姑歿時以幼弟託史撫育史引爲已責終日紡績撫幼弟成立娶妻生子嗣其兄爲後史年七十三卒守節五十年

周氏軼其夫之姓名來蘇鄉人夫卒無子傭工自給積貲置產助入宗祠以延夫之血食

候選主事王安詩妻任氏同邑進士德平縣令任洣女守志撫孤鄰婦有瞽而貧者日以食食之終其身子二長儼江蘇同知次脩舉人義烏教諭孫曾科第接踵人咸以爲苦節之報

孔東霞妻田氏東霞聘氏後得狂疾舅姑願退聘氏曰名義定不可改也卒歸之東霞以狂故幽閉一室氏從壁隙伺起居五年如一日迨東霞狂逸赴水孔氏事翁姑以終

黄行佩妻陳氏夫亡族中無賴利身值逼之嫁不遂則焚其廬氏挈子遠避賴十指度日遣子就傅蚤年遊庠

徐汝賢妻施氏夫亡無嗣舅年七旬家徒壁立氏勤十指以給用營地葬舅姑及夫之喪守節四十一年卒年六十六歲

徐學始妻單氏夫亡子幼鄰人憫其貧諷之去氏泣曰夫在吾以十指生今十指如故安敢喪心以負吾夫卒年六十五歲

徐士鴻妻孫氏夫亡無子舅大容僦居清江浦任俠好施家中落歸計維艱氏安命守志卒扶舅喪歸事姑以孝聞卒年六十七歲

韓第蓉妻張氏年二十三歸韓年餘夫亡遺孤僅四月翁揆一以鹽筴起家富甲一鄉

迨翁故族無賴覬其產欲奪氏志氏矢志不從卒年八十四已旌

李氏二節徐氏李上達妻孝事舅姑夫死遺子茂浩甫三歲其太姑周病危婦刲股療之後爲子授室媳亦徐姓連舉兩孫而茂浩又卒時太姑周及翁均先故惟姑封氏

龍鍾猶在婦理家事媳主中饋上事高堂下撫孤兒苦守三十餘年人稱李氏雙節爲請旌焉

來肇文妻徐氏肇文卒徐年二十六子之璜九歲徐鞠子成立娶婦富氏未久而之璜又卒撫四歲孤與寡姑悽惻相對饘粥皆恃十指徐卒年六十八富卒年八十五

來可望妻張氏可望死張年二十九子天度纔九齡天度再娶爲華氏未久天度又死華年二十一無子姑婦煢煢或至終日不舉火姑死堂叔企曾月助以米華辭其助張卒年六十華卒年五十八

來騰蛟繼妻夏氏與夫居母家前室三子一女皆寄食焉騰蛟卒于夏氏氏年二十七喪葬畢即歸家訓子子湘繼妻周氏年二十九而湘卒一子在抱見鄰右好撐蒱擇

遷居教之成立

來運新妻湯氏與寡媳湯氏相依苦守撫二孫成立嘗語媳曰人不患貧貧所以勵勤也勤斯無貧人傳爲彝訓卒年八十

來琮妻陳氏年二十三而寡無子遺二女紡績自給翁授諸子產獨不及陳陳亦弗之問也年九十卒

來之炳一作之焜妾張氏年二十八而寡夫弟世勛助資以育子女女適漢陽縣知縣蔡旬子亦青年寡居其秉節不異於母云

來學林妻曹氏年二十五歸來越八月卽寡有勸就食母家者氏曰歸寧且不可敢終身就食乎安貧苦守撫前室子成立

來南征妻趙氏年二十九而寡長子士龍娶蘇氏亦二十九而寡與姑手編燈籠以餬口趙卒年七十蘇卒年四十六

來鉉妻丁氏本儒家女適鉉卽佐夫業菽乳以度日鉉死不改其業跣足肩挑如男子

狀苦養遺孤所居茅茨半圮弗之顧也

來岳妻鄭氏天津人岳客京贅焉年二十六而寡夫弟聞岳死意其幕久多金亟馳津逼氏改適不得已攜女赴京依母舅以居久之歎曰夫骸未歸鄉里家有七旬老姑奈何久淹此扶夫柩南歸操作奉姑雖窮餓不告人也

來嗣范繼妻陳氏嗣范性至孝母瘡痏手難舉箸嗣范躬親哺啜先娶孔生子麟而卒繼娶氏而嗣范卒氏閉戶矢節足不踰閾撫孤成立卒年八十三

來文瑞妻王氏未親迎而文瑞亡父母知其志爲請於來舅姑備禮迎之奉主成婚執子婦禮撫嗣子成立

來學醇繼妻孔氏氏同邑進士傳曾女學醇卒於京氏年二十二事翁撫孤孤又早亡寂處矢節卒年七十三

來師昱妻陳氏師昱故氏遺腹生子煦苦心教養卒成進士入詞林奈假歸卽卒氏悟釋家言壽至七十二卒

來升雷妻沈氏年二十八而寡家赤貧二子俱幼仔肩極重夫亡三月髮盡白人呼爲白頭孀婦卒年七十二

來錫廷妻陳氏錫廷死氏年二十五遺子幼姑沈晚年生乳癰潰爛見肺腑穢不可近氏調治藥餌親滌廁牏四週寒暑無倦容夜分聞呻吟卽起其孝姑如此卒年七十餘

來錫珽妻虞氏年十六歸來生兩子錫珽赤貧又染黃疸病不能謀生卒病死以糊鏴自給焉

來廷槐妻王氏粵軍擾境廷槐於城南黃閣河爲賊逼投河自盡氏攜孤依父居父無子氏親操井臼以事孤長姑歸卒年七十餘

來眗繼妻王氏眗入詞垣假歸卽死氏年二十九事寡姑陳盡孝年四十餘卒

孔繼聖妻許氏同邑誥封武翼將軍許天聖女歸孔八月而寡遺腹生男八歲殤氏勤十指置田十餘畝撫姪廣茂爲嗣時方修宗譜氏出自置田六畝以助費卒年八十

餘計守節六十餘年已旌

王芝圭妻來氏芝娶氏纔半載即遭粤難被戕時氏年十九矢志堅貞壽至六十有七

王安生妻陳氏妾吴氏安生卒無子陳與吴紡績所得置田若干以夫所分受田十四畝作夫祭産自置田二十九畝捐入宗祠餘産十八畝作膳田以與嗣子同里湯修作析田記勒諸碑

來承宣妻張氏年二十五寡孝於姑族中有卹嫠田年終給米氏獨不往領曰餓死易事耳何能向人前求活

來錫爵繼妻沈氏年十九寡撫前室子女以婚以嫁來氏重大宗氏爲大宗婦春秋祠祀品物精潔人皆重之卒年七十

郭氏雙節倪氏同胞姊妹也長適郭燕廷次適燕廷弟禮端則又兼娣姒燕廷卒無子氏年二十三歲禮端舉一子而卒氏年二十五同撫稚子成人燕廷妻卒年七十一禮端妻卒年亦七十餘

潘俊聘妻傅氏冠縣知縣傅士珍第五女也俊爲九江道潘安國之子傅年十二父士珍死寇難舉家殉焉乳媪攜女及弟培基以逃時南北道阻累年不通聞問俊娶妾生子而死妾子樹勛長成迎歸江西傅欣然就養數年樹勛逝有遺腹孫祖培撫以成立傅嗜吟咏著有松筠軒吟草旌表如例

來鳳軫妻章氏鳳軫歿章年二十有六遺孤五齡時粤軍竄擾擄掠一空章撫遺孤夏夜無帳以扇驅蚊達旦不寐冬則寒無衾抱置身側以袖覆翼之藉紡織爲活孤得成立

姚茂貴妻洪氏髮匪擾境茂貴被擄至小湖孫地方遇害洪親見其慘子在襁褓苦志矢節者二十餘年

錢元芳妻孫氏年三十喪夫遺子女各一粤軍陷城氏姑已歿翁老而病扶翁挈子入山避難路遇匪彈穿翁左肩并穿氏右足同時仆地匪以白刃加翁頸氏哀求得免翁傷重不能起氏匍匐往近村求救村人憐之共舁歸家家貧如洗氏乞食養翁并

爲翁裹傷踰月餘翁傷愈氏足亦痊卒年五十有五

朱柏林妻曹氏幼畜於朱爲養媳年十六成婚生一女而柏林死曹年僅二十三時粵軍踞境曹日挈幼女行乞鄉里以養姑何氏人以曹賢每多與故得無餓後姑得癱疾臥床不起者有年曹侍奉不稍怠爲女擇壻得聘幣四十餘金爲姑置槥備縫逾年姑卒曹乃葬其姑并舅及夫嗣後不復行乞以紡績自度年六十七而卒

王樹槐妻洪氏年二十九夫死遺孤甫兩月又多疾病撫養成立中遭洪楊之亂家計益艱賴紡績度日及子出就外傅衣履必整潔寧縮己之食也卒於光緒十一年年五十九

孔廣徵妾楊氏晉產也廣徵宦於閩中年乏嗣其兄廣泉官晉購女送之閩時廣徵方攝上杭篆與正室俱遘疾楊氏左右侍奉衣不解帶者累月正室旋卒廣徵病漸愈遂納焉歷治龍溪尤溪等縣久之病復作招其甥韓藹堂至謂楊氏實猶處子應遣嫁楊聞泣曰主疾若不諱妾當扶柩歸里既已侍主豈可更事他人妾志決矣廣徵

死遂歸終年茹素身衣粗服立姪鞠堂爲主嗣并爲之授室守節三十餘年卒時近六旬矣

姚敬銘繼妻來氏同治壬戌敬銘參預義軍在山陰山頭埠殉難來時年二十七既而孤又不育以夫弟瑩俊子澍恩爲嗣守節十七年卒

王侗妻倪氏雲南籍任蕭山縣令倪應升女早寡無子以猶子爲嗣愛如所生

來光歆妻周氏光歆夙有文名以勤讀得心疾同治四年大水自沈於河時氏年二十六無子守節至七十五歲卒

陳恩紱妻姚氏恩紱殉咸豐辛酉之難氏攜孤隨叔舅慶祚避難如姻貫家未幾遺孤殤乃歸母氏時縣城已復境內蕭條氏藉十指爲活同治乙丑大雨西江塘圮母柩尚未葬將隨流逝適弟瑩俊遠出諸弟尚幼氏督工救柩卒得全夫從弟鑫源寤生叔姑因得血虧症氏由母家回竭力事奉以二十五歲寡五十三歲卒已旌

林式恭妾謝氏四川犍爲人式恭以御史出守貴州銅仁府卒於任謝間關七千餘里

扶櫬回鄉矢志守節六十九卒旌表如例

舉人黃同壽妻夏氏富陽人進士夏震武之女弟也歸黃後以兄震武倡學浙中勸夫專從震武游以明正學而已佐舅姑理家政勤儉操作無異農家婦舅中耀每對人言此婦興家者也同壽舉於鄉益劬學遽以病卒夏慟絶欲以身殉時遺孤祖洛方在妊舅詔以大義乃涕泣受命然歲時伏臘常鬱鬱不樂迨爲遺孤授室逾年以勞瘁悲悒死年五十有一嫠守二十四年未旌

舉人蔡以瑩妻曹氏妾馬氏咸豐十一年九月縣城陷以瑩先率諸弟奉母奔避復挈妻妾子女走呂裁莊王家橋側曹被賊刦駡不絶口投橋下死子景軾女景李馬所生女景良俱從死先是馬懷三歲兒匿叢葦間以瑩倉皇與遇馬後望皆賊幟促以瑩走隔水不得渡馬視道旁采菱桶可容人遂折孤篠當楫俾以瑩渡出懷中兒與之曰以是隨君去遂自沈於河而死

臨海訓導副貢生沈兆蓉妻王氏有賢孝聲兆蓉居臨海王家居咸豐十一年九月二

十四日城陷兆蓉室中章服被掠賊知爲仕宦家擾益甚王駡之被殺屍復被焚

王齡妻勞氏山陰人齡好文學結交多名士坐常滿勞治酒饌或出金佐客空乏皆克成夫志已而齡入貲以知縣官江蘇勞持家敎肅如也咸豐十一年寇警日棘勞先遣子婦避赭山子婦堅欲留勞不許子婦乃行九月城陷勞從容赴井死幼女渠姑從焉

庠生何金妻沈氏舉人沈玉琪女也咸豐元年適金金屢躓秋試鬱鬱得羸疾病加劇沈刲股入藥竟不起遺一幼女未幾亦殤同治元年投河殉難於會稽之烏石村已旌

沈賢書妾金氏揚州民家女年十七歸賢書咸豐十年春粤軍入浙賢書館桐鄉聞警挈金歸道經杭州甫入城而門閉越數日城陷金勸賢書逃賢書猶豫金知其爲己故也遂自經賢書乃逃得免難

張翠蓮邑人張德星女也少孤育於舅氏金永之家女家蕭山臨浦鎮舅家山陰湖塘

村女常往來兩家咸豐十一年蕭山紹興相繼陷女在臨浦多方避賊氛聞湖塘較

靖謐同治元年六月潛至舅家適永之赴上海而湖塘村亦有游騎女自度不免泣

向外祖母胡氏曰身惟一死以報母舅撫育之恩顧張姓女不當死舅家會當擇一

死所耳卽赴宅後隙地仰藥死

莫岑妻單氏洪楊之變夫外出氏恐受汚殉於門前之六角河旌表如例

趙錫祥妻黃氏夫爲河上鎮典商洪楊之變典被刦夫被拘氏聞之大慟嘔血死

庠生林繼揆妾董氏夫早世紡績守志咸豐辛酉城陷氏自縊已旌

林源妻樓氏妾楊氏夫寄寓杭垣咸豐辛酉杭城陷全家殉難未旌

署江西新城縣丞林芾棠妻徐氏隨翁姑寄寓杭城咸豐辛酉殉難未旌

歲貢生鍾紹璜妻金氏庠生鍾紹疇妻蔣氏娣姒也世居臨浦洪楊之變避居山陰石

柱村二氏爲匪所見逼令舁轂抵磧堰路側有長池金氏躍而入蔣氏從之後檢骸

作相抱狀高延祜奏聞旌表如例

副貢生張桂堂妻丁氏咸豐辛酉氏翁省齋被賊執欲刃之桂堂乞代父死賊並刃之氏在旁大罵賊亦被殺首在賊手口猶啟閉如罵賊狀

韓中妻孔氏歸韓三月夫即赴茂州南溪任未挈以行雖于歸已二年而夫婦團聚未盈百日咸豐辛酉避難於義橋對渡之河陽橋賊從金華潰竄過境執氏索財物創傷無完膚呼號腐爛而歿撫憲馬題旌

韓學詩妻倪氏咸豐辛酉避難義橋對渡之河陽橋賊猝至肆掠氏夜潛抱幼女赴池水死賊退收屍兩手抱女未捨同治甲子撫憲馬題旌

樓元彪繼妻章氏歸樓甫一載適辛酉之變舉家避難氏以窘步見擄欲投洲口橋下見水淺而止過橋東文昌閣語同擄者曰死此地屍可檢也奪賊刀自剄其喉以殉

韓學潮妻陳氏學潮游幕廣東咸豐辛酉之變氏有四子不能逃遂被害長子春先脫於難餘三子俱隨母殉

吳貞烈女賢美德美吳梯霞女也咸豐辛酉邑城陷賢美年二十一德美十九有從嫂

勸二女暫避二女曰滿城鼎沸避將焉往且父母俱亡兄弟離散家貧如洗何忝顏
求生爲並自盡無人爲斂遺骸不存

來樹森妻張氏樹森營商店於杭城板兒巷粵軍陷杭城氏恐爲所汚抱其女投井死

庠生來錫庚妻單氏咸豐辛酉粵軍竄境與女玉姑投河死同治六年旌表母女貞烈
四字

武庠生蔣依庭繼妻於氏娶時蔣已病瘵父欲緩期氏不允未半載依庭死撫前室子
成立同治壬戌粵軍至氏拒賊不屈死

王正銓妻虞氏咸豐辛酉抱其子自投何家池死

王在標妻華氏王在釗妻張氏妯娌也咸豐辛酉相約同投王家里門前河死

屠淦妻洪氏妾韓氏咸豐辛酉淦挈眷避難於邑之七都沈村同治癸亥粵軍至村大
掠入淦家索黃白物二氏大罵被害入祀忠義祠

許乾妻傅氏咸豐辛酉邑城陷里中人相謂曰賊至奈何傅曰自度能免不必懼自度

不能免有死而已十月賊掠鄉里氏往母家與弟婦蔡氏同赴白馬湖死年四十八

許肇脩妻陸氏肇修殉難後氏撫屍大慟迫於翁命不得死癸亥正月賊以勢窮將退遂大掠氏匿後園賊搜得之大駡被害

許肇曾妻陳氏同治癸亥殉難先時警至氏謂肇曾曰賊所欲者金銀衣食翁姑老而君病賊所不取可無慮惟吾婦人不能避又不能敵有死而已我死君其奉二老善相保卒如其言

庠生鄭崙未婚妻來氏名雪姑庠生來金銓女咸豐辛酉遇賊投本村河兜殉已旌

庠生來暭煊繼妻孫氏辛酉洪楊軍竄蕭抱幼女投本村小池殉

傅啓晉妻孟氏咸豐十一年氏年十八遇賊投河殉難

何藹堂聘妻鍾氏名二姑鍾寶樹長女也嫁有日矣會賊至避居新莊被脅投水死時咸豐辛酉九月

趙錫祥妻黃氏錫祥爲河上鎮某典司會計咸豐辛酉贅於黃寇至典被刼拘錫祥去

氏大慟絕粒七日死

傅瑞雲妻來氏洪楊之變瑞雲被擄家人奔竄氏獨留束帶整襟殉於門口之覃池時

年二十三胞弟來杰爲之傳

戶部郎中陳以咸妾楊氏蘇州賈人女也少孤露年十六歸陳爲箆室數年生子女各

一咸豐辛酉九月粵軍陷縣城以咸他出未歸闔門奔匿楊氏獨攜以咸嫡長女珍

姑同沈於城北史家池厥後楊所生子女以失母亦相繼死事聞旌如例

史阿釗妻沈氏粵軍之亂阿釗被害氏聞之投河死年三十八

周曰篚繼妻壽氏生子女各一粵軍之亂曰篚及子被擄氏偕女赴水死

王慶培妻張氏咸豐十一年粵軍竄浙慶培在上海游幕其從弟文童慶麟在籍辦團

練九月二十四日蕭山城陷慶麟巷戰死之張氏聞城陷夫弟死難急檢釵鐶令老

僕攜其二幼子潛避而自與慶麟妻徐氏自縊以殉張時年四十徐時年三十也同

時有施氏者監生周家樂妻因夫在山陰縣境率團擊賊陣亡亦與子傳忠自盡以

殉又有於氏者山東昭遠縣典史倪錦從嬸母也同治元年三月初七日粤賊竄擾遇於路罵賊不屈遇害光緒中有司上聞皆旌如例

陳大勳妻郭氏當粤軍之亂舉家奔散氏奉翁姑欲作避地計遇匪入門不屈投池死入祀忠義祠

陳大中妻胡氏當粤軍之亂避居深谷匪至脅之偕行氏以死自誓匪執其手氏取賊刀自斷其臂以殉入祀忠義祠

嚴彌姑生員嚴午辰妹咸豐辛酉粤軍陷縣城女束髮結衣自沈於百尺樓之河中死

陸蘭森妻蔡氏邑庠生倬長女也咸豐辛酉粤軍陷城蔡隨夫蘭森走避甫出戶遇賊賊執蘭森以脅蔡蔡巽詞請釋蘭森賊知其紿已也將偪之乃大罵自投於史家池水淺急切不獲死賊授長戈使援而上蔡以戈刃自刺其喉遂絶賊執蘭森去至諸暨亦被害

賀虎臣妻曹氏同治癸亥粤軍敗走由紹竄杭復四出擄掠賊以曹少艾欲擄渡江曹

誘賊至菊花山下忽從袖中出剪刀直前刺賊中額賊怒遂遇害時猶駡不絶口已

旌

王沛乾妻俞氏湯家坪人洪楊之變沛乾爲賊所執向索銀米沛乾無以應賊縛之柱以火焚之沛乾大呼曰死耳實無銀米俞避匿屋後小山聞呼聲徒跣至家見夫受焚向賊哀告曰此吾夫也祈赦之若不信吾夫實無銀米請以妾代受焚彼豈不愛其妻而愛銀米哉賊乃舍沛乾而縛婦竟焦爛以死時年三十一沛乾因此得生

陳聽濤妻武氏字鐵峯陳死悲痛幾絶葬之前夕手寫峯濤合影圖蓋合兩人之字以志哀也既窆仰藥墓側邑人陸成棟有詩以紀其事

錢大姑嘉慶間義橋某家婢貌美某家子調之以死自誓乃鬻之錢江妓船姑蓬首垢面寢不解衣誘之不從脅以威姑泣而誓曰苟辱父母有如此江諸妓邏守之姑乘間投江死越三日屍遂流上矗立水際面如生土人殮而瘞諸江濱蔣家山下咸豐間有韓生者樹碣曰錢烈女墓又十數年邑人來鳳翽撰詩文以紀

庠生張百瀛妻陳氏會稽人伯瀛以暑疾暴卒陳不甚哭惟不復食米但食瓜果終七之日遂以身殉

陸宗濤聘妻邵氏會稽周灣村邵其祥長女也宗濤於嘉慶戊午八月初三日溺水死邵氏時年二十聞訃截指自誓隨請於父母奔喪成服過門守節終身卒於光緒丙戌年與宗濤合葬於山陰木子湖所截指藏於中堂道光二十三年家被火惟懸指一室巍然獨存人以爲節烈之報云

施慶至妻趙氏武康縣人年十二字江西鉛山縣知縣施煦次子慶至爲室未幾煦卒女父母亦亡姑項氏憐其無依攜以歸逾二年姑與夫相繼病歿趙誓以身殉爲戚族防閑未果無何夫從兄刑部主事慶修歸里掃墓趙請以慶修次子延年爲慶至後得請趙曰夫有後吾願畢矣遂不食越七日卒時光緒八年六月十五日也年十有五旌如例

任諤妻某氏夫卒殉之族姪映堂有烈婦吟

王存旦妻瞿氏同邑增貢生瞿績熙女夫卒時以孕故强自裁抑後舉一子夭亡遂以身殉邑令以從容就義旌額於祠

儀徵批驗大使韓燾妾姚氏燾病故氏同時仰藥以殉已旌

韓作猷妻來氏監生來錡女年二十一歸韓明年夫病逝來視含殮畢絕食九日卒時光緒二十三年六月五日也旌如例

丁頤壽妾柳氏四川人初爲丁倪氏婢年十九歸頤壽事大婦綦謹頤壽先有一妾柳氏處之以和凡事不與校逾年舉一子光緒三十四年七月二日頤壽病疫卒翼日柳氏視含殮畢遂飲鴆殉年二十有六遺孤深源甫五齡女一方在襁褓也邑人韓鑑上其事會兵事起未及旌

王鉅妻施氏姑病刲臂和藥以進姑遂瘳施竟以是成瘵疾既卒而姑始知姑臨終以珠花授鉅曰汝婦孝於我我不及知以是識痛也其後家門昌熾人稱爲珠花王氏

任貞女任廷樞次女府志稱其盡孝完貞

周某妻于氏于仲容長女也未嫁時父病篤刲其右臂肉未脫而暈於廚妹救之蘇和藥以進父病痊而母又病女復刲左臂人稱孝女孫周京嘉慶甲子舉人

陳萼輝妻陸氏孝於姑姑汪絕愛憐之後萼輝爲叔後其祖母張尙在堂陸事祖姑張及所後之姑許先意承顏蓋並事所後姑祖姑者二十一年兼事所生姑者七年專事所後姑者五年動中禮法宗黨稱焉進士王宗炎爲之傳

倪省川妻陳氏嘗刲臂以事其舅王宗炎大賢之

來家驥聘妻蔡氏生員蔡岡女也家驥生十六歲而殤女聞訃哀毀將奔喪以身殉父母牽其裾泣勸之強忍死越數年有媒媪語及擇配者女斷髮毀臂誓不欲生舉家驚駭邏守之甚密不獲死自是無敢問名者年三十二病革泫然請歸骨來氏言迄而逝家驥父翙燕年七十有三生次子家駟道光乙未舉於鄉爲嫂氏請旌既奉旨仍卜吉迎柩與家驥合葬而以已子承佺嗣之

莫韻蘭莫士萃女幼字洪未嫁而洪子死事父母終身

王大姑王允大女幼字西門成氏將絣而成子死允大無子姑請於父願長侍膝下允大年五十勸納妾魏生子二淸侯肇平姑撫弟延師課讀皆入邑庠二弟每事必白姑不敢以姊行待之

曹桂姑曹成全女也十二歲父卒哀毁茹素母周氏年老多病桂侍奉不離有問名者告兄嫂謝之

曹燦繼妻金氏幼育於祖母嘗刲股療祖母病既適曹撫前室子如已出侍翁疾亦刲股療之時親貫尙奢金布衣糲食出所蓄以贍貧里黨多德之卒年三十一

王徽彦妻何氏姑病刲臂以進旋卒臨殁創猶未瘥

任一鳳妻倪氏姑耄年患足疾事之甚謹

田琳妻周氏濺血救姑田氏宗人羣樂道焉

曹以烜妻金氏年十二刲股以療祖母及爲曹氏婦又刲股以療翁鄉鄰歎爲罕有

來孝女鳳鎬父殿薰遊閩中遂家焉女九歲侍父疾不解衣者四月父病劇泣淚成血

母紿曰以血和藥必瘳信之病果愈父之古田挈之行舟至鵒洋遇風父溺焉女方臥病聞變起躍水逐之里許遇漁舟女大呼漁人援父起而女流甚急追之始獲父無恙而女疾大作入舍館三日死女死數年父又病則仲妹鳳蓀夜籲天承露盈囊以療與季妹鳳梧以奉侍積瘁相繼死父哀三孝女廣徵詩文紀其事有司爲鳳筠上聞於道光五年旌焉且祀之墓在福州西門外

來寶姑來錫玘次女幼有至性將及笄父謝世母故多病姊妹俱嫁有論婚者姑曰古有以親老不仕者女獨不可以親老不嫁乎母病危刲股肉和藥以進病果瘳母歿姑已四十矣女信二氏言曰僧廟豈有神靈神靈在吾心耳卒年四十七

來增茂長女以父母年老守貞不字卒年七十九

來開芳妻陳氏粵軍竄境翁一駿被賊追嚇得病熱結膀胱溲不通勢危甚時開芳外出氏曰翁病至此尙避嫌乎終宵侍奉以婦代兒病良已比鄰失火左右皆成瓦礫而氏家獨全人以爲孝婦之報云

鄭二姑鄭鳳岐女以孝事父守貞不字同里孫乾爲作貞女行

朱福齡聘妻丁氏名七姑丁載揚女也未嫁而夫死義不更字以壻家無可歸終老母家及親歿屏居一室卒年五十五

來鉉妻吴氏鉉患骨槽風百藥罔效其次子婦王氏與夫淸曙欲刲股以進吴氏聞之遂自割臂入劑翼日乃瘳尋以他疾終其後吴氏病長子漸逵亦刲股和藥病爲痊

陸宗昭妻曹氏夫父聲佩疾篤百藥罔效曹刲股合湯進疾得瘳後翁再娶吴氏生夫弟宗奎宗暐因年衰乳枯曹適亦分娩乃代姑乳哺終無怠色卒年八十

邑庠生柳碩叔聘妻曹氏迎娶有日而碩叔卒女矢志過門守節母族阻之不可遂登柳氏門抱主成禮姑老死女積紡績資治喪葬年七十餘卒鄉里呼爲曹貞女

謝維垣聘妻蔡氏邑庠生蔡鳴長女咸豐三年十一月維垣病故訃聞女隱泣縣組自盡以救蘇乃矢志守貞旋病逾年八月病亟遺言歸骨謝氏謝氏遂迎其主祔於廟而殯以禮焉

許增章妻朱氏同治五年增章病劇朱焚香告天刲左股以進病愈逾年姑又病且革朱禱神乞代更刲右股以進姑病亦痊而朱自此成疾卒年四十一

沈祖烔聘妻方氏西牧鄉洋墅河方兆熊長女年十歲字沈未娶而祖烔以劬學卒女矢志過門守節卒年六十九光緒己丑夫弟祖燕成進士爲之專請旌表

何慶城未婚妻郭氏雲南澂江府河陽縣人其先本宦族避回匪亂隨父母入川浮寓雅安時慶城隨宦雅安邑署適婦來氏歿因聘焉將治婚事而藍何兩逆攻城游勇又內變慶城聞警出走踰山幸免由是得咯血症死時同治壬戌九月也女聞訃矢志歸何墨縗終喪撫慶城前妻子鏡清若己出卒年二十七

舉人單恩溥妻許氏海寧人單僑居海寧值洪楊時氏父患痢不起氏刲股和藥無效母又患鼓脹氏侍奉六年不離左右光緒六年卒於遂昌學署旌表孝女如例

施曰霖妻何氏在室時嘗刲股起母死于歸後侍翁及病姑咸賴以痊而女積勞遂歿事載湯鼎熺施氏世代節孝碑記

孝女郁寶姑署蘇州府管粮通判郁倫女也家無昆弟事親不嫁光緒六年五月父病幾殆刲臂肉療之竟起沈痾女以積勞成疾於是冬病逝年十九事聞旌其閭前乎此同治中有張五姑萬德之女同時有方大姑元海之女後於此有蔡寶姑福均之女皆事親不嫁以孝稱旌如例

王模妻嚴氏夫卒課子讀及子紹蘭貴屢以勤勞政事愛養百姓勉爲淸白吏相朂且儉約如平時曰寒素家風不可改也

何楷妻陳氏善教子及子烜任福州知府時每出聽事氏必設幕後堂遇平反則喜否則不懌生平不佞佛而尤好施與

王培妻郁氏喜周貧修橋梁平道路施藥捨棺酉戌間西江塘兩次横决歲比不登出其餘以賑焚逋券約千金

來珩妻章氏珩以進士宰萬載隨之任卒於官署辛侍郎從益爲文誄之略謂明府盛怒孺人消息之明府造人才闡節烈孺人贊助之歿之前日謂明府曰君當赴任臨

川幸以妾故慎析楊云云

陳光第繼妻任氏子婦鮑氏好爲義舉嘗獨修運河東隄自盛文閣起至莫家港止計捐錢五千餘緡又助試院捐銀伍百元捐田七十餘畝助入筆花書院事在光緒間

毛奇齡侍史曼殊工詩能畫自言爲芍藥神檢討陳其年爲文以紀其事以下才媛

李兼汝妻鄭莊範有贈黃皆令詩采入商盤越風

施藹辰妻何氏名韻蘭工詩著有詩稿藏於家

高第妻孫氏名蓀薏字苕玉仁和人善詩詞第嘗自寫頟紛奩聯吟圖蓀薏著有貽硯齋詩衍波詞

丁文蔚妾王氏名藝芳知繪事每畫必倩子姪題欵故書無巾幗氣

任昭容父熊以繪事名昭容善花卉得惲南田沒骨法行楷娟秀兼嫺詩詞

陳璟妻陸氏名韻珊字浣香山陰山南村人著有梅修館詩鈔

吾觀諸列女而歎匹婦之愚動於至性至情不以盛衰生死易其所守爲難能而可貴

也夫所欲有甚於生所惡有甚於死鬚眉丈夫或且不逮而況巾幗之在窮檐者耶嗚呼天地正氣鍾於女子艱苦卓絕可歌可泣視彼弁髦名教輕於離合恬然安之者其相去爲何如矣貞而不字奉親終老雖非恆軌其志亦甚可哀敬世哀道微亟當臚舉之以風薄俗至於賢母名媛垂義方之教擅著作之才固女宗之典範也例得併及焉

蕭山縣志稿卷二十五

人物

節烈表上 貞孝附

首省府縣志次表徵闡幽節孝錄又次各訪冊以忠義錄殿焉

列表自明始時近則徵信易數繁則具述難也錄舊志各以姓從先後交錯此其鴻溝若乃一人而重見複出盡力删薙終尠涯涘煌煌元史爲我解嘲矣有傳者不贅注

來象乾妻張氏　來樂生妻謝氏

來今秀妻孫氏　來夢麟妻程氏

來洪勳繼妻方氏　來毓元妻楊氏

庠生來儀之妻陸氏　來逢盛妻黃氏

庠生來冠朝妻何氏　來冠倫妻任氏

來逢年妻俞氏　　庠生來三錫妻王氏

登萊道來斯行妾張氏　　進士來集之妻楊氏

來裕之女小姑婢小春 烈女

以上明末殉難烈婦未旌見紹興府志

來陞亨妻王氏　　來國平妻陳氏

來錫國妻何氏 貞女

以上烈婦未旌見紹興府志

來春四十一妻方氏　　來維邦妻陳氏 維邦應依家乘改家斌

以上節婦已旌見紹興府志

來道晟妻金氏 明節婦　　來維邦妻蔣氏

來可望妻張氏子天度繼妻華氏　　來學道妻王氏

來韓堂妻韓氏　　來養仲妾丁氏 丁雲南大理人

來臣周妻韓氏　來學林繼妻曹氏
來琳妻陳氏　來明妻趙氏
來惟錞妻傅氏　來廷森妻吳氏
來文杰妻戴氏　來基妻韓氏
來國球妻許氏　來舜文妻邵氏
來錡妻韓氏　來肇坦妻虞氏
來芳繼妻張氏　來國楷妻徐氏徐山陰人
來澄繼妻蔡氏　來巽風妻潘氏子浩然妻蔡氏
來文耀妻戴氏　來士鳳繼妻黃氏
來廷杲妻蔡氏　來廷文妻徐氏
來肇棟妻胡氏　來廷魁妻沈氏
來國賢繼妻姜氏　來淇妾王氏

來嗣舜妾施氏　來象升妻程氏
來紹俊妻孫氏　來彰妻童氏
來之信妻張氏　來自强妻錢氏
來咨義妻韓氏　來名盛妻許氏
來如濤繼妻陸氏　來際昌妻葉氏
來盛振妻高氏　來起鶴妻鄭氏
來承鈞妾朱氏　來良賓妻孔氏
來學錦妻于氏　來洙妻宋氏子樞妻湯氏
來岳妻華氏　來道貞妻瞿氏
來佳鼎妻張氏　來樹之妻洪氏
來建坤妻錢氏　來正倫妻李氏
來瑗妻韓氏　來爲澂妻趙氏

來一焜妻史氏
來元勳妻陸氏
來麟雯妻吳氏子希元妻丁氏
來肇文妻徐氏子之璜妻富氏
來騰蛟繼妻夏氏子湘繼妻周氏
來運新妻湯氏次媳湯氏
來之隆妻孫氏
來廣琮妻沈氏
來宏文妻王氏
來堂妻徐氏
來之焜妾張氏
來毓春繼妻王氏
來有道妻劉氏
來九疇妻傅氏
來領培妻許氏
來南征妻趙氏子士龍妻蘇氏
來潤妻虞氏
來學廷妻蘇氏
來之洲妻魯氏
來禹昌妻孫氏
來文球妻孫氏
來彥輝妻劉氏
來聘文妻張氏
來潮妻王氏

來鄭育妻許氏　來鉉妻丁氏

來維發繼妻李氏　來濤妻任氏

來德馨妻戴氏　來宗琳妻屠氏

來廷招妻胡氏　來承敬繼妻汪氏妾朱氏

來震齡妻李氏　來宗琴繼妻華氏

來致中妻虞氏

以上節婦未旌見紹興府志

來象乾妻張氏明末殉難烈婦乾隆年旌　來仲康妻金氏

來志妻何氏　來嘉賓妻曹氏

來孟陽繼妻王氏　來遇明妻陳氏

來端蒙妾丁氏　來萬象妻汪氏

來朝宣妻韓氏　來日南妻何氏

來清之妻周氏　　來學龍妻沈氏
來士官繼妻韓氏子婦金氏朱氏
以上明節烈見乾隆縣志
來孫芝妻韓氏孫芝應依家乘改咨義　　來朝俊妻王氏
來崟之妻李氏　　來一邦妻錢氏
來之煇妻趙氏已旌　　來武聖妻湯氏已旌
來鍔初妻華氏　　來聘妻韓氏
來洙妻宋氏子來樞妻湯氏　　來之燈妻戴氏子來坤妻魏氏
來振倫妻李氏　　來明妻趙氏
來缺名妻張氏　　來缺名妻張氏
來一德妻張氏子來承宣妻張氏
以上見乾隆縣志

徐中孚妻戴氏明節婦見浙江省志　徐在仁妻楊氏烈婦已旌

徐彰吉妻趙氏　徐士明妻盛氏

徐位妻陳氏或作立八　徐蕚妻朱氏

徐芳妻王氏　徐自求妻陳氏

以上自徐彰吉妻趙氏至徐自求妻陳氏皆節婦已旌見紹興府志

徐朝臣妻凌氏　徐世道妻張氏

徐世得妻陸氏　徐漢臣妻許氏

徐臨川妻沈氏　徐士華妻張氏

徐世薦妻楊氏　徐夢旦妻王氏

徐道廣妻聞氏　徐瑞英妻朱氏或作蘂英

徐一魁妻吳氏　徐榮成妻鍾氏

徐永源妻沈氏　徐有智妻莫氏

徐宰馨妻王氏子婦陳氏　徐一曾妻黃氏

徐志學妻金氏　庠生徐思忠妻富氏

以上節婦未旌見紹興府志

徐喬椿妻沈氏明末殉難烈婦　徐堯卿妻李氏

徐黼妻李氏　徐鳳梧妻魏氏

徐希馮妻田氏　徐元福妻張氏

徐中孚妻戴氏

以上明節烈見乾隆縣志

徐家彪妻王氏徐家驥繼妻翁氏已旌　徐松妻陳氏已旌

徐武承妻周氏已旌　徐珩妻蔡氏

徐尚志妻王氏　徐君聖妻沈氏

徐宗淮妻顧氏

以上見乾隆縣志

王修敬妻來氏　王大宗妻俞氏

王謙士妻曹氏　王錫田妻何氏

王清浩妻陳氏　王毓麒妻潘氏

王修智妻單氏　王肇芳妻蔡氏

以上節婦已旌見紹興府志

王家棟妻張氏 烈婦未旌　王豫妻沈氏

王命正妻戴氏　王之稱妻吳氏

王大鼎妻施氏　仁和縣學訓導王璣妻富氏

王世培妻徐氏　王廷經妻來氏

王尙文妻戴氏　王開柏妻徐氏

王成浩妻陳氏　王立德妻胡氏

王森妻來氏　王紹高妻陳氏

王開仁妻周氏　王承組妻俞氏

王兆鳴妻胡氏　王覲侯妻俞氏

王旲乾妻韓氏　王彰妻陸氏

王椿齡妻蔡氏　王理山妻洪氏

王君祥妻孫氏　王路妻莫氏

王紹達妻陳氏　王體尊妻沈氏

以上自王豫妻沈氏至王體尊妻沈氏皆節婦未旌見紹興府志

王茂妻沃氏　王渭妻胡氏

王廷相妻任氏　王宗岱妻張氏

王延祚妻黃氏子王令高妻黃氏殉難烈婦　王欽妻周氏

王九龍妻戴氏明末殉難烈婦　王國幹妻俞氏明末殉難烈婦

王國生妻徐氏 明末殉難烈婦　王茂生妻張氏 明末殉難烈婦

王德璋妻趙氏

以上明節烈見乾隆縣志

王德璋妻趙氏　庠生王栻妻汪氏

王圖鞏妻吳氏　王奇勳妻金氏 已旌

王錞妻吳氏　王鈖妻范氏

王文旦妻蔡氏　王增輝妻來氏

王序先妻陳氏王亮賢妻楊氏　王謙吉妻曹氏孫婦王錫田妻何氏

王森妻來氏　王之嶽妻張氏

王增妻蔡氏　王肇芳妻蔡氏

王廷櫸妻蔡氏　王文龍妻搖氏

以上皆節婦已旌見乾隆縣志

王洪斑妻華氏妾張氏
王基妻蔡氏
王長祚妻沈氏子婦徐氏
王承乾妻李氏
王之麟妻朱氏
王圖昌妻倪氏
王驤妻郭氏
王附翔妻楊氏
王延社妻詹氏
王肅二 貞女
王邇先妻屠氏
王承式妻來氏
王鴻京妻蔡氏子王立朝妻蔡氏
王廷鈴妻丁氏
王弘先妻陸氏
王承祥妻包氏
王克仁妻夏氏
王必昇妻徐氏
王道妻張氏
王士珪妻何氏子家楨妻翁氏家王妻曹氏
家楨子德新妻來氏
王采妻陸氏
王琰妻任氏王珪妻蔡氏

王國圭妻黃氏　王雅詩妻沈氏

王慕橋妻朱氏

以上節婦見乾隆縣志

張美基妻傅氏　張理岳妻郁氏

以上節婦已旌見紹興府志

庠生張芳春妻徐氏　張子章妻曾氏

張良佐妻陸氏　張國甯妻徐氏

張開元妻陳氏　張光祖妻徐氏

張子敬妻陶氏　張文進妻陸氏

張之梧妻沈氏　張敏學妻蔡氏

張煥祥女二姑貞女未旌

以上節婦未旌見紹興府志

張惟寬妻洪氏　張試妻陳氏

張誼妻黃氏　張道濟妻朱氏明末殉難烈婦

張孫祥妻周氏　張弘恩妻韓氏貞烈婦

以上明節婦見乾隆縣志

張堯仁妻魏氏子師賢李氏孫效良妻楊氏

張蘭莊妻王氏　張璐妻嚴氏已旌

張應元妻沈氏已旌　張大慶妻王氏已旌

張逸妻何氏　張涵妻趙氏已旌

張其進妻華氏已旌　張統遠妻王氏已旌

張宏道妻章氏　張上甲妻朱氏

張邁妻韓氏邁從弟文進妻陸氏　張金甲妻王氏

張濬祥妻黃氏　張大阡妻王氏庠生張鍊妻郁氏庠生張振

邦妻倪氏

張文廣妻富氏　張育增妻王氏

張國寧妻徐氏　張越泉妻蔣氏

張能之妻來氏　張君揆妻蔡氏烈婦

張雨先妻汪氏　張光祖妻徐氏

以上節婦見乾隆縣志

陳泰昌妻單氏節婦已旌　陳鉉繼妻戴氏節婦已旌

陳明揚妻單氏節婦已旌　陳位妻俞氏節婦已旌

陳六菰烈女已旌乾隆縣志作六姑

以上見紹興府志

陳于祥妻葛氏　陳夢蘭妻陶氏

陳既岸妻張氏　陳世珍妻任氏

陳聖儀妻王氏孫陳岳瞻妻邵氏　陳兆禎妻張氏
陳伯恆妻王氏　陳茂如妻姚氏
陳益鵬妻夏氏　陳璉妻王氏
陳文淇妻倪氏　陳益龍妻韓氏
陳烈妻丁氏　陳賓時妻李氏
陳志高妻何氏　陳偀妻丁氏
陳偉公妻魏氏　陳麒妻胡氏
陳廷楠女貞女未旌附　陳紹昌妻蔣氏
以上自陳夢蘭妻陶氏至陳紹昌妻蔣氏皆節婦未旌見紹興府志
陳曙妻張氏明烈婦　陳夢蘭妻張氏明節婦
陳銳妻來氏已旌　陳錕妻蔡氏已旌
陳日泰妻范氏已旌　陳宗惠妻胡氏已旌

陳至言妾王氏　陳繼魁妻朱氏

陳吳旦妻周氏　陳宗禹妻王氏已旌

陳法經妻傅氏　陳泰昌妻單氏已旌

陳若羣妻丁氏已旌　陳克昌妻童氏已旌

陳啓周妻張氏嗣子立大妻許氏　陳某妻王氏

陳日涵妻韓氏孝婦　陳宗憲未婚妻韓氏貞女

以上節婦見乾隆縣志

丁兆麟妻陸氏節婦已旌　丁景龍妻吳氏

丁師堯妻史氏　丁泰圻妻童氏

丁玉鳴妻陳氏　丁顯邦妻宋氏

監生丁濟安妻沈氏

以上自丁景龍妻吳氏至監生丁濟安妻沈氏皆節婦未旌見紹興府志

丁岳妻汪氏　丁露妻陳氏

丁伯潮妾陳氏潮或作朝　丁元勳妻潘氏

丁令金妻瞿氏貞婦

以上明節婦見乾隆縣志

丁大庸妻來氏　丁君平妻鍾氏

丁同揆妻金氏　丁玭妻朱氏

以上節婦見乾隆縣志

吳子敬妻韓氏　吳益章妻沈氏貞女

吳廷佐妻李氏　吳廷美妻沈氏

吳代蒼妻任氏　吳文煥妻王氏

吳金音妻韓氏　吳植信妻謝氏

以上節婦未旌見紹興府志

吳馴妻蔡氏（明節婦）

吳斗輝妻許氏（明末殉難烈婦未旌）

吳樞妻陳氏（已旌）

吳應芳妻來氏（已旌）

吳人鑑妻王氏嗣子佑繼妻黃氏

吳允恭妾程氏（已旌府志又有吳允恭妾高氏亦已旌）

吳承武妻顏氏

吳樸妻單氏

吳燦妻蔡氏

吳泰亨妻金氏（妻或作妾）

吳震達妻倪氏

吳士政妻沈氏

吳正傑妻俞氏

吳宏遠繼妻沈氏

以上見乾隆縣志

韓玉彰妻王氏

韓聖祥妻何氏

韓允升妻陳氏

韓書連妻孫氏

生員韓旭昭妻莫氏

韓光裕妻來氏

韓有聲妻方氏

韓爾玉妻任氏

韓必成妻黃氏　韓信仁妻吳氏

以上節婦未旌見紹興府志

韓氏某姓烈婦殉處名烈婦灘　韓氏某姓烈婦

韓時雍妻來氏明末殉難烈婦未旌

以上明烈婦見乾隆縣志

韓全斌妻王氏已旌　韓國順妻王氏已旌

韓美中妻朱氏已旌　韓廷獻妻蔡氏已旌

韓麟妻蔡氏　韓德章妻王氏已旌

韓經妻張氏　韓燭之妻張氏

韓成魁妻華氏

以上見乾隆縣志

庠生周玉倫妻來氏明末殉難烈婦未旌　周大器妻徐氏明節婦已旌

周邦儒妻張氏明節婦已旌　周範春妻陳氏節婦已旌

周禧孫妻戴氏子宏仁妻戴氏宏義妻黃氏

周應舉妻王氏　庠生周能書妻倪氏

周嵩彥妻來氏　周世業妻陶氏

周至信妻金氏　周尊三妻何氏

周世堃妻謝氏　周大生妻劉氏

周肇禋妻來氏　周嘉泰妻蔡氏

周維京繼妻童氏　周博彥妻黃氏

以上自周禧孫妻戴氏至周博彥妻黃氏皆節婦未旌見紹興府志

周紹元妻高氏明節婦　周萬紀繼妻童氏明節婦已旌

周茂臣妻富氏已旌　周肇烈妻吳氏已旌

周學曾繼妻金氏已旌　周官鈺妻方氏已旌

周應明妻來氏已旌　　周元珍妻史氏已旌
周曰簋妻單氏　　周來蘇女貞女
以上見乾隆縣志
何植妻李氏節婦已旌　　太學生何泓妻趙氏節婦已旌
生員何瀗妻王氏節婦已旌　　何維境妾陳氏節婦未旌
以上見紹興府志
何之杞繼妻黃氏明節婦　　何之望妻王氏明節婦
何之楠妻王氏已旌　　何錫朋妻毛氏已旌
何兆公妻葛氏已旌　　何憲章妻薛氏已旌
何之楝妻來氏　　何愈高妻王氏
何國杞妻孫氏　　何宏球妻徐氏
何鳳翔妻傅氏　　何祈錫妻俞氏

何孔錫妻郭氏　何道鎰妻黃氏

何寧埰妻孔氏　何子玉妻孫氏

何錫山妻周氏　何恩錫妻郭氏

以上見乾隆縣志

黃奇英妻於氏明末殉難烈婦未旌　黃士英妻周氏烈婦未旌

黃繩周妻王氏節婦已旌　黃云鶴妻陸氏節婦已旌

生員黃象霖妻周氏節婦已旌

以上見紹興府志

庠生黃方妻來氏　黃聖功妻李氏

黃文炳妻韓氏　黃岳齡妻倪氏

黃維孝妻朱氏　黃承元未婚妻丁氏貞女

以上節婦未旌見紹興府志

黃化龍妻蔡氏　黃千冠妻蔡氏已旌
黃承周妻王氏已旌
以上見乾隆縣志
汪楷繼妻王氏妾徐氏王會稽人徐鄞人　舉人汪烈妻孫氏已旌
汪文榮妻潘氏　汪達妻俞氏
以上節婦已旌見紹興府志
汪廷章妻王氏　汪芝田妻史氏孝婦未旌
汪居介妻沈氏　汪鶴舒妻韓氏孝婦未旌
汪振禴妻許氏
以上節婦未旌見紹興府志
汪欽妻周氏周山陰人明節婦　汪垣妻徐氏已旌
以上見乾隆縣志

胡宏儒妻朱氏節婦已旌　胡之樾妻來氏節婦已旌

胡漢乘妻馮氏節婦未旌　胡可文妻吳氏節婦未旌

以上見紹興府志

庠生胡光樞妻徐氏明末殉難烈婦未旌　胡心傳妻王氏

胡先春妻沃氏　胡恆妻金氏胡文熊妻金氏

胡起龍妻陳氏

以上見乾隆縣志

金桂容繼妻陳氏　金甌妻童氏

拔貢生金純妻唐氏妾胡氏

以上節婦未旌見紹興府志

金玉鯨妻孫氏明末殉難烈婦未旌　金玉鳳妻周氏

金麟先妻張氏　金世傑妻單氏

金安行妻陳氏　　金作勤妻樓氏

以上見乾隆縣志

朱承容妻姜氏烈婦未旌　　朱大妻沈氏

朱日高妻張氏　　朱方俊妻柴氏

朱文濤妻謝氏　　朱大禮妻張氏

朱元升妻曹氏　　朱錫嘉妻來氏

朱賓王妻來氏

以上自朱大妻沈氏至朱賓王妻來氏皆節婦未旌見紹興府志

朱明遠妻許氏明節婦　　朱宏義妻吳氏已旌

朱元正妻周孫氏朱紹衣繼妻丁氏曾孫朱世隆妻丁氏俱已旌

朱必遠妻黄氏　　朱孔揚妻陸氏

朱正己妻何氏子朱大典妻吳氏孫朱肇翰妻史氏俱已旌

朱大棟妻任氏

任立政妻周氏

以上見乾隆縣志

任繼侯妻周氏

任繼緯妻沈氏

任奇徵妻沈氏

任覲宸妻陸氏

任學潤妻馬氏

任三曾妻陳氏妾張氏

生員任鍾瑞妻王氏

任廷樞女貞女未旌

以上節婦未旌見紹興府志

任夢祈妻陸氏明節婦

任士進妻蔡氏

任元齡妻徐氏子任雷蛟妻史氏

任華妻胡氏

任燕占妻張氏已旌

任五辰妻童氏

任元隆妻錢氏

任季侯妻周氏

以上見乾隆縣志

孫龍池姊孫氏明末殉難烈女未旌　孫應元妻婁氏已旌

孫四祿妻王氏長女關姑次女美姑烈婦烈女　孫獄鍾妻來氏已旌坊作鍾岳

孫應訓妻單氏　孫方寗妻韓氏妾丁氏已旌

以上見乾隆縣志

楊曉蒼妻來氏節婦已旌　楊耀先妻汪氏節婦已旌

生員楊光斗妻趙氏子楊昇妻韓氏節婦已旌　楊英玉妻蘇氏節婦未旌

楊恭玉妻來氏節婦未旌

以上見紹興府志

楊守程妻湯氏明末殉難烈婦未旌　楊文登妻何氏已旌

楊瑞妻張氏　楊名試妻孟氏已旌

楊之彪妻洪氏　楊祖科妻來氏

楊之虬妻徐氏

以上見乾隆縣志

瞿元妻俞氏　瞿得政妻來氏

瞿文瑞妻傅氏　瞿錦元妻傅氏

瞿王尊妻王氏　瞿大初妻張氏

瞿鼎玉妻王氏　瞿佐妻單氏

庠生瞿蘭妻俞氏　瞿掄三妻沈氏

以上節婦未旌見紹興府志

瞿靜源妻鮑氏烈婦　瞿文雄妻張氏節婦已旌

以上見乾隆縣志

曹斯盛妻俞氏　曹璉妻來氏

曹肇洪妻洪氏　曹一欄妾葉氏

曹德勳妻羅氏
以上節婦未旌見紹興府志
曹王潮妻丁氏　曹一楠繼妻丁氏已旌
曹國秀妻周氏　曹東阜妻李氏
曹大聲妻周氏　曹泖妻王氏
曹沂妻傅氏
以上見乾隆縣志
倪元彰妻蔡氏節婦已旌　監生倪元文妻鄭氏
庠生倪江妾何氏　倪必發妻郁氏
倪再周妻戴氏
以上自監生倪元文妻鄭氏至倪再周妻戴氏皆節婦未旌見紹興府志
倪潤妻金氏節婦已旌　倪元俊妻朱氏

倪煥如妻王氏　倪昌隆妻丁氏

以上見乾隆縣志

樓拱辰妻侯氏　樓衡望妻蔡氏

樓祥林妻楊氏　樓東川妻張氏

以上自樓衡望妻蔡氏至樓東川妻張氏皆節婦未旌見紹興府志

樓允元妻俞氏節婦已旌　樓時若妻傅氏節婦未旌

以上見乾隆縣志

俞伯瑞妻陳氏　俞天柱妻陳氏

俞金莖妻陳氏　俞名高妻傅氏

俞岳妻黃氏　俞士本妻沈氏

俞廷珪妻邵氏廷楫妻孫氏

以上節婦未旌見紹興府志

俞廷楝妻孔氏　俞价垣妻戴氏

俞濟三妻徐氏

以上見乾隆縣志

邱應成妻王氏　邱文表妻來氏

邱其元妻金氏

以上節婦未旌見紹興府志

余聲周妻韓氏　余伯起妻陳氏

以上節婦未旌見紹興府志

蕭君梁妻徐氏明末殉難烈婦未旌　蕭際會妻蘇氏節婦已旌

以上見紹興府志

包肇蕚妻何氏　包曾義妻孫氏

以上節婦見乾隆縣志

龔學南妻張氏　龔學林妻朱氏

以上節婦未旌見紹興府志

潘星耀妻王氏　潘子潮妻王氏

潘信昭妻施氏

以上節婦未旌見紹興府志

潘士寧妻汪氏節婦見乾隆縣志　章澍妻俞氏節婦未旌見紹興府志

章光國妻樓氏節婦見乾隆縣志　郎廷樑妻來氏

郎千英妻孟氏

以上節婦未旌見紹興府志

郎堯臣妻孫氏節婦見乾隆縣志　錢文爖妻丁氏節婦已旌

錢士相妻陳氏節婦已旌　錢士鵬妻張氏節婦已旌

以上見紹興府志

童之璋妻富氏節婦已旌　童世鑑妻姚氏節婦未旌

童康侯妻王氏節婦未旌

以上見紹興府志

童學伊妻王氏節婦已旌見乾隆縣志　鍾亮妻張氏節婦已旌

鍾子定妻朱氏節婦未旌

以上見紹興府志

鍾萬定妻田氏子鍾銓妻田氏孫鍾天呂妻陳氏俱已旌

鍾煜妻周氏　鍾鼎妻朱氏

鍾秉鈞未婚妻高氏貞女已旌

以上見乾隆縣志

施承恩妻馮氏　施德潛妻來氏

以上節婦未旌見紹興府志

施懷榮妻華氏　施學洙妻汪氏

以上見乾隆縣志

於文桂妻黃氏明末殉難烈婦未旌　於建中妻曹氏節婦未旌

於作霖妻來氏節婦未旌　於士英妻沈氏節婦未旌

以上見紹興府志

於奇玉妻徐氏見乾隆縣志　湯元灃妻王氏節婦已旌

湯可華妻曹氏節婦未旌

以上見紹興府志

湯彩鳳妻金氏貞女已旌見乾隆縣志　方逢泰妻錢氏明節婦見浙江省志

方一山妻黃氏明節婦　方文秀妻魏氏已旌

方矢孝妾汪氏已旌

以上見乾隆縣志

翁堯妻蕭氏 明節婦　翁氏二女 明末殉難烈女

翁大捷妻王氏 烈婦

以上見乾隆縣志

洪有度妻林氏 烈婦未旌見紹興府志　洪緒妻鄭氏 明節婦見乾隆縣志

田嘉時妻張氏子田雲漢妻郎氏　田瑞春妻徐氏

以上見乾隆縣志

毛京妻徐氏　毛詩妻任氏

以上見乾隆縣志

庠生林楠妻任氏子林鳴佩妻陸氏 明節婦　林彬妻張氏孫林文熊妻王氏

以上見乾隆縣志

太學生于宗德繼妻王氏 節婦已旌見紹興府志　于章宗妻周氏 節婦已旌見乾隆縣志

陶文彪妻韓氏 節婦未旌見紹興府志　陶鼎新妻黃氏 節婦已旌見乾隆縣志

譚聲雷妻龐氏節婦未旌見紹興府志
顔學成妻戴氏節婦未旌見紹興府志
柴君秀妻湯氏節婦未旌見紹興府志
虞烔文妻楊氏節孝未旌見紹興府志
屠起莘妻朱氏節婦見乾隆縣志
安行妻陳氏見乾隆縣志
詹懋昭女八姑孝女見乾隆縣志
搖志忠妻鮑氏子婦趙氏女金哥明末殉難烈婦烈女未旌見乾隆縣志
沈秉倫妻楊氏烈婦未旌　沈士熹繼妻李氏烈婦未旌
沈元熙妻薛氏節婦已旌　沈士標妻來氏節婦已旌
沈榮鉞繼妻劉氏節婦已旌
以上見紹興府志

生員沈球妻葉氏　沈錫宗妻徐氏
沈以來妻黃氏　沈之傑妻李氏
沈兆境妻王氏　沈元鍔妻潘氏
沈兆牆妻柏氏　沈鼎德妻吳氏
沈鍔妻朱氏　沈秉忠妻徐氏
沈震衡繼妻孫氏　沈宏誥妻鮑氏
沈如琪妻張氏　沈友玉妻朱氏
沈元鍇妻李氏　沈輝基妻盛氏
沈榮世繼妻孔氏　沈永言妻洪氏
沈增榮妻陳氏　沈肇成妻周氏
沈本煒妻謝氏　沈元珮妻高氏
沈元燦繼妻高氏妾楊氏

以上節婦未旌見紹興府志

沈聖基妻施氏 明節婦　　沈炳秀妻陳氏 明節婦

沈驤妻來氏 明末殉難烈婦未旌　　沈至緒女雲英 明孝節

沈士渠妻于氏 已旌　　沈士藺妾吳氏 已旌府志作妻

沈三台妻葛氏　　沈三魁妻童氏

沈士瀾妻王氏 一作士蘭　　沈榮錫妻祁氏

沈士麟妻吳氏　　沈以淶妻王氏

沈奇勳母朱氏妻倪氏妾童氏　　沈一泰妻李氏

沈大球妻徐氏　　沈廷謨妻吳氏

以上見乾隆縣志

候選州同趙鈺妻曹氏 節婦已旌　　趙國模妻王氏

趙學源妻夏氏　　趙欽妾許氏 許淮安人

以上自趙國模妻王氏至趙欽妾許氏皆節婦未旌見紹興府志

趙汝成妻湯氏明節婦　趙逢典妻蔣氏明末殉難烈婦

趙逢原妻張氏明末殉難烈婦府志作趙逢元　趙應榜妻丁氏已旌

趙繼日妻黄氏已旌　趙文璿妻汪氏

趙鈺妻曹氏

以上見乾隆縣志

許某妻王氏明末殉難烈婦未旌　許禹功妻徐氏節婦未旌

以上見紹興府志

許同寅妻蔡氏　許學熹妻婁氏

許繼麟妻駱氏　許五臣妻來氏

以上見乾隆縣志

夏甸千妻陳氏　夏聖典妻韓氏

夏宗樸妻王氏

以上節婦未旌見紹興府志

夏惟炫妻施氏　夏圻妻陳氏

以上節婦已旌見乾隆縣志

史希直妻倪氏節婦已旌　史希良妻倪氏節婦已旌

史德培妻王氏節婦未旌

以上見紹興府志

史書巖繼妻張氏子史熀妻俞氏

史廷俊妻呂氏　史自雋妻何氏

史自瑜繼妻單氏　史衛瞻妻陸氏

史翼鱗妻趙氏

以上見乾隆縣志

馬繼妻曹氏節婦已旌　馬文卿妻吳氏節婦未旌

以上見紹興府志

項試妻陳氏　項子麟妻張氏已旌

以上見乾隆縣志

蔣天如妻蔡氏　蔣爲舟妻孔氏

以上節婦未旌見紹興府志

蔣暠妻曹氏或作日高明節婦

以上見乾隆縣志

李甲妻張氏　李日增妻黃氏

李垛妻張氏　李景武妻吳氏

李秉信妻丁氏　李作梅妻孔氏

以上節婦未旌見紹興府志

李子紅妻韓氏 節婦見乾隆縣志

孔毓昭妻郭氏　孔魯達妻陳氏

以上節婦未旌見紹興府志

孔瑞宇妻陳氏 節婦見乾隆縣志　單彝妻楊氏

單宇淸妻姚氏　單嘏常繼妻徐氏

以上節婦未旌見紹興府志

單人傑妾張氏 明末殉難烈婦未旌　單之祥妻盛氏 明節婦

單國瑨妻張氏 已旌　單匡周妻來氏 已旌

單國球妻周氏 已旌　單家謨妻周氏

單家模妻曹氏　單松妻蔡氏

單紹周妻曹氏

以上見乾隆縣志

魯大聲妻蔣氏節婦已旌見紹興府志　魯士升妻蔡氏節婦未旌見府志

以上見紹興府志

魯良穙妻金氏府志作良驥　魯子衡妻鄭氏

以上見乾隆縣志

鮑文謨妻丁氏節婦已旌見乾隆縣志　賈籲尊妻何氏節婦未旌見紹興府志

蔡銘妻曹氏　蔡進妻張氏

蔡時桂妻周氏　蔡文陽妻童氏

以上節婦已旌見紹興府志

蔡杏元妻陳氏　蔡儀賓妻吳氏

蔡如芳妻陳氏　蔡全儒妻周氏

蔡爾文妻王氏　蔡文渭妻鄭氏

蔡澈妻黃氏　蔡紹璟妻陸氏

蔡如蘭妻俞氏　蔡方俊妻沈氏

蔡瑾妻汪氏　蔡貞儒妻單氏

蔡應秀妻陶氏　蔡睿妻劉氏

蔡文治妻來氏　庠生蔡南覲妻張氏

蔡蔭三妻陳氏　蔡應宿妻陶氏

蔡景余妻陳氏　蔡光世妻衛氏

蔡天球妾孫氏　蔡乾繼妻來氏

以上節婦未旌見紹興府志

蔡一亮妻史氏明節婦　蔡應恭妻陸氏明節婦

蔡恂妻王氏已旌　蔡文芳妻任氏妾楊氏

蔡際春妻王氏蔡經緯妻來氏已旌　蔡廷燦妻來氏已旌

蔡集妻沈氏　蔡國治妻來氏

蔡良祐妻郎氏

蔡士翹妻傅氏

蔡引祥妻錢氏

蔡如蕙妻鈕氏

蔡臨川妻王氏

蔡惟忠妻曹氏惟孝妻單氏惟廉妻魯氏惟節妻王氏

蔡亨儒妻顏氏

蔡朝佐妻曹氏

蔡文琮妻張氏

蔡際恆妻柳氏

蔡兆琇妻何氏

蔡君球妻趙氏

蔡儀之妻傅氏

蔡電如妻沈氏

蔡國誥妻洪氏

以上見乾隆縣志

盛士淳妻王氏　節婦已旌

盛際會妻王氏　節婦已旌

舉人盛於斯繼妻陸氏　節婦已旌

盛元功妻韓氏　節婦未旌

盛應珪妻沈氏節婦未旌

以上見紹興府志

盛鳳鳴妻孫氏節婦　　盛朝佐妻張氏

以上見乾隆縣志

戴元簡妻沈氏　　戴允嘉妻傅氏

戴淸妻姜氏　　戴益仁妻趙氏

以上節婦未旌見紹興府志

戴嘉棠妻朱氏節婦已旌　　戴萬象妻來氏節婦已旌

以上見乾隆縣志

傅學洪妻來氏節婦已旌　　傅榮春妻洪氏

傅鹿友妻洪氏　　傅宗元妻任氏

傅以成妻陳氏　　傅之巖妻許氏

傅寅旭妻洪氏

以上見紹興府志

庠生傅日新妻戴氏明末殉難烈婦未旌　傅承寵妻徐氏傅承宸妻俞氏明節婦

傅應治妻錢氏

以上見乾隆縣志

富時異妻徐氏烈婦　富堯生妻裴氏

以上見乾隆縣志

謝世煒繼妻丁氏節婦已旌　謝聖輔妻汪氏

以上見乾隆縣志

鄭璽妻魏氏明烈婦　鄭龍章妻陳氏

以上見乾隆縣志

邵宏益妻孔氏節婦未旌見紹興府志　邵國利妻陳氏見乾隆縣志

顧逸亭妻王氏 節婦未旌見紹興府志

華雄西妻陳氏 節婦已旌見紹興府志

魏元化妻張氏 節婦見乾隆縣志

賀國祚妻蔡氏 節婦見乾隆縣志

衛軺妻汪氏 節婦見乾隆縣志

陸奕塘妻毛氏　陸奕球妻陶氏

陸宏恩妻何氏　陸增妻單氏

以上節婦已旌見紹興府志

陸道見妻徐氏　陸一隆妻沈氏

陸東母黃氏妻王氏 已旌　陸守舜妻陳氏

以上見乾隆縣志

葉天源妻方氏　葉廣廷繼妻朱氏

以上節婦未旌見紹興府志

葉棋妻孫氏明貞烈女　葉繼惠妻蘇氏節婦已旌

以上見乾隆縣志

郭廷鋤妾錢氏節婦未旌見紹興府志　郭升聞妻傅氏節婦見乾隆縣志

葛之倫妻周氏節婦已旌見紹興府志　葛堯勳妻陸氏

葛士俊妻陳氏

以上見乾隆縣志

莫友謙妻厲氏節婦未旌　莫良輔妻蔡氏節婦未旌

以上見紹興府志

莫維翰妻陸氏莫作邁妻陳氏　莫恭瀓妻陳氏節婦已旌

以上見乾隆縣志

郁煜妻任氏　郁靖公妻賀氏

上見乾隆縣志

沃墥妻楊氏見乾隆縣志